· 감사의 말 ·

이 책이 나오기까지 진서원 강혜진 대표님, 출판사와 연결해 주시고 책의 감수를 맞아주신 심정섭 님께 감사드린다.

감사한 분들을 이야기하면 끝이 없다. 다만 이 책에 자료를 지원해 주시고 제작과 홍보에 직접 도움을 주신 분들을 이야기하면 다음과 같다. 한 분 한 분 모두 찾아뵙고 인사를 드려야 하는데 이 지면을 통해 감사한 마음을 대신 전한다.

강남	강남별	강남파	겨울눈꽃	공용사랑	나길	날다오늘	내일	니팅죠
다이아	다하다	대로	도호이	드림캡쳐	따뜻라떼	따리선	뚜동	라떼
라미	란드	레이백	레이스	로지	로켓존	루시루시	루씨	리아
리치스위머	마린	마크제이	맘제이	망고	몽몽이	미나리	민트	바르
바모스	베럴	베젤	부럽	부주사	비비드	비타영	선수	성내맘
소트니	송파영	송파파	손군	싸이클	쏘굿	아공	아리	아리아
아자	아크로	양재천	에바	에이든	엘라	예닝	옙옙	우주파
유작가	유토	음매소	이루닷	이수진	입짧은호빵	잉구	자유를위하여	
잔민	잠실샘	잠실현	제이	제이콥	지니혀니	쪼쪼	츄우	
커피시킨고객	케이건	클로이	투공	페퍼민트	핑크리본	하늘별	하리	
한리	한석규	해니오	해피대디	해피월천크루 님 등				

이 외에도 수많은 분이 도움을 주셨음에 감사드린다. 더 많은 분이 함께 하였으나 5학년 필자의 기억력의 한계로 다 담지 못하는 점을 너그러이 이해해 주시기 바란다. 이 책의 결과물은 필자가 24년 동안 좌충우돌하면서 겪은 경험담과 여러분의 경험담이 함께 하여 만들어졌다. 이 책을 기획한 지는 4년 정도 되었으나 막상 본격적으로 집필한 기간은 1년 정도 걸린 듯하다. 그동안 함께 많이 못 놀아 준 아들과 그 아들을 돌보며 힘든 시간을 보낸 아내에게도 감사하다고 이야기하고 싶다.

쏘쿨의
인서울
인강남

내집마련

쏘쿨의 인서울 인강남 내집마련

초판 1쇄 인쇄 2024년 8월 10일
초판 2쇄 발행 2024년 8월 30일

지은이 • 쏘쿨
발행인 • 강혜진
발행처 • 진서원
등록 • 제 2012-000384호 2012년 12월 4일
주소 • (03938) 서울시 마포구 동교로 44-3 진서원빌딩 3층
대표전화 • (02) 3143-6353 | **팩스** • (02) 3143-6354
홈페이지 • www.jinswon.co.kr | **이메일** • service@jinswon.co.kr

책임편집 • 안혜희 | **마케팅** • 강성우, 문수연 | **경영지원** • 지경진
표지 및 내지 디자인 • 디박스 | **인쇄** • 보광문화사

ISBN 979-11-93732-13-7 13320

진서원 도서번호 21010

값 25,000원

서울
372
가족

강남
서초/송파
282
가족

쏘쿨의
인서울
인강남

내집마련

아파트 시세지도 창시자! 쏘쿨이 돌아왔다!
집을 살 때 '돈'에 맞추지 말고 '꿈'에 맞춰라!

쏘쿨 지음

진서원

'내집마련'이란
욕망의 부싯돌을 당신에게!

2016년에 《쏘쿨의 수도권 꼬마 아파트 천기누설》(이하 《수도권 꼬마 아파트》)을 출간하고 10년 가까이 지났다. 그 사이 시장은 급변했고 책에서 언급한 16개 아파트 단지들은 가격이 폭등했다. 이 아파트만 상승한 게 아니라 서울과 수도권 아파트 모두 올랐다.

지난 2020년 서울 부동산은 단기 폭등 기록이 역사상 상위권에 랭크될 만큼 크게 올랐다. 그 당시 벼락거지가 되기 싫어서 많은 사람이 최고가 아파트를 추격 매수했다가 이후 2021년 하반기에 실행된 강력한 대출 규제로 2022년까지 폭락이 이어졌다. 최고가로 추격 매수한 사람들은 후회했고 끝까지 버틴 이들은 안도의 한숨을 쉬었다. 하지만 2024년 서울은 강남권을 필두로 일부 지역은 전고점을 회복한 상태다. 불과 4년이란 단기간에 롤러코스터를 탄 것처럼 서울 아파트 가격은 폭등과 폭락을 반복하면서 대혼란의 시대를 열었다. 2001년부터 24년간 부동산 투자를 해온 나도 이렇게 짧은 기간 동안 아파트값이 급등하고 급락하는 상황이 벌어지는 건 처음이라 어지러울 정도이다. 그러니 일반인들은 얼마나 갈피를 못 잡고 두려움에 떨었을지 상상이 간다.

10년간 정규 강의를 통해 배출한 내집마련 성과!
인서울 약 370가족, 그중 강남3구는 약 280가족!

나는 10년 정도 강남역에서 5주간 3시간씩 오프라인 내집마련 정규 강의를 해오면서 약 4,000명의 수강생들에게 내집마련의 중요성을 강조해 왔다. 그 수강생 중 약 370가족이 인서울에 내집마련을 했고 그중 약 280가족이 강남 3구에 내집마련에 성공했다. 전작인 《수도권 꼬마 아파트》의 목표는 '서울, 수도권에 꼬마 아파트라도 내 집을 마련하자!'였다. 사람들에게 내집마련을 통해 주거의 안정성을 확보하는 것이 인생의 첫 번째 우선순위라는 게 핵심 메시지였다. 이 책은 경제 부문 베스트셀러였지만, 어쩌면 독자들에게는 그저 권수를 채우는 부동산책들 중 한 권이었을 수도 있다. 물론 지금도 간혹 이 책을 읽고 내집마련에 도움이 되었다면서 감사 이메일이 오지만, 많은 독자는 강 건너 불구경하는 식으로 책을 읽었을 것이다. 아마도 내 전작인 《수도권 꼬마 아파트》에서는 독자들의 가슴 속에 불을 지펴줄 2%가 부족했음이리라.

'내집마련 교과서 같은 책을 만들었는데, 왜 내집마련을 행동에 옮기지 못했을까?'
'이 책에 나온 16채 아파트가 너무 외곽의 저렴한 아파트만 찍어줘서 욕망이 끌어오르지 않았던 것일까?'

더 간절하게 내집마련 설득을 목표로!
인서울 인강남 내집마련은 이 책 한 권으로 끝내자!

이렇게 꼬리에 꼬리를 무는 의문 때문에 이 책을 집필해야겠다는 필요성이 더욱 강해졌다. 이 책은 앞의 질문에 대한 답변서일 뿐만 아니라 10년 가까이 수강생들의 내집마련을 상담하면서 알게 된 무주택자들이 겪는 두려움과 극복에 관한 성장 드라마이다. 평범한 월급쟁이 맞벌이 부부들이 내집마련을 고민하면서 경험하는 현실적인 문제와 그 두려움을 극복하고 내집마련에 성공한 독자들이 실제 현장에서 겪었던 이야기로 내용을 채웠다. 이번에는 이 책을 읽고 많은 독자가 인서울에, 인강남에, 내집마련을 성공해서 나의 메일함이 감사 이메일로 넘쳐나기를 기도하며 책을 썼다. 이번 책이 독자와 나의 마지막 부동산 책이 되기를 바라는 마음이 크다.

부모가 되면 열리는 신세계, 수익률보다 가족이 살아갈 공간이 보이기 시작!

전작인 《수도권 꼬마 아파트》가 출간된 후 나에게도 많은 변화가 있었다. 우선 강남 3구로 이사했고 아들이 태어났다. 아빠가 되니 생각의 폭이 참 넓어졌다. 부모가 되면 철이 든다고 하신 어른들 말씀이 가슴으로 이해되었다.

그동안 투자자의 눈으로만 보던 시멘트 덩어리 아파트가 이제 내 가족이 살아갈 공간임을 인정할 수밖에 없었다. 투자의 선택 기준이 더 이상 수익률 게임이 아니었다. 호재나 엑셀 계산식에 집착하던 투자자에서 좀 더 사람을 생각하는 투자자가 되었다고 할까? 정확히 말하면 가족을 생각하고 사람들의 삶을 생각하는 투자자가 되었다고 하는 게 맞을 것이다. 내집마련은 더 이상 돈의 문제가 아니다! 더 빨리 아이를 가졌다면 더 빨리 이것을 알게 되었을까? 아빠가 되는 것도, 내집마련도 아무리 이야기를 많이 들어도 본인이 직접 경험하기 전에는 전혀 모르는 세계다. 그렇게 철없던 남자는 늦깎이 아빠가 되어 삶의 다른 순간을 경험하고 있다.

대학생 때는 돈이 없으니 무조건 싸고 양 많이 주는 식당을 찾아다녔다면 이제는 가족과 함께 퀄리티가 보장되는 조금 비싼 곳으로 가서 외식을 한다. 미혼 때처럼 나 혼자 먹는 거라면 대충 컵라면으로 때울 한 끼 식사도 아이가 생기니 나쁜 음식을 피하게 된다. 내가 인스턴트 컵라면을 먹는 모습조차 아이에게 안 보이고 싶어서 나도 좋은 걸 먹게 된다. 모든 일은 자연스럽게 아이 위주로 생각하게 된다. 아빠가 독서하는 모습을 보여주어야 하고 안 좋은 공기와 안 좋은 동네, 안 좋은 환경을 최대한 피하게 된다. 아이한테는 좋은 것만 주려는 부모 마음. 그러다 보니 부모도 좋은 것을 함께 경험하는 선순환이 이루어졌다. 결혼을 생각하는 예비 신혼부부와 자녀를 계획 중인 맞벌이 부부들도 이 사실을 빨리 깨닫는다면 자신의 가족이 한층 더 안전하고 깨끗한 환경에 내집마련하고 편안한 삶을 살게 될 것이다.

월급쟁이는 실거주 내집마련이 가장 실속 있는 재테크! 돈이 아니라 꿈에 맞춰라!

인서울 인강남 아파트에 실거주 중인 수강생들이 요즘 들어 재수강을 신청하고 상담하러 온다. 신혼 때 인서울 첫 아파트에서 내 집을 마련했는데, 이제 가격도 좀 올랐고 결혼해서 아이들을 낳으니 집을 넓히거나 상급지로 갈아타고 싶다고 말이다. 더불어 배우자, 자기 동생, 친구들, 회사 동료, 심지어 부모님까지 손을 잡고 함께 강의장에 온다. 고기도 먹어본 사람이 먹는다고 이분들은 몇 년 전에 내집마련을 한 후 2020년 폭등장에 가격이 많이 오르는 것을 경험한 사람들이다. 처음 내집마련 수업을 들으면 '내가 정말 서울에 내 집을 마련할 수 있을까?' 반신반의하면서 혼란스러워하지만, 경험자인 이분들은 표정이 다르다. 내집마련이야말로 안정감 있게 내 집에 살면서도 가장 실속 있는 재테크라는 것을 본인이 직접 경험했기에 확신에 찬 눈빛으로 수업을 듣고 더 상급지, 신축, 평수 넓혀 갈아타기를 빠르게 실천한다. 우리는 우리가 생각하는 대로 이룰 수 있는 존재다.

What we think,
we become.
– Buddha

왜 서울에? 왜 강남에?
이곳으로 갈 수밖에 없는 불편한 진실

내 고향은 서울 영등포구이지만, 1994년에 경기도로 이사 간 후 경기도와 인천에서 22년간 살다가 2016년에 다시 서울로 돌아와서 지금까지 9년째 서울에서 살고 있다. 나는 서울, 인천, 경기도에서 실거주하면서 각 지역의 모습을 직접 경험했으므로 이야기해줄 것이 많다. 결론부터 말하면 지역마다 격차가 심하다. 우리는 어려서부터 가족과 친인척, 친구들이 많이 사는 고향을 사랑해야 한다는 무언의 규칙을 따라 산다. 그래서 많은 사람이 고향의 장점을 크게 생각하고 단점을 작게 생각하는 경향을 가지고 있다.

나는 객관적인 시각으로 임장을 다니면서 보고 느낀 지역별 장단점을 이야기할 것이니 독자들은 이 책을 읽고 새로운 세상을 경험하기를 바란다. 이 책이 당신의 마음을 불편하게 할 수도 있다. 좋은 곳에 살고 있는 사람들과 그렇지 않은 곳에서 살아가는 사람들과의 수많은 인터뷰를 통해 알게 된 사실을 바탕으로 진실에 다가갈 것이기 때문이다. 우리나라 안에서 볼 수 있는 빈부격차의 모습뿐만 아니라 익숙하지 않고 어색한 모습도 이야기할 것이다. 처음 보지만 어디서 본 것 같은 데자뷔 모습까지 말이다. 내 눈에 비친 서울, 경기도, 인천의 모습을 경험하지 못한 독자들에게 내가 직접 경험한 이야기를 들려줄 것이다.

흔히 들었던 '입지 3대 요소(교통, 환경, 학군)'가 인서울 인강남에서 어떻게 구성되어 있는지 큰 그림을 그려주어 당신 마음속에 좋은 입지에 대한 객관적인 기준을 세워줄 것이다. 좋은 입지와 안 좋은 입지에 대해 고민하고 나와 내 가족이 어디에서 살아가야 할지 함께 생각하는 시간을 가질 것이다. 새로운 세계로 가려면 익숙한 것과 이별해야 한다. 독자 모두가 과거의 나를 잊고 현재의 내가 미래의 나에게 더 나은 방향을 제시해 주는 시간이 되기를 바란다.

If your dreams do not scare you, they are not big enough.
(당신의 꿈이 당신에게 두려움을 주지 않는다면 그 꿈은 충분히 크지 않은 것이다.)

쏘쿨의 비법 전수! 좋은 아파트를 고르는 안목

둘째 마당

인서울 인강남을 외치는 이유 5가지 (ft. 아파트, 업무지구, 교통, 학군, 병원)

시세지도 창시자 쏘쿨의 아파트 가치 투자 원칙 10가지

쏘쿨 Pick!
서울시 초소형 아파트 Top 13
(ft. 1인 가구와 딩크족)

쏘쿨 Pick!
서울시 소형, 중형 아파트 Top 8
(ft. 3인 이상 가구, 방 2~3개, 23평 이상)

여섯째
마당

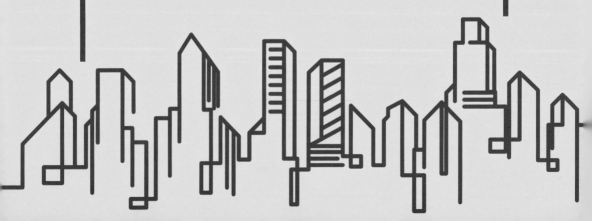

첫째
마당

월급쟁이는
내집마련이
최고의
재테크!

01

돈 없어도 내집마련부터 해야 하는 이유

월급쟁이에게 내집마련이 최우선인 3가지 이유

"전월세로 살아도 되는데 왜 실거주용 내집마련을 꼭 하라고 하나요?"
"투자 가치가 없어 보이는 실거주 집에 왜 큰돈을 깔고 앉아 있어야 하나요?"

이렇게 묻는 사람들이 있다. 이때마다 필자는 항상 이렇게 강조한다.

첫 번째, 내집마련은 매월 소득이 일정하게 들어오는 월급쟁이 직장인이 할 수 있는 가장 안정적이고 보수적인 투자 방법이다.

두 번째, 내집마련은 작은 부자들이 가장 많이 쓰는 투자 방법이다. 큰 부자는 사업을 해서 부를 이룬 경우가 많지만, 월급쟁이들이 월급만으로 큰 부자가 되기는 어렵다. 대신 순자산 수억 원 내외의 작은 부자가 되는 것은 월급쟁이들도 누구나 장기적으로 가능하다. 내집마련은 이미 검증된 안정적인 투자 방법이고, 일반인에게 가장 무난하며, 접근하기 쉬워서 추천하는 것이다.

세 번째, 집은 필수재다. 따라서 돈의 유무를 떠나 누구에게나 집은 당장 필요하다. 먼 옛날 원시시대부터 사람은 외부의 위험에서 가족을 안전하게 지켜줄 동굴 같은 곳에서 살아왔다. 먹고, 씻고, 쉬고, 잠잘 보금자리, 즉 안식처가 필수였기 때문이다. 다시 말해서 비바람을 막아주고 겨울철 추위와 여름철 더위, 위험한 동물들로부터 나와 내 가족을 안전하게 보호할 수 있는 방패막처럼 단단한 구조물로 이루어진 거주지가 반드시 필요했던 것이다.

현시대에 와서 '대한민국'이라는 공간만으로 한정 지어 생각해 봐도 집은 매우 중요한 의미가 있다. 우리나라는 3면이 바다이고 한쪽은 철책으로 막혀 있어 실제로는 고립된 섬이다. 게다가 전 국토의 70%가 산인데, 이런 환경에서는 더욱 집이 중요하다. 또한 우리나라 인구밀도는 전 세계적으로 상위 3위권 안에 들 정도로 높으므로 다른 사람들보다 좋은 집을 먼저 선점하는 것은 매우 유리한 출발점에서 시작하는 것이다.

점점 빨라지는 집값 양극화! 내집마련 순서는?
① 집부터 사고 → ② 돈을 모은다

내집마련은 가급적 서울과 강남에 하는 게 좋다. 왜냐하면 ① 사용 가치,

② 투자 가치, ③ 연금 가치 면에서 특히 유리하기 때문이다. 서울에서 태어나 직장도 서울인 사람은 대부분 부모님과 함께 살다가 결혼하면서 집을 얻어 독립한다. 반면 지방에서 태어나고 자란 사람은 서울에 있는 대학교에 합격하거나 직장을 잡으면 처음 서울 생활을 시작하면서 독립한다. 보통 작은 집을 전월세로 구하는 경우가 많다. 그런데 서울 집값이 만만치 않아 좋은 집을 구하기 힘들므로 지방 사람에게는 서울 집값이 비정상적인 가격으로 보이기도 한다.

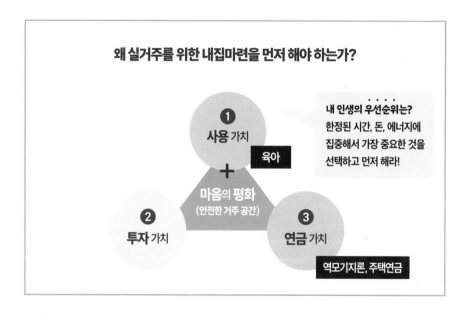

이전에 필자의 강의를 듣던 한 수강생은 직장 때문에 지방에서 서울로 올라온 후 부모님이 지원해 주신 자금 5억으로 서울 아파트 15평형 복도식 원베이를 구입했다. 그런데 부모님은 아들이 돈을 다른 데 몰래 써버리고 서울은 작은 15평형 아파트도 5억이라고 거짓말하는 줄 아셨던 것이다. 그래서 다음 날 바로 부모님이 서울에 올라오셨는데, 비싼 집값을 보고 깜짝 놀라셨다고 한

다. 이렇게 서울은 지방과 아파트 가격이 크게 달라서 집값의 양극화를 이루고 있다. 그런데 집값 차이는 지금도 점점 더 많이 벌어지고 있다. 앞으로도 이 차이는 좁혀질 기미가 전혀 보이지 않으므로 우리는 하루 빨리 서울에 내집마련을 고민해 봐야 한다.

신혼 때는 즐기면서 전세로 살다가 나중에 천천히 내집마련을 하겠다는 사람들이 있다. 하지만 이것은 우리가 사는 자본주의 세상을 잘 모르는 이야기다. 필자는 강남역에서 김밥을 자주 먹는다. 그런데 참치김밥 1줄 값이 10년 전에는 2,500원이었지만 2024년 현재 5,500원으로 2배가 넘게 올랐다. 김밥뿐만이 아니다. 코로나19 팬데믹 이후 정부는 경제 부양 정책의 일환으로 시중에 엄청난 돈을 풀어서 침체된 경기를 살렸다. 이렇게 풀린 돈은 코로나19 때 경제 회복에 도움을 주었지만, 시중의 모든 물가를 끌어올렸다. 부동산 가격도 예외가 아니어서 서울 아파트는 통화량 증가로 코로나19 이전보다 약 2배나 올랐다.

그렇다면 월급쟁이인 내 월급이 올라가는 속도가 빠를까, 아니면 인플레이션으로 서울 집값이 오르는 속도가 빠를까? 정답은 우리 모두 잘 알고 있다. 나중에 언젠가 내집마련을 생각했다면 지금 당장 집을 알아보고 매수를 준비하는 게 유리할 것이다. 돈을 모아서 집을 사는 게 아니라 집을 먼저 사고 돈을 모아야 한다. 하지만 초보자들은 늘 반대로 생각한다. 그래서 초보다. 내집마련 수업 중에 수강생들이 탄식하며 가장 많이 하는 말은 '껄'무새 시리즈이다.

"아! 1년만 빨리 올 '껄'~."

02

내집마련이 간절해야
좋은 집이 보인다
(ft. 사용 가치)

집값을 대놓고 말하면 천박해 보인다?

내집마련은 나와 내 가족이 살아갈 편안한 보금자리를 마련하는 것이다. 집은 고단한 회사 생활을 끝내고 퇴근한 후 거실 소파에서 편안한 휴식을 취하고, 씻고, 가족과 식탁에 둘러앉아 밥 먹고, 포근한 침대에 누워 잠을 자는 안락한 쉼터이자 한 가족이 인생에서 가장 많은 시간을 보내는 생활 터전이다. 집은 그 중요도에 비해 왜 중요하고, 어떻게 마련해야 하는지 체계적으로 알려주는 곳이 거의 없다. 참 신기한 일이다.

음식의 경우에는 백종원 씨 같은 유명한 요리사가 있고 재료를 공급하는 농부, 어부, 식품 회사도 있다. 인터넷에는 다양한 요리 재료와 레시피 정보가 많아 쉽게 따라 만들 수 있고 유행하는 식재료와 맛집, 음식점, 레스토랑, 배달 음식 등등 하루에도 수없이 먹는 것과 관련된 이야기를 할 수 있다. "오늘 뭐 먹을까?", "이번 주에는 어느 맛집을 갈까?", "밑반찬은 뭐가 좋을까?", "저녁 식사 재료는 뭘 살까?", "반찬가게를 이용할까?", "신선신품을 새벽 배송시킬까?" 등등 말이다.

옷도 마찬가지다. TV나 인터넷에는 연예인이 입고 나온 옷, 명품 모델, 홈쇼핑 VJ, 패션 디자이너 이야기가 한가득이고 연예인은 의상을 담당하는 전속 코디네이터까지 데리고 다닌다. 거리에는 다양한 패션 브랜드와 편집 매장이 있고 인터넷으로 드라마에 나온 여주인공 옷과 유명 연예인이 입은 브랜드를 검색해서 택배로 옷을 받아 입고 마음에 안 들면 반품할 수 있다. 또한 친구들과 세일 정보와 유행 패션 정보를 교환하면서 옷 이야기도 자유롭게 할 수 있다.

그런데 내집마련과 관련된 부동산 이야기는 전혀 다른 취급을 받는다. 많이 나아졌다고 하지만 조선왕조 500년 유교 양반문화의 잔재로 집값을 대놓고 말하는 것은 천박하다고 여긴다. "집값이 오르는 것은 서민 경제를 위해 좋지 않다."는 당위론만 대외적으로 이야기해야 서민 경제에 이바지하는 정의로운 사람으로 칭송받는다. 누가 더 소박하고 가난한지 코스프레 경쟁을 하면서 겉으로 더 가난해 보일수록 존경받는 사회 분위기가 참 신기하다. 부동산에 관심 없는 척하는 게 도덕적이고 청렴하다고 생각할 뿐만 아니라 부동산에 대한 무지를 은근히 자랑으로 여기는 문화까지 있다. 청문회에서 고위 관료, 정치인, 심지어 대기업 회장도 "저는 모르는 일입니다. 집사람(또는 아랫사람)이 알아서 했습니다."라면서 모르쇠로 일관해야 비난을 덜 받는다. 누구나 마음속으로는 부자가 되고 싶지만, 집이라는 큰 자산을 소유한 사람에 대한 이중 잣대는 내집마련 공부를 방해하는 심리적 장벽으로 작용한다.

엄마 손에 이끌려 전셋집을 계약하는 어른 아기가 되지 말자

더 큰 문제는 내집마련과 관련된 필수 지식을 배울 곳이 마땅치 않다는 것이다. 인터넷에 부동산 관련 정보가 다 나와 있다고 하지만 실전은 좀 다르다. '전월세 계약서를 쓸 때 주의할 점', '전입 신고하는 법', '확정일자가 무엇이고 주의할 점과 확정일자를 받으면 나에게 오는 혜택은?', '기준 금리와 가산 금리의 차이는?', '세대 분리가 무엇인지?' 등등 초보자에게는 어렵고 실제 부동산 거래 현장에서는 사용하지만 일반인이 듣기에는 난해한 수많은 외계어를 가르쳐줄 곳을 찾기가 힘들다.

부동산 중개소 사장님은 매도자, 매수자, 세입자 전화를 받고 집 보여주러 다니기 바쁘고 학교 선생님도 아니므로 이렇게 궁금한 것들을 하나하나 세세하게 가르쳐줄 시간이 없다. 그래서 결과적으로 마흔 살 넘도록 엄마 손을 붙잡고 전세 구하러 다니는 어른 아기들을 볼 때마다 안 배운 것이 아니라 못 배운 것이라는 생각도 든다. 나와 내 가족이 두 발 쭉 뻗고 편안하게 잘 곳을 찾는 것이 얼마나 중요한지 알면서도 현실에서는 전혀 배운 적도 없고 배울 곳도 드문 이상한 세상에 우리는 살고 있다.

그런데 반대로 생각해 보자. 한 가족이 전 재산을 들여 내집마련을 한다면 편안하게 실거주도 하고 큰 자산을 이루기가 훨씬 수월할 수 있다는 느낌도 살짝 들기 시작한다. 자본주의 시장은 '게임이론'이 존재하므로 게임에 참가한 상대방의 수준에 따라 나의 결과가 결정된다. 집은 우리 사회 모든 구성원이 내 집이든, 남의 집이든 구해서 살아야 하는 '온 국민 참여 필수 마켓'이다. 대부분의 참가자가 게임의 규칙도 잘 모르고, 배울 곳도 없으며, 심지어 재미없어 한다. 그러니 내가 열심히 공부해서 이 게임의 규칙을 완벽하게 이해하고 활용하여 상위에 랭크되는 마스터가 된다면? 그래서 세상을 훨씬 편하게 살 수 있다는 합리적인 느낌이 든다면? 당신은 이미 자본주의 센스가 있는 것이다.

> "이 세상이 고수에게는 놀이터요, 하수에게는 생지옥이 아닌가?"
> – 영화 《신의 한 수》 중에서

내 집의 '사용 가치'를 제대로 알아야 게임에서 살아남는다

자유여행으로 4박 5일 해외여행 갈 때를 생각해 보자. 호텔 선택뿐만 아니라 호텔에서 관광지까지의 거리, 공항과의 거리, 교통수단, 조식 서비스, 무료 셔틀 서비스, 체크인/체크아웃 시간, 수영장 운영 시간, 호텔 팁 가격뿐만 아니라 층별, 향별, 바다뷰별 룸 가격 등 수십 가지를 메모하면서 꼼꼼하게 챙겼을 것이다. 그런데 정작 내가 최소 2년 이상 거주해야 할 보금자리에 대해서는 너무 무지하다. 고작 생각하는 것이 '현관문 안쪽 인테리어가 고동색과 체리색이면 절대 안 된다.' 정도이다. 입지는 역세권 정도만 체크하는 경우도 많다.

땡볕에 집 보러 현장을 돌아다니기가 힘들어서 패스하고 인터넷으로 청약 신청만 한다. 아파트 공사 현장이 어딘지도 모른 채 화면에 뜨는 곳은 아무 데나 말이다. 그러다가 경기도 허허벌판에 있는 미분양 아파트에 당첨되어 중도금만 내다가 완공 때 처음 입주 현장에 가보는 사람들도 있다. 스마트폰으로 손가락 몇 번 까딱하는 걸로 좋은 집을 구할 수 있다고 생각하는 무모하고 무지한 용기는 도대체 어디서 나오는 것일까?

사용 가치가 있는 집을 사는 것은 일반 사치품을 사는 것과는 차원이 다르다. 외제차가 있어도, 명품백이 있어도 곰팡이 피고 물이 새는 다가구 반지하 월세방에 살고 있다면 평온한 행복을 누리기는 어렵다. 서울 아파트 1채 가격이 외제차 10대, 명품백 수십 개보다 비싼 평균 11억을 호가하는데, 그 가격이 적정한지의 문제보다 왜 그 가격을 지불하고 서울에 내집마련을 해야 하는지가 더 중요하다. 먼저 선점한 사람들은 어떻게 서울에 내집마련을 했는지 그 방법론이 더 중요하다. 왜냐하면 가족과 살아가는 데 외제차와 명품백은 없어

**좋은 집은 필수품이며
희소가치도 가진다.**

도 크게 불편하지 않지만, 집은 필수품이라 없으면 삶이 많이 고통스러워지기 때문이다. 전월세 값이 오르거나 전월세 집이 만족스럽지 못해서 자주 이사를 다니며 거주의 불안을 느낀다면 정말 고통스러울 것이다. 집주인 입장에서 생각해 보자. 과연 세입자에게 좋은 집을 세 줄까, 안 좋은 집을 세 줄까?

인간 생활의 3대 필수품, 의식주 - 집도 빌려 쓰면 된다고?

"집도 빌려서 전월세로 사용해도 되지 않나요?"
"옷도 빌려 입고 음식도 빌려다 먹으면 어떨까요?"

종종 이렇게 물어보는 사람들이 있다. 그럴 거면 아예 속옷도 빌려서 입고, 차도 빌려 타고, 핸드폰도 빌려서 쓰지 왜 사는가? 이렇게 빌려서 쓰면 돈이 적게 들어 좋지 않은가? 아니면 당근으로 중고 속옷도 사고 음식도 사면 어떤가? 남이 좀 입던 옷이면 어떤가? 남이 좀 먹던 거면 어떤가? 돈을 아낄 수 있는데!

이것은 단순히 돈의 문제가 아니다. 사용 가치는 단순히 '사용한다'는 개념이 아니라 '안전하고 안정적으로 지속해서 사용한다'는 의미이다. 이것이 바로 다른 사람의 체취가 나는 속옷을 나와 내 가족에게 입힐 수 없는 이유이다. 이렇게 속옷 이야기를 하는 이유는 '내집마련'이라는 기본 속옷도 안 입은 채 화려한 코트와 정장, 원피스를 입고 외제차를 몰면서 인스타나 SNS에 해외여행 자랑하기 바쁜 사람들의 허세를 비판하기 위해서다. 소득이 있을 때 좀 쓰면 어떠냐고? 그 소득이 영원할 것 같은가? 하지만 내 집은 영원하다.

"수영장 물이 빠지면 누가 벌거벗고 수영하고 있었는지 알 수 있다."

– 워런 버핏(Warren Buffett)

필자는 학력고사 세대인 50대여서 저축하고 내집마련하는 것이 매우 큰 자랑으로 칭송을 받던 시절에 자랐다. 매년 지역별, 회사별, 학교별로 저축왕을 뽑고 누가 터진 양말을 잘 꿰매 신는지, 누가 낡은 옷 팔꿈치나 무릎에 동그란 천으로 잘 덧대 입는지 검소함을 경쟁했다. '라떼'는 그랬다.

요즘에는 세상이 많이 변했지만, 부모의 자식 사랑처럼 변하지 않는 가치도 있다. 이처럼 변하지 않는 가치는 매우 의미가 있다고 생각한다. 우리나라 1인당 국민총소득이 1970년대에는 연간 2,000달러도 안 되었으니 참 못살던 시절이었다(2023년 기준 대한민국 1인당 국민총소득은 33,745달러). 당시에는 결혼하면 모든 사람이 이사 걱정 없는 내집마련이 최대 목표였다. 1989년까지 전세는 1년 계약이어서 전월세살이하면서 1년마다 떠돌아다니다가 모은 돈으로 내 집을 마련하면 가족끼리 얼싸안으면서 눈물바다가 되는 신파극의 한 장면이 드라마 단골 소재였다. 내집마련을 하면 인생의 큰 숙제를 해결한 성공한 사람으로 모두 대우해 주는 분위기였다. 지금은 내집마련한 사람을 심하면 폄하하기도 하고 '영끌족'이라고 비난하면서 은행 대출 이자와 세금에 허덕이는 불쌍한 사람으로 생각한다. 필자는 이것이 무언가 잘못되었다고 생각한다.

— 03 —

하염없이 집값 폭락만
기다리는 당신에게
(ft. 투자 가치)

뉴스에서 말하지 않는 진실

인구가 줄어들어서 일본처럼 집값이 폭락할 거라는 유튜버들의 말을 믿는 사람들이 많다. 투자 가치가 없어서 반값이 되면 그때 집을 사는 것이 더 이득이라는 말이다. 한편으로는 맞는 말처럼 보인다. 집을 살 수 있는 인구가 많아야 집값이 오른다는 것이다. 결국 수요가 중요하다는 말인데, 집을 사는 수요는 가구 수 단위로 움직이지, 인구수로 움직이지 않는다. 현재 수도권은 인구 수와 가구 수 모두 급증하고 있다. 1인 가구의 증가, 지방에서 서울로 유입되는 젊은 층, 외국인과 조선족의 증가 등 앞으로 지속적으로 수도권의 가구 수는 증가할 것이다.

뉴스는 매번 이번 주 서울 아파트값이 몇 퍼센트(%) 올랐다거나 떨어졌다는 이야기만 한다. 그런데 진실은 무엇일까? 지난 20년간 서울 아파트값이 4배 올랐다는 팩트가 진실이다. 언론은 항상 민심을 불편하게 하는 뉴스를 선택해서 필요에 따라 보도한다. 그러므로 우리는 뉴스를 걸러서 듣고 드러난 사실을 확인한 후 실제 현장에서 일어나는 진실에 다가가야 한다.

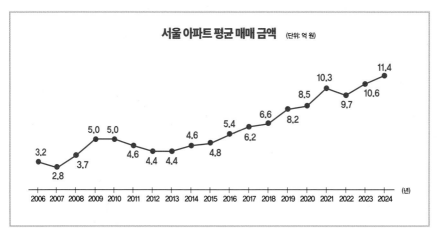

자료 제공: 국토교통부 실거래가 공개 시스템, 실거래가 자료

비슷한 분양가, 20년 후 격차는 18억!
하루라도 빨리 핵심지로 Go! Go!

서울 아파트값이 10년 전보다 더 떨어진 곳이 있을까? 그리고 20년 전보다 떨어진 곳이 있나? 정답은 여러분도 잘 알 것이다. 그렇다면 앞으로 10년 후 서울 아파트값은 어떨까? 20년 후는 어떨까? 스스로 질문하고 답을 찾아가는 것이 공부이다.

1970년대 압구정 현대아파트(1976년 11월 입주)의 분양가는 아래 표와 같았다. 당시 월급이 일반 근로자는 3~5만 원, 전문직은 10만 원 대였다. 그래서 월급 5만 원 받는 월급쟁이는 월급을 한 푼도 안 쓰고 14년 반을 모으면 압구정 아파트 30평형을 살 수 있었다. 그럼 14년 뒤에는 아파트 가격이 그대로 가만히 기다리고 있을까?

1970년대 압구정 현대아파트 분양가

30평형	40평형	48평형
865만 원	1,200만 원	1,400만 원

1990년대까지만 해도 서울 외곽과 강남 지역의 아파트 가격은 큰 차이가 없었다. 노원구 하계동 아파트와 서초구 반포동 아파트의 가격 차이가 4,000만 원에 불과했지만, 지금은 18억 정도 차이 난다. 이제 눈치 빠른 사람은 자본주의에서 대부분의 사람이 원하는 핵심지가 최고의 투자처이므로 하루라도 빨리 인서울 인강남해야 한다고 느꼈을 것이다.

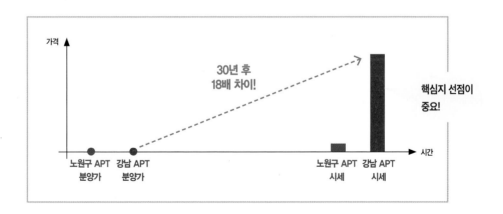

04

자식보다 집이 효자다
(ft. 연금 가치)

공시지가 12억 아파트 → 65세부터 월 288만 원 주택연금 지급

앞에서는 집의 가치 중 ① 사용 가치와 ② 투자 가치를 살펴보았는데, 이번에는 마지막으로 ③ 연금 가치를 소개하겠다. 일반인들은 살고 있는 집을 노후에 연금으로 활용할 수 있다는 사실을 잘 모른다. 자식이 결혼하여 출가한 후 노부부만 집에 살고 있다면 이 집에서 죽을 때까지 평생 살면서 매달 연금까지 따박따박 받을 수 있는 방법이 있다. 바로 '주택연금'이다. 주택연금은 노부부 중 한 분이 돌아가셔도 남은 한 분이 돌아가실 때까지 평생 집으로 연금을 받다가 두 분 모두 돌아가셨을 때 국가가 집을 가져가는 형식으로 운용된다. 우리나라에서는 정부에서 보증해 주고 공공기관인 한국주택금융공사에서 주택연금을 운용하는데, 해외 선진국에서는 '역모기지론'이라고 해서 은퇴한 노인들이 이전부터 많이 이용해온 연금 방식이다.

자료 출처: 한국주택금융공사 홈페이지(https://www.hf.go.kr)

2024년 3월 1일 기준으로 공시지가 12억 가치의 아파트를 가지고 있는 노부부는 65세부터 월 288만 원씩 매달 주택연금을 평생 받을 수 있다(55세부터도 수령 가능). 현재 주택연금의 유일한 단점은 매년 물가 상승률이 반영되지 않아 인플레이션 헷지*가 안 된다는 것이다. 하지만 향후 지속적인 의견 개진을 통

● 인플레이션 헷지(inflation hedge): 화폐 가치 하락에 대비하기 위해 주식이나 토지, 건물, 상품 등을 구입하는 것

해 물가 상승률이 반영되는 시점에 가입하면 실거주 주택 1채로 매월 연금을 받으면서 평생 살아갈 수 있다. 따라서 은퇴한 후에도 안정적으로 내 집에 살면서 매월 연금까지 받을 수 있으니 일석이조인 셈이다.

예를 들어 보겠다. 만약 공시지가가 12억인 아파트에 실거주한다면 70세부터 주택연금을 매월 328만 원 받을 수 있다(2024년 3월 1일 기준). 노후가 걱정된다면 가급적 빨리 핵심지인 인서울 인강남에 내집마련부터 해서 ① 사용 가치, ② 투자 가치, ③ 연금 가치를 한꺼번에 해결하는 것이 좋다.

자료 출처: 한국주택금융공사 홈페이지(https://www.hf.go.kr)

05

내집마련 시작은 언제나 저축!
(ft. 저축하는 바보가 천재를 이긴다)

왜 저축하는 사람을 비웃는가?

내집마련의 시작은 당연히 저축이다. 월급쟁이들은 월급으로 들어온 돈을 차곡차곡 모아서 목돈을 만들어야 집을 살 수 있다. '저축이 기본'이라는 진리를 무시하고 내집마련에 성공한 사람은 단 한 명도 못 봤다. 요즘에는 저축 이야기를 하면 바보 취급을 받는다. '워라밸', '소확행', '현재를 즐기자!'가 대세가 되어버려서인지 고리타분하게 돈을 아껴서 저축하자고 말하면 바보처럼 보이나 보다. 그런데 내집마련에서는 바보가 천재를 이긴다. 당신이 내집마련을 하고 싶고 부자가 되고 싶다면 현재의 생활 수준에서 몇 단계 아래로 내려와야 한다. 한동안은 돈을 쓰지 않고 사는 방법을 연구해야만 내집마련을 할 수 있다.

소득을 늘리는 게 쉬울까? VS 지출을 줄이는 게 쉬울까?

돈을 모으려면 소득은 뻔히 고정되어 있으니 지출을 줄여야 한다. 당연한 말이지만 소득을 늘릴수록, 지출을 줄일수록 자산이 쌓인다. 소득을 늘리기는 굉장히 힘들다. 추가로 야근해야 하고 투잡을 구해야 하지만, 지출을 줄이는 건 당장 누구나 할 수 있다. 똑같은 월급을 받아도 10년 후 누구는 돈을 모아 집을 사지만, 누구는 인스타그램에 자랑한 사진 외에 빈털터리인 이유가 바로 소비와 지출을 통제하지 못했기 때문이다.

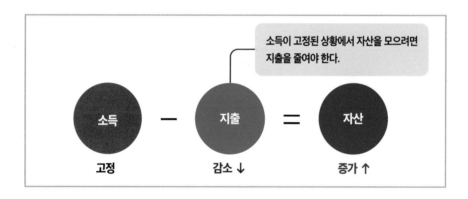

신용카드부터 자르고 현금(체크카드)만 써라

어차피 쓸 생활비니까 신용카드로 써도 된다고 생각할 수 있다. 하지만 내 지갑에서 5만 원 현금을 꺼내서 물건을 사는 것과 신용카드로 긁는 것은 하늘과 땅만큼 차이가 크다. 현금을 사용할 때는 물건의 가치와 내 돈의 가치를 다시 고민하게 된다. 하지만 신용카드는 긁고 나서 카드도 다시 돌려받고 물건도 받으므로 소비에 대한 심리적 죄책감이 적다. 인터넷 쇼핑을 할 때도 마찬가지다. 물건 하나하나 살 때마다 내 통장에서 돈이 매번 빠져나가는 것과 한 달에 한 번 뭉텅이로 카드값이 나가는 건 다르다. 후자가 심리적으로 덜 고통스러우므로 신용카드를 사용할 때 돈을 더 쓰게 되는 것이다.

매달 내 월급의 대부분을 카드값으로 빼앗기면 더 이상 희망이 없다. 중세 시대에 농노가 힘들게 소작한 밀을 지주가 빼앗아가듯이 카드 회사에 내 월급을 빼앗기지 마라. 매월 힘들게 번 돈을 지키려면 노예가 발목에 묶여있는 쇠사슬을 자르듯이 신용카드를 자르고 자유인이 되어야 한다. 내 집을 마련할 때 필요한 아파트 담보대출은 무서워하면서 신용카드로 한 달간 빚지는 것은 아무렇지 않게 생각하는 사람들이 많다. 한 달짜리 대출이 바로 '카드값'이다. '외상이면 소도 잡아 먹는다.'는 속담이 있는데, 눈앞의 편리함만 생각하는 아둔함을 일컫는 말이다. 수중에 돈이 없으면 돈을 쓰면 안 된다.

필자의 추천으로 신용카드를 없앤 사람들은 100% 모두 지출이 줄어드는 드라마틱한 효과를 경험했다. 적게는 월 20만 원부터 많게는 월 250만 원까지 지출이 줄어든 놀라운 결과를 보고 다들 충격에 빠졌다. 10년 넘게 직장 생활을 하면서 이렇게 쓸데없이 많은 돈을 카드값으로 지불하고 있었던 것이다. 이렇게 하면 카드 결제일이 지나도 통장에 월급이 그대로 남아있고 카드 결제 금액 0원에 감동할 수 있다. 그러면 필자는 그분들에게 항상 이렇게 말한다. "원래 그 돈은 당신 돈이었다. 카드 회사 돈이 아니다. 그 돈은 당신과 당신 가족의 안전한 보금자리를 만들기 위한 기반이 되는 아주 소중한 종잣돈이다." (단, 육아 지원 카드와 업무상 차량을 유지해야 하는 경우에는 주차비와 주유비 결제 때문에 신용 카드가 필요하므로 따로 보관해야 한다.)

희망이 없으면 절약도 없습니다.

우리가 절약하고 아끼는 이유는 미래를 위해서입니다.

절약하는 마음에 희망이 찾아옵니다.

절약과 희망은 연인 사이니까요.

- 윈스턴 처칠(Winston Churchill)

06

카드빚보다 대출이 무서운 당신에게
(ft. 대출은 연탄재다!)

위험한 빚 VS 안전한 빚

빚에는 위험한 빚과 안전한 빚이 있다. 이 둘의 가장 큰 차이는 빚을 낸 목적이 소비를 위한 것이냐, 자산을 위한 것이냐이다.

필자는 어렸을 때 눈이 오는 겨울방학이면 동네 친구들과 골목길에서 눈싸움을 하고 눈사람도 참 많이 만들었다. 1970년대에는 겨울이면 집집마다 대문 앞에 연탄재가 하얗게 쌓여 있었다. 연탄보일러 난방이라 검은색 연탄을 보일러에 넣고 불을 때면 연탄이 하얗게 변했는데, 필자는 이렇게 하얀 연탄재 한 덩어리를 눈밭에 올려놓고 연탄재에 눈이 잘 달라붙게 비벼주면서 둥글게 만들었다. 단단하게 눈이 붙은 연탄재가 수박만큼 큰 덩어리가 되면 눈밭

에서 데굴데굴 굴려주었다. 그러면 수박 크기만 한 연탄재를 품은 눈 덩어리
는 무게 때문에 눈밭을 이리저리 굴러다니면서 더 많은 눈을 꾹꾹 제 몸에 붙
여서 점점 큰 눈 덩어리가 되었다.

대출은 연탄재!

인플레이션으로 내 돈이 녹아내린다?
월급 모아 집 사는 것은 불가능! 대출 도움 필수!

물론 처음부터 눈싸움용으로 주먹만 한 눈을 뭉쳐서 눈 덩어리로 키워 나가
도 되지만, 시간이 너무 오래 걸린다. 따라서 처음부터 연탄재를 이용하면 훨
씬 쉽게 큰 눈 덩어리를 만들 수 있어서 너무 좋다. (요즘에는 이런 연탄재를 정부가
규제해서 제한된 연탄재를 사용할 수밖에 없으니 연탄재 크기가 점점 작아지더라.)

내집마련을 할 때도 마찬가지다. 자기 월급으로 번 돈(노동 소득)만 모아서
집을 사야 한다고 생각하는 사람들이 간혹 있다. 성실하게 번 돈으로 집을 사
야 한다고 생각하는 사람들 말이다. 물론 성실함은 매우 훌륭하지만, 결과의
차이를 보면 많이 아쉽다. 회사 생활을 열심히 해서 모은 종잣돈을 연탄재와

같은 대출을 활용해서 큰 덩어리를 만들고 함께 눈밭에서 굴리면 어떨까? 요즘에는 물가 폭등과 화폐 가치 하락이 너무 심한데, 은행 돈을 잘 활용하여 자본주의의 장점을 극대화하는 게 낫지 않을까? 즉 성실함에 부스터를 달자는 말이다. 점심값도 만 원은 줘야 제대로 된 밥 한 그릇을 먹을 수 있다. 현금의 가치가 점점 쪼그라드는 걸 눈앞에서 허망하게 바라만 보지 말고 인플레이션 헷지를 해야 한다. 월급을 현금으로 받으니 내 자산의 최초 시작인 현금의 교환 가치를 안전하게 방어할 인플레이션 헷지 말이다.

눈 덩어리 속에 여러 개의 연탄재를 넣어서 더 큰 연탄재를 굴리는 사람도 많다. 연탄재를 넣은 눈 덩어리를 굴리면 훨씬 쉽게 더 큰 눈 덩어리를 만들 수 있다. 이렇게 하면 땅에 있는 눈과 접하는 눈 덩어리의 면적이 급격히 증가해서 한 바퀴만 굴려도 훨씬 많은 눈이 달라붙는다. 여기서 반전은 아무리 시간이 지나도, 아무리 눈 덩어리가 커져도, 처음 눈뭉치 속에 넣은 연탄재 크기는 그대로라는 사실이다. 눈 덩어리가 커졌으면 이제 연탄재를 큰 눈 덩어리 속에서 꺼내도 상관없어진다. 대신 연탄재를 발로 차지는 말아라. 뜨거운 삶을 살다 가신 분이다. 내집마련을 하는 모든 사람이 자신만의 멋진 눈 덩어리를 '시간'이라는 언덕에서 굴려 거대한 눈사람으로 만들기를 진심으로 응원한다.

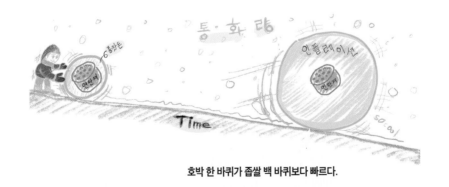

호박 한 바퀴가 좁쌀 백 바퀴보다 빠르다.

서울에 내집마련해라!
이왕이면 강남에 마련해라!
(ft. 큰태양이론)

1996년생 흙수저 신입사원이 강남에 집을 샀다고?

똑같은 직장에 입사했고 나이까지 똑같은 동기들이 10년, 20년이 흐른 후 저마다 다르게 사는 이유는 무엇일까? 똑같은 월급을 받고, 똑같이 출근하고 퇴근했으며, 똑같은 보너스를 받았는데도 말이다. 인생을 살다 보면 시간을 되돌아보면서 공통점과 차이점을 찾을 때가 반드시 온다. 월급이 같아도 어떻게 돈을 모으고, 모은 돈으로 어떻게 자산을 구축하느냐에 따라 인생이 많이 갈라지기 때문이다.

우리나라는 자산이 대부분 부동산으로 이루어져 있다. 어떻게 부동산에 투자했느냐에 따라 부의 격차가 크게 벌어지는데, 개인이 할 수 있는 가장 안전한 부동산 투자는 바로 내집마련이다. 나중에 내집마련하겠다는 말은 하지 말자. 벌써 1996년생이고 신입사원이면서 미혼이 서울에, 그것도 강남에 내집마련을 했으니 말이다. 96학번이 아니다. 자

세히 보시라. 필자의 수강생들 중 1996년생 IMF 직전 태어난 20대 신입사원들이 1~2년 동안 회사 생활을 하면서 모은 돈과 여기저기 빌린 돈으로 서울에, 그것도 잠실에 내집마련을 했다.

그런데 당신은 어떠한가? 신용카드를 흥청망청 쓰면서 쇼핑에 몰두하거나 코로나19가 끝났다고 여권부터 새로 만들어서 해외여행과 취미 생활에 전력투구하고 있지는 않은가? 이러면 시작부터 다른 것이다. 신입사원 때부터 잠실에 내집마련한 20대들은 금수저일까? 아니다. 주중에는 회사에 다니면서 일하고 주말에는 배달 알바하는 지방 또는 경기도 외곽 출신의 흙수저 친구들이다. 그 와중에 틈틈이 퇴근 후 내집마련(or 갈아타기) 하려고 부동산 중개소를 돌아다니고 현장 조사까지 다닌다. 당신이 놀고 있다고 다른 사람도 놀고 있다고 착각하지 마시라.

해외여행보다 서울과 강남여행을 좋아하는 사람이 되자

회사에서도 마찬가지다. 우리나라 회사들은 만만한 곳이 아니어서 회사 생활을 열심히 해야 살아남을 수 있다. 그래도 퇴근 후에는 '부캐'● 전략을 준비해야 한다. 회사 밖의 삶이나 취미 생활을 말하는 게 아니라 당신과 당신 가족의 삶을 어떻게 꾸려 나갈지, 향후 수십 년간 어디서 살아가야 할지 고민해야 한다는 말이다. 그렇다면 내 삶에서 가장 중요한 게 무엇일까? 적어도 좋은 곳에서 좋은 삶을 살아가려면 좋은 입지에 있는 내 집이 가장 중요하지 않을까?

인생의 가장 중요한 기본기는 내집마련이다. 집이 있어야 나와 내 가족의 삶이 평온하고 든든한 자산이 되므로 이 계획을 실현하기 위해 미리미리 준비해야 한다. 준비는 간단하다.

'나는 서울, 강남여행을 좋아하는 사람이다.'

이 문장만 반복해서 머릿속에 각인해 보자. 내집마련을 위해 신용카드를 자르고, 현금만 사용하며, 강제 저축으로 아끼고 모아서 서울에 작은 꼬마 아파트 구입을 목표로 내집마련을 준비하는 사람, 이 과정을 여행처럼 즐기는 사람이 바로 당신이다. 이제는 인정하자. 당신은 원래 서울, 강남 동네 여행을 좋아했던 것이다. 자신의 욕망을 숨기지 말자.

● **부캐**: 부캐는 '부 캐릭터'의 줄임말. 하나 더 만든 캐릭터를 의미하는데, 일반적인 내 모습이 아니라 새로운 자아, 신규 캐릭터를 의미하기도 한다. 반면 원래의 내 모습은 '본캐'라고 한다.

배우자까지 이 여행에 참여하면 더 좋다. 부부가 열심히 저축하여 모은 돈과 주택담보대출, 마이너스통장, 회사 지원금, 부모님 지원금 등 힘들게 마련한 돈으로 작은 꼬마 아파트 구입을 목표로 한다면 서울에, 강남에 내집마련을 할 수 있다. 그러면 허리띠를 졸라매고 열심히 일해서 번 월급을 강제 저축하고 은행 대출을 갚아나가면서 내 집을 나의 것으로 만드는 건 생각보다 오래 걸리지 않는다. 일반인들이 생각하는 인스타용 해외여행, 국내 펜션여행과 같은 건 잊어버려라. 부자가 아니라 부자인 척하느라 가난해지는 사람들의 삶과 서울과 강남의 동네여행을 즐기는 당신은 삶의 목표가 다르다. 그래서 부자와 일반인은 다른 것이다.

우리의 목표는 서울 핵심지에 있는 작은 꼬마 아파트를 사서 미니멀 라이프를 살아가는 것이다. 작은 집에서 큰 꿈을 가지고 말이다. 그 꿈을 계속 그려 나가자. 그다음 목표, 또 그다음 목표를 향해서 말이다. 이런 목표가 있어야 월급을 모아 목돈을 만들고 집을 마련할 수 있고 대출 이자를 상환하고 남은 돈을 쪼개어 생활비로 쓰며 하루하루 꿈을 키울 수 있다. 필자도 그랬고 금수저가 아닌 이상 내집마련을 한 모든 선배가 그랬다. 내집마련이 쉬운 시절은 단 한 번도 없었고 쉬운 사람도 단 한 명도 없었다.

힘들지만 즐겁게! 꿈이 있어야 오래 지속할 수 있다
꼬마 아파트 10평대 → 20평대 → 30평대! 갈아타기 20년 프로젝트

이렇게 힘들게 마련한 작은 꼬마 아파트에서 20평대로, 그다음에는 30평대로 계단식으로 갈아타는 것이다. 내집마련은 첫 번째 집인 작은 꼬마 아파트를 징검다리 삼아 한 단계씩 차근차근 올라가는 것이지, 어느 날 갑자기 하늘에서 내 집이 뚝 떨어지는 게 아니다. 계단을 올라가듯이 한 계단씩 꾸준히 오르다 보면 어느새 서울 최상급 핵심지에 내집마련을 하게 된다. 이것은 많은 시간과 꾸준한 노력이 필요하고 지속적인 관심이 있어야 가능하다.

우리나라뿐만 아니라 전 세계 어디든지 수도 도심지 안에 내집마련이 쉬운 곳은 단 한 곳도 없다. 다들 수십 년에 걸친 은행 모기지론을 이용해서 힘들게 고생하며 가족을 위해 고군분투하고 있다. 우리나라는 정부에서 생애 최초 무주택자에게 각종 세금과 대출 혜택을 주고 있다. 그러므로 이러한 혜택을 열심히 공부해서 나에게 적합한 조건의 대출을 활용해 어떻게 하면 내집마련을 할 수 있을지 궁리해야 한다. 그리고 그다음에는 어떻게 해야 할까? 꼬마 아파트에서 소형 아파트로(10년) → 소형 아파트에서 중형 아파트로(10년), 이렇게

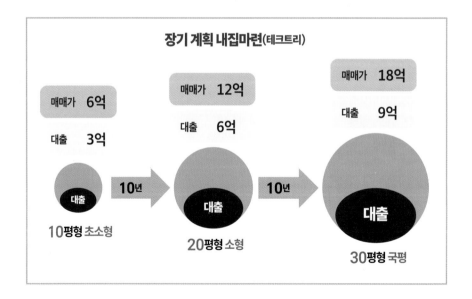

총 20년 프로젝트를 세워보자. 너무 오래 걸린다고? 지난 20년 넘게 살아오면서 느낀 건 시간이 너무 빠르다는 것이다! 앞으로의 20년은 이제까지의 20년보다 속도가 훨씬 더 빠를 것이다.

인서울 인강남 총력전!
가급적 강남에 큰 태양을 장만해야 후회가 없다

왜 '큰 태양=내집마련'을 인생의 우선순위 중 맨 앞에 두고 가장 먼저 하라고 하는 것일까? 그전에 '우선순위'가 무엇인지부터 알아야 한다. 우선순위는 1, 2, 3, 4, ……, 이렇게 순서대로 생각하면 된다. 끝! 이해가 되나? 사실 필자는 이해하기 어려웠다. 이게 무슨 말이지? 그리고 어떤 게 1번이고 어떤 게 2번인지 어떻게 구분하는 거지? 그러다가 어떤 책에서 읽은 한 문장이 가슴에 박혔다. 오~ 유레카!

'1번을 완료하느라 2번, 3번, 4번을 하지 못했어도 결코 후회 없는 게 1번이다.'

1번, 즉 '큰 태양'을 가지면 모든 게 해결된다. 서울에 내집마련을 하면, 그것도 강남에 내집마련을 하면 나머지 걱정거리가 자연스럽게 사라진다. 출퇴근도, 아이들 교육도, 병원, 백화점, 공원 등등 걱정할 게 없다. 우리나라 최상급 인프라가 강남에 다 있으니 말이다. 다시 한번 반복해서 강조한다.

'큰 태양'을 마련하면 대부분이 해결된다.

이 전제 하나만 놓고 보았을 때 우선순위가 바뀌면 생각하는 관점이나 시선도 전부 바뀐다. 즉 강남에 '큰 태양'을 만들어 놓으면 절대로 후회가 없고 오히려 든든하다. 그래서 제주도 당근밭 할머니도 알고 있는 진리가 여기서 나오는 것이다.

'말은 제주도로 보내고 사람은 서울로 보내라.'

좋은 것은 모두 서울에 모여있듯이 좋은 것은 모두 강남에 모여있다.

우선순위 1번을 달성하면 2, 3, 4번이 자동으로 해결되는 기적!
점수가 아니라 목표에 맞춘 삶을 살아라!

'큰태양이론'을 마음에 새기면 주식, 코인, 펀드, 지방 아파트, 상가, 이런 자잘한 수익률 게임에 신경 쓰면서 엑셀로 수익률을 정리하느라 머리 아플 일이 없고 이상한 곳에 잔돈을 흘리지 않게 된다. 모든 사람이 믿는 핵심지 서울 땅 밑에, 강남 땅 밑에 당신의 소중한 피 같은 돈을 묻으라는 것이다. 왜냐고? 모든 사람이 다 믿으니까. 가심비(가격 대비 심리적 만족도)가 가장 좋은 것에 가장 많은 돈을 들여서 얻은 후에 총력을 다해보라는 것이다. 강남은 고소득 직장이 많고, 대형 병원이 많고, 교통 좋고, 학군 좋고, 환경과 인프라 모두 좋은 곳이니까 말이다.

왜? 행복을 위해, 나와 내 가족의 행복을 생각해서 인서울 인강남에 내집마련을 하라는 것이다. 가장 많은 돈을 들여서 가장 좋은 것을 사라. 최상급지 서울과 그중에서도 핵심지 강남에는 당신이 모르는 삶이 있다. 몰라서 열망하지도 않았던 삶, 알지 못해서 꿈꾸어본 적도 없는 삶 말이다. 복잡하게 생각하지 말고 단순 명확해야 인생이 심플해진다. 인서울 인강남 총력전, 이게 '큰 태양' 만들기다. 극단적으로 보이고 수익률과 효율성이 떨어지는 것처럼 보이지만, 나와 내 가족, 내 가문이 평생을 넘어 대대손손 서울 출신, 강남 출신으로 바뀌는 것이다. 그러면 서울 핵심지 실거주 '큰 태양' 1채는 가심비를 넘어서 가성비까지 모두 갖춘 가장 보수적이고 안전한 내집마련 투자이다.

대학교를 갈 때는 수능 점수로 가능한 가장 좋은 학교부터 보면서 내 가족이 살아갈 집을 살 때는 자금이 되는데도 가장 좋은 곳부터 보지 않는다. 자금이 없다고? 필자는 자기 자금 계획을 정확하게 계산하는 무주택자들을 지난 24년간 한 번도 만난 적이 없다. 다들 막연하다. 자신이 끌어올 수 있는 자금의 정확한 금액을 잘 모른다. 그래서 모른 채로 눈에 보이는 자금만 가지고 하급지로 간다. 자금에 따라 내집마련 수준을 낮추지 말고 목표에 온 힘을 다해 집중해야 한다.

필자는 4수를 해서 결국 원하던 미대를 갔다. 학력고사 점수에 맞춰서 지원했을 때는 지방대를 갔다. 하지만 목표에 맞는 점수를 만드니 인서울 대학교에 갈 수 있었다. 재수하기 싫어서 쉽게 선택했던 지방대 때문에 필자는 4년을 허비했지만, 여러분은 이런 쉬운 선택을 하지 말기 바란다. 점수에 맞는 삶을 살지 말고 목표에 맞춘 삶을 살아라. 내집마련도 마찬가지다.

돈에 맞는 집을 찾지 말아라.
내 꿈에 맞는 돈을 모아라.

큰 꿈에 맞게 치열한 삶을 살자
························

서울 강남을 임장해 보면 왜 좋은지 알게 된다. 압구정 현대백화점 식당가에서 얼굴이 하얗고 곱게 차려입은 할머니와 할아버지가 교양 있게 식사하시는 모습을 보고 필자는 우리 부부의 미래를 본다. 좁은 통로에서 부딪쳤을 때 교양 있는 목소리로 "실례~합니다~." 하시는 분들 말이다. 우리나라에서 가장 비싸고 좋은 서울부터 공부해서 내집마련을 고민하시라. 그리고 서울에서 가장 비싸고 좋은 강남부터 공부하시라. 안 될 거라 미리 포기하지 말고 스스로 만든 유리천장을 깨부숴라! 할 수 있다고 믿는 사람들만 '큰 태양'을 손에 거머쥐었다는 것을 믿어라.

당신 꿈이 당신을 두렵게 하지 않는다면
당신은 지금 충분한 꿈을 그리고 있지 않은 것이다.
당신 꿈이 당신을 두렵게 해야 한다.

08

캥거루족의 오해
– 부모님과 같이 살면 더 이득이다?

캥거루족이여! 깨어나라, 일어나라, 독립해라!

요즘에는 서른 살이 넘어도, 심지어 마흔 살이 넘어도 부모님과 함께 사는 캥거루족이 많다. 누구와 함께 사느냐고 물어보면 "부모님과 같이 살아요."라고 당당하게 말한다. 입은 삐뚤어졌어도 말은 바로 하자! 캥거루족아, 그게 늙은 부모님에게 얹혀사는 거지, 같이 사는 거냐? 늙은 부모님 등골 브레이커들! 이기적이고 못됐다. 부모님의 보살핌으로 평생을 살았는데, 나이 서른 살 넘어서까지 부모님을 힘들게 하는 캥거루족을 볼 때마다 철없는 조카들을 보는 것 같다.

필자는 예전부터 캥거루족을 붙잡고 독립부터 하라고 조언하고 있다. '캥거루족'이란 말은 이제 《어린이 국어사전》에 나올 뿐만 아니라 초등학교에서도 심각한 사회 문제와 관련된 논술 주제로까지 다루고 있다. 외국에도 캥거루족이 있지만 우리나라의 경우에는 특히 심하다. 캥거루족은 자식을 소유물로 여기는 우리나라 부모들과 게으른 자식이 합심해서 만든 쉬운 선택의 결과물이다. 이런 캥거루족에게 독립하라고 하면 대부분 뻔하고 식상한 변명을 하기 바쁘다.

"제가요, 부모님에게 생활비를 드리고 있거든요."
"제가요, 오피스텔에 나가서 잠깐 살아봤는데 돈이 더 들더라고요."
"제가요, 부모님에게 생활비 80만 원 드리고 나머지 월급 전부를 모으는 게 더 이득이더라고요." (남은 돈은 모아서 해외여행 가고 코인이랑 주식 해서 다 날리지 않았을까?)

게으르고 안일한 캥거루족의 끝없는 변명과 회피, 외면을 듣고 있으면 한숨이 나온다. 만약 당신이 35살 넘도록 취직도 안 하고 공무원 시험 공부한다는 사촌 동생이 저런 변명을 하고 있다고 생각해 봐라. 속이 터지지 않을까? 이게 바로 일반 사람들이 게으른 '캥거루족'을 바라보는 시선이다. 필자의 강의 수강생 중 잔민 님도 캥거루족이었다. 월급을 충분히 받고 있는 직장인이면서도 캥거루족으로 살아가며 부모님의 노후를 갉아먹고 있었다.

"이 캥거루족 잔민 님아, 독립해라. 언제까지 부모님 등골 뽑아 먹을래? 40살 되면 독립할래, 50살 되면 독립할래? 아니면 부모님 돌아가시면 독립할래?"
"제가요, 항상 독립해야겠다는 생각은 해왔걸랑요. 근데요, 제가요~"

"닥치고 독립! 닥치고 내집마련!"

결국 잔민 님도 험난한 내집마련 총력전에 돌입하면서 태풍 한가운데 폭풍우 속으로 들어갔다. 몇 달 동안 좌충우돌 끝에 결국 내집마련 소식을 행복해하며 필자에게 보내왔다. 심지어 송파구에 내집마련을 했다!

어떤 사람이 되고 싶은가?

당신은 어떤 사람이 되고 싶은가? 나이 들고 평생 나를 위해 희생한 부모님 옆에서 서른 살, 마흔 살이 다 되도록 짐스러운 천덕꾸러기가 되고 싶은가? 당신이 편하다는 이유만으로? 아니면 두렵지만 눈을 질끈 감고 세상 밖으로 나가 홀로서기를 하면서 독립된 삶을 살고 싶은가? 캥거루족이여, 제발 일어나라! 언제까지 방구석 오타쿠, 애저씨, 방구석 노처녀로 살아갈 것인가? 언제까지 사회의 손가락질을 받으면서 부모의 등골을 뽑아먹을 것인가?

엄마 주머니 속에서 세상 밖으로 뛰쳐나와 세상 속에서 자신을 찾아라. 자신을 찾아 떠나는 해외여행 말고 말이다. 결국 언젠가 부모님도 돌아가실 것이다. 지금 비빌 언덕이 있을 때 독립을 경험해라! 자신이 혼자서도 잘 살아가는 모습을 부모님께 보여드리고 칭찬받아라! 그래야 부모님도 평생 꿈이었던 당신의 진정한 행복이 달성되었음을 느끼시고 나중에라도 마음 편히 세상 떠나시리라. 그러니 캥거루족이여, 독립하라!!

공포는 항상 무지에서 발생한다.

– 랄프 왈도 에머슨(Ralph Waldo Emerson)

서울 쏠림 가속화 시대 – 지방러들도 인서울 인강남 러시!

인공지능(AI) 시대로 접어든 우리나라에서는 지방 산업단지에 젊은이들이 더 이상 남아있지 않다. 가장 소득이 높고 대기업 일자리가 많은 울산도 젊은이들이 대부분 서울 일자리를 알아보고 있다. 이유는 다양하다. 우선 젊은 사람이 일할 수 있는 고소득 직장이 줄어드는 것이 가장 큰 이유이고 두 번째는 지방은 지역 특성상 다양한 직장이 서울보다 훨씬 부족하기 때문이다.

앞으로 이런 현상은 지속될 것이고 서울 집중은 점점 더 심해질 것이다. 상황이 이러니 자연스럽게 지방 아파트 가격도 수요 부족으로 하락하고 있고 장기적으로도 지방 부동산의 미래는 어둡다. 반면 서울은 집값이 천정부지로 치솟고 있다. 서울은 울산뿐만 아니라 전국 지방에서 몰려드는 수요로 모든 경쟁이 심화되고 있기 때문이다. 기업들도 지방에서는 연구직이나 개발직에서 좋은 인력을 구하기가 힘드니 비싼 임대료와 땅값을 내더라도 인재를 확보하기 위해 수도권으로 몰리고 있다. 사람이 몰리니 기업이 몰리고, 기업이 몰리니 사람이 몰리고, 서울에서는 이러한 선순환이 계속 반복해서 일어나고 있다.

지방에서 서울로 몰려온 지방 청년들은 집값이 비싸서 지옥고(반지하, 옥탑방, 고시원)와 같은 열악한 곳에 비싼 돈을 내고 어쩔 수 없이 살아야 한다. 하지만 지방을 떠나 서울 지옥고 쪽방에서 웅크리고 타지 생활로 외롭게 서러운 눈물을 삼키면서 살아가야만 하는 지방민들의 아픈 상처를 아무도 이야기하지 않는다.

지방 아파트의 자산 가치는 점점 더 줄어들고 있다. '킹산직'이라고 부르던 대기업 고액 생산직뿐만 아니라 여성 직장인들까지 줄어들면서 청년들이 탈출하는 지방 도시. 사람들이 떠나는 곳에는 희망도 떠난다. 반면 사람들이 모여드는 서울, 그중에서도 강남은 희망과 욕망이 함께 몰려든다. 결국 서울 쏠림의 시대, 강남 쏠림의 시대가 점점 더 강해지고 있다. 이러한 서울 쏠림, 강남 쏠림은 서울 사람들과 강남 사람들이 만들어 낸 것이 아니라 좋은 직장을 찾아, 좋은 대학교를 찾아, 좋은 인프라를 찾아 서울로 몰려드는 지방 사람들이 만들어 낸 것이다.

"이건 선택의 문제가 아니야.

 선택은 이미 했어.

 이제 그 선택을 이해하는 일만 남았지."

- 영화 《매트릭스》 중에서

09

아이가 있다면?
7세 전에 12년 동안 살 곳을 정하자

이사 전에는 미처 생각지 못했던 문제, 전학

필자가 내집마련 상담을 하다 보면 부동산 이외의 부분까지 상담하는 경우가 많다. 집을 산다는 것은 단순히 물건을 구매하는 것이 아니기 때문이다. 집 구매 자체가 가족 구성원들 삶의 문제와 직결되므로 가끔 생각지도 못한 안타까운 이야기를 듣기도 한다.

필자 누님 친구의 실제 사례다. 이 가족은 경기도 고양시 일산에서 오랫동안 살다가 몇 년 전에 서울 신축 아파트를 분양받아 입주했다. 이름만 대면 알만한 서울 대단지 옆에 들어선 작은 신축 아파트였다. 이 누님네는 초등학교 6학년 졸업반 딸이 있었는데, 초등학교를 고양시에서 졸업하고 겨울방학 기간을 이용해서 서울로 이사한 후 중학교에 입학했다. 학기 중에 전학을 간 것도 아니어서 부모는 당연히 괜찮을 거라고 생각했지만, 중학교에 들어가자마자 딸아이가 집단 따돌림을 당하기 시작했다. 같은 반 친구들 대부분이 대단지 아파트에 살고 유치원 때부터 같이 성장한 아이들이었다. 딸아이는 다른 지역에서 온 데다 공부도 잘하고 성적도 좋아 선생님들의 칭찬을 많이 받았다. 게다가 바이올린 실력도 수준급이었으며 다방면에서 재능이 뛰어났다. 이러한 이유 때문에 딸아이는 친구들에게 더 따돌림을 받았던 것이다. 누님은 서울 신축 아파트를 분양받아 입주한다고 좋아했는데, 일이 이렇게 될지는 꿈에도 몰랐다고 하시더라.

"이사하고 애가 울고불고 난리도 아니야. 이런 것까지 생각해야 하는 줄 몰랐어."

딸아이가 "다시 내 친구들이 있는 일산으로 돌아가고 싶어!" 하면서 학교를 다녀오면 매일 운다고 했다. 일산 집은 매도하고 서울로 이사 왔지만, 최근에 다시 일산으로 이사 가려고 집을 알아보고 있다고 한다. 서울 신축 아파트 국

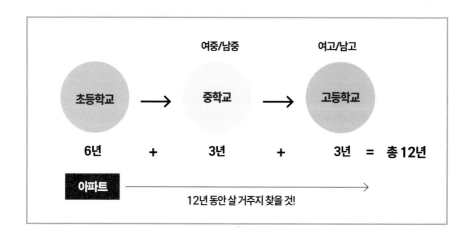

민 평형에 처음 당첨되어 분양받았을 때만 해도 많이 축하받았다. 게다가 최근에는 서울 아파트 가격이 폭등해서 단 몇 년 만에 수억 원을 벌어 기쁜 일만 있는 줄 알았는데, 요즘은 매일 딸아이의 울음소리 때문에 집 분위기가 무척 침울하다고 한다.

이처럼 부동산 외적인 부분을 상담해야 하는 경우가 가장 어렵다. 특히 자녀가 겪는 집단 따돌림은 감수성이 예민한 청소년기 자녀에게는 엄청난 스트레스이다. 가해자와 피해자 모두 청소년이어서 상황이 매우 복잡하고 학교의 대응도 한계가 있기 때문이다. 그러므로 이런 문제를 미리 인지하고 복잡한 일이 발생하지 않게 대처해야 한다. 그래서 이제는 내집마련을 상담하고 강의할 때도 이 부분을 고려하라고 강조한다. 물론 바람직한 상황은 아니지만, 현실적으로 내 아이가 무난하게 학교생활을 할 수만 있다면 이사를 결정하기 전에 미리 고려해야 하는 중요한 부분이다. 아이가 최대 7세 초등학교 입학 전부터 초등학교, 중학교, 고등학교를 마칠 때까지 최소 12년 동안 전학 가지 않고 통학할 수 있는 입지에 위치한 집을 선정해서 입주하는 게 가장 좋다.

학군지에서 임차인으로 살아보고 천천히 매수해도 좋다

신혼부부나 아직 어린 자녀를 둔 가정은 아이가 들어갈 학교를 생각하지 못하는 경우가 많다. 왜냐하면 아이들은 자기 의견을 말할 수 없기 때문이다. 특히 첫아이 때 이런 실수를 많이 한다. 이후 부모들은 실수를 깨닫고 둘째 아이부터는 학교 근처에 미리 자리를 잡는 경우가 많다. 이처럼 부모가 조금만 관심을 기울여서 이사 갈 집 주변의 초등학교, 중학교, 고등학교까지 살펴본다면 아이가 학교생활을 할 때 덜 스트레스를 받을 수 있다. 그런데 아직 미혼인 사람과 신생아가 있는 신혼부부에게 이런 이야기를 하면 무척 황당해 한다.

"집 구할 때 그런 것까지 생각해야 하나요?"
"너무 예민하신 거 아닌가요?"

글쎄. 학령기 아이를 키우는 유경험자들의 이야기를 귀담아들으면 도움이 되는 경우가 매우 많다. 앞에서 소개한 누님 친구 딸의 사례를 보면 중학교 전학도 아닌데 저 정도이다. 물론 모든 아이가 다 저렇지는 않을 것이다. 전학 가서 잘 적응하는 아이들도 많다. 다만 아이의 편안한 교우 관계까지 생각한다면 기왕이면 초등학교, 중학교, 고등학교가 모두 갖춰진 동네를 내집마련할 때 미리 고려하는 것이 좋다.

필자는 새 아파트 넓은 곳보다는 소형 아파트여도 아이를 위해 이사하지 않고 고등학교까지 졸업할 수 있는 곳을 추천한다. 이전에는 내집마련을 먼저 하라고 했지만, 지금은 우선 전월세를 구해서 임차인으로라도 먼저 이사하고 천천히 매수하는 방법도 추천한다. 왜냐하면 고등학교까지 마칠 수 있는 지역으로 우선 아이가 7살 전에 이사 해서 자리 잡고 초중고 12년을 살면서 근처에 급매가 나올 때를 기다리면 되니까 말이다. 살다 보면 부동산 하락장도 올 것이다. 평소에 집 근처 부동산 중개사무소 사장님들과 친분을 쌓았다가 이런 기회가 왔을 때 급매가 나오면 '5분 대기조'로 뛰어가 잡으면 된다. (평소 부동산 중개소 사무실을 일주일에 한 번씩은 들러야 사장님이 귀찮아서라도 나에게 제일 먼저 연락을 준다.)

중요한 것은 우선 아이가 7세가 되기 이전에 학군지 입지가 좋은 곳으로 들어가야 한다는 사실이다. 그게 아이를 위해서, 부모를 위해서, 가족 전체의 마음의 평화를 위해 좋다. 집단 따돌림은 학교 폭력이고 누구나 피해자 또는 가해자가 될 수 있다. 사회와 구성원들 모두 이러한 문제의 심각성을 이해하고 해결책과 대응책을 마련하는 것이 중요하다. 하지만 부모가 좀 더 신경 써서 이런 상황을 미리 예방할 수 있다면 가족 모두 마음 편하게 살 수 있을 것이다.

tip

전세를 구할 때 고려해야 할 것

필자는 상급지에 들어갈 자금이 부족하거나, 분양받은 물건의 전매 제한이나 직장 등의 이유로 당장 매수가 어렵다면 전월세를 고려하라고 조언한다. 특히 아이들이 초등학교에 입학하기 직전이거나, 직장이 멀거나, 인프라가 부족한 경기도나 인천 외곽에서 서울로 출퇴근한다면 전월세로라도 서울 핵심지인 강남 쪽으로 먼저 이사 와야 한다. 빠를수록 좋다. 좋은 음식도 먹어본 사람이 먹는다고 늦게 이사 올수록 후회할 수 있다.

전셋집은 2년 뒤, 또는 4년 뒤에 언제든지 뺄 수 있게 수요가 많은 곳으로 구해서 들어가야 한다. 그래야 나중에 집주인도 다음 세입자에게 전세금을 받아서 돌려줄 수 있으므로 전셋집에서 마음 편히 나올 수 있다. 의외로 이것을 이해하지 못하는 세입자들이 많다.

"만기가 되면 무조건 전세금을 돌려줘야 하지 않나요?"

맞다. 이 말은 맞는데 세상이 꼭 그렇게만 흘러가지 않는다는 것을 기억하자. 법적으로는 무단 횡단을 하면 안 된다. 그런데 길 건너편에 엄마가 쓰러지셨는데 멀리 돌아서 횡단보도를 건널 것인가, 아니면 차도 안 다니는데 바로 길을 건널 것인가? 세상은 항상 전체적으로 넓게 봐야 상대방도 편하고 나도 편안하다.

1. '동네 빠꼼이'가 되어 부동산 사장님과 친해지자

전세 거래했던 부동산 사장님에게 전세 만기가 되는 시점에 매수도 할 테니 좋은 물건이 좋은 가격에 나오면 "슬리퍼 신고 10분 안으로 뛰어오겠다."고 미리 말해놓아야 한다. 최상급지에서 전세를 살면 최소 2년에서 4년을 지켜본 후 매수할 수 있다. 결국 전세 사는 동안 시간은 내 편이 되어 동네를 속속들이 알 수 있으므로 더욱 여유롭게 시장을 바라볼 수 있다. 어느 단지가 좋은지 정도가 아니라 몇 동이 햇빛이 많이 드는 좋은 동인지, 몇 동이 도로 소음이 심한지까지 알게 된다. 전문 용어로 '동네 빠꼼이'가 되는 것이다. 반면 외지 사람들은 서울 부동산에 들르는 것도 멀어서 힘들어 한다. 게다가 이번에는 꼭 사야 한다는 강박관념 때문에 좋은 물건을 좋은 가격에 못 사고 조급하게 고르는 경우가 많다. 하지만 근처에 전세 사는 '동네 빠꼼이' 고인물들은 나무 그늘 밑에서 쉬고 있는 사자처럼 좋은 물건이 나오기를 편안하게 기다리다가 나오면 바로 덮친다. 그래서 하루라도 빨리 핵심지에 진입해서 '동네 빠꼼이' 고인물이 되어야 한다.

2. 전세 수요가 많은 곳을 고르자

전세는 전철 역세권, 대단지, 초품아, 평지, 중소형 평수 아파트로 구해야 한다. 그래야 수요가 많아서 나중에 2년 만기가 되었거나 중간에 사정이 생겨서 갑자기 이사해야 할 때 언제든지 새로 들어오는 다음 세입자를 쉽게 구할 수 있다(수요 많은 곳). 예를 들면 같은 단지에서 48평형 3층과 32평형 고층의 전세가가 같으면 초보자들은 저층 대형 평수를 선택하는 경우가 많다. 하지만 나중에 전세 빼고 나올 때 저층 대형 평수의 수요가 약해서 고생할 수 있다. 그러므로 대부분의 사람이 좋아하는 층수와 평형을 선택해야 한다. 항상 중요한 것은 '수요'이다.

3. 성수기 시즌, 계약 시점이 중요! 항상 체크하자

겨울방학은 1년 중 가장 전세 수요가 많은 시즌이다. 일반적으로 아이들 겨울 방학 때 많이 이사하는데, 나는 15평형 전세 구하는 거라 상관없다고? 과연 그럴까? 세상은 다 연결되어 있다. 15평형 전세 살던 신혼부부가 24평형으로 넓혀가고 24평형 살던 아이 2명인 맞벌이 가족도 연봉이 오르면 32평형으로 이사 가는 등 '도미노 효과'를 실제로 주변에서 많이 본다. 그러므로 성수기 시즌이 언제인지, 언제 계약하는 것이 가장 좋을지 항상 체크해야 한다.

4. '전세 끼고 매수'한다면 이것만은 꼭 기억하자

서울 핵심지에 전세 세입자로 살 수도 있지만, 미리 전세를 끼고 사놓는 경우도 많다. 직장과 아이들 학교 때문에 당장 실거주 입주가 힘들어서 우선 전세 끼고 사놓은 후 세입자를 한두 바퀴 돌리다가 나중에 입주하는 경우이다. 그러면 '갭투자' 아니냐고 물어보는 사람들이 있는데, '갭투자'와는 다르다. 갭투자는 수익률을 위해 갭을 줄이는 게 핵심이지만, '전세 끼고 매수'는 수익률이 아니라 실거주 상급지를 미리 선점하는 것이 핵심이다. 즉 2년 뒤나 4년 뒤 세입자 만기 때 세입자에게 돌려줄 전세금을 모으면서 미리 상급지를 사놓는 것이다. 가심비(가격 대비 심리적 만족도)가 높은 이 방법은 수익률 게임인 가성비 갭투자와 같은 방식처럼 보이지만, 접근 자체가 다르다. '전세 낀 매수'는 개인에게 대출을 많이 안 해 주던 수십 년 전부터 선배들이 많이 사용한 내집마련 방법으로, 전세를 활용해 먼저 집을 선점하고 이후 세입자에게 전세금을 모아서 내주고 나중에 실거주 입주하는 방식이다.

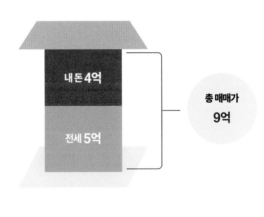

내 돈 4억

전세 5억

총 매매가
9억

10

집도 결국 욕망이다
(ft. 매슬로의 욕구단계설)

집은 기본 욕구+자아 실현 욕구까지 충족!

30쪽에서 핵심지에 있는 좋은 집일수록 ① 사용 가치, ② 투자 가치, ③ 연금 가치가 높아진다고 했다. 이와 같이 집은 표상적 가치 외에 심리적 가치를 가진다.

필자는 대학교 때 교양과목으로 수강한 심리학에서 '매슬로의 욕구단계설'을 배웠다. 1943년 미국의 심리학자 매슬로(Abraham H. Maslow)는 인간의 욕구를 중요도별로 크게 5단계로 구분한 후 인간 행동에 동기를 부여할 때 중요한 역할을 한다고 주장했다. 매슬로는 이 이론을 시각화해서 피라미드로 표현했는데, 이것이 바로 '매슬로의 피라미드'이다. 매슬로의 욕구 단계는 단계별로 가장 긴급한 것부터 가장 덜 긴급한 순으로 나열되어 있다. 이 피라미드의 가장 낮은 단계는 우리의 생물학적 생존을 위해 가장 중요하고 필수적인 욕구로 구성되어 있고 위 단계로 갈수록 덜 긴급한 욕구로 구성되어 자아 실현과 관련되어 있다. 피라미드의 가장 낮은 단계의 욕구를 충족하면 그다음 단계인 위 단계로 욕구가 옮아갈 수 있는데, 이것은 우리의 행동이 특별한 욕구를 충족시키는 목표를 향하여 동기 부여가 발생하기 때문이다.

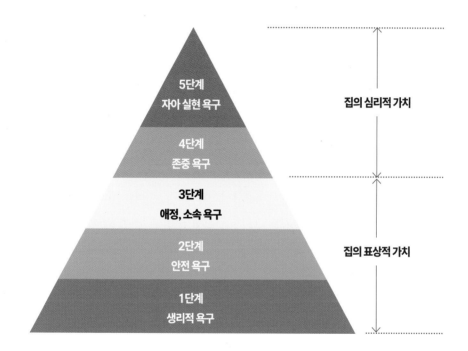

매슬로 피라미드의 각 단계별 욕구는 다음과 같다.

● **1단계. 생리적 욕구**: 가장 낮은 단계. 생명을 유지하려는 욕구로, 가장 기본적인 의복, 음식, 집을 향한 욕구부터 성욕까지 포함한다.

- **2단계. 안전 욕구**: 생리적 욕구가 충족되면 나타나는 욕구로, 위험과 위협으로부터 자신을 보호하고 불안을 회피하려고 한다.

- **3단계. 애정, 소속 욕구**: 가족, 친구, 친척 등과 친교를 맺고 원하는 집단에 귀속되고 싶어 하는 욕구

- **4단계. 존중 욕구**: 사람들과 친하게 지내고 싶은 인간의 기본 욕구로, 자아 존중, 자신감, 성취감, 존경심 등에 관한 욕구가 있다.

- **5단계. 자아 실현 욕구**: 자기가 계속 발전하려고 자신의 잠재력을 최대한 발휘하려는 욕구로, 다른 욕구와 달리 욕구가 충족될수록 더욱 커지는 경향이 있어서 '성장 욕구'라고도 한다.

내집마련 과정＝내 자신을 알아가는 과정

집은 우리가 편하게 잠을 자고(1단계, 생리적 욕구), 안전하게 보호받으며(2단계, 안전 욕구), 가족들과 함께 살면서 정을 쌓아가는(3단계, 애정, 소속 욕구) 곳으로, 기본 욕구 중 가장 중요한 1~3단계를 모두 포함하고 있다. 게다가 내집마련을 한 후 열심히 일해서 대출 원리금을 갚아 나가고 함께 모여 안정적으로 살 수 있는 보금자리를 마련한 가족은 행복함뿐만 아니라 성취감, 자존감, 자아 존중(4단계, 존중 욕구)까지 경험하는 경우가 많다.

내 집을 마련하는 과정 속에서 배운 수많은 경험은 새로운 현장 실전 학습이다. 새로 바뀐 부동산 관련 법(토지거래허가제 등)을 공부하고, 세금(생애최초 취득세 감면 조건 등)을 배우며, 대출과 금리 등 경제 뉴스가 고막을 때리기 시작한다. 이 밖에도 인테리어와 집 꾸미기 등을 공부하면서 자신을 계속 발전시킬 수 있다(5단계, 자아 실현 욕구).

월급쟁이에게는 시간뿐만 아니라 돈과 에너지 등 자원이 한정되어 있다. 그러므로 내 젊음과 자원, 에너지를 여기저기 분산하지 말고 돋보기로 햇빛을 한 점에 모으듯이 집중해야 한다. 그러면 놀라운 마법이 일어난다. 선택과 집중은 목표 달성을 위해 내가 누릴 이득과 들어갈 비용을 계산해서 투입 대비 가장 만족도가 높은 한 곳에 전력투구하는 것이다.

내가 원하는 삶은 과연 무엇인가?
나의 욕망은 무엇인가?
내가 생각하는 행복은 무엇인가?

필자는 내집마련이야말로 월급쟁이 인생의 궁극적인 욕망을 달성할 수 있는 좋은 목표라고 생각한다. 내집마련은 결국 자기 자신을 알아가는 과정이다.

쏘쿨의
비법 전수!
좋은 아파트를
고르는 안목

01

돈 있으면 사고 친다?
조급함은 버릴 것!
- 평정심 & 마음공부

반포에 전세 사는 부린이와의 통화(2022년 6월)

– 반포 신축 40억 대 아파트 VS 압구정 40억 대 아파트

● 쏘쿨 님, 제가 사는 단지에서 ○○층 34평이 43억에 나왔는데 어떻게 생각하세요? 평당
  1.26억이에요.

■ 뭐요? 43억?

● 제가 꼭 여기를 사고 싶어서요. 가지고 있는 물건 정리하면 될 듯해요. 전세 23억 끼고 살려
  고요.

■ 지금 살고 있는 반포 아파트에서 34평 ○○층 43억 물건을 사겠다고요? 서초구 아파트의
  평균 평당 가격이 지금 얼마인데요?

● 모르겠는데요? 여기 지금 물건도 별로 없고 최근 46억까지 거래되어서 43억이면 급매라는
  데요?

- 대치동, 도곡동, 역삼동 이쪽이 훨씬 싼데? 애들도 있는데 학군지 사는 게 낫지 않나요?

- 한강이 안 보이잖아요. 한강이랑 너무 멀고……

- 대치동 새 아파트도 지금 30평대 35억 내외면 살 수 있고 재건축 물건은 28억 대도 있는데, 굳이 반포 신축을 43억 주고 급하게 사야 하는 이유가 뭘까요?

- 그냥 저희 동네가 좋아서 꼭 여기 살고 싶어서요.

- 저라면 더 싼 강남 아파트를 살 것 같은데요. 반포 신축이 아무리 좋아도 강남구 핵심지 신축 가격을 넘어서는 건 말이 안 됩니다. 20억도 큰돈이에요. 30억은 더 큰돈이고 40억은 상상 초월 큰돈이죠. 지금 당신은 돈이랑 가격 개념이 없어 보여요.

- 네, 듣고 보니 그러네요. 제가 다른 곳은 안 살아봐서요. 제가 사는 곳, 사는 단지만 보았네요.

- 지금 최상급 입지인 압구정 아파트가 40억 대 내외입니다. 그런데 거길 얼마에 사겠다고요?

- 압구정이 그 가격인지 몰랐어요. 가봐야겠네요. 제가 반포 토박이라 반포를 너무 사랑하나 봐요.

- 돈 있으면 사고 치는 겁니다. 조심하세요!

집 살 때 나무 넘어 숲을 지나 산맥을 보아야 하는 이유

필자는 항상 강조한다. 전체를 보자! 한 지역, 한 단지만 보지 말자! 학교 다닐 때도 공부 못하는 애들은 수학 문제집으로 공부할 때도 맨 앞부분인 집합만 계속 본다. 그냥 다음 단원으로 넘어가라. 집합은 시험에 잘 나오지도 않는다. 한 지역만 보면 외골수로 빠지니 크고 넓게 보자. 나무를 보지 말고 숲을 넘어 산맥을 보자. 앞쪽 부분이 이해가 안 되어도 책 한 권을 끝까지 공부하다 보면 나중에는 앞부분의 내용이 왜 그런지 자연스럽게 이해하는 순간이 온다. 부동산도 마찬가지다. 그런데 꼭 한 지역만 보는 사람들이 있다. 그러면 그 지역과 사랑에 빠진다. 그리고 후회한다.

서울을 여기저기 돌아다니다 보면 '서울'이라는 큰 판에 촘촘히 짜인 작은 퍼즐들이 맞춰진다. 강남구가 서초구하고 어떻게 연결되는지, 또 동작구와 송파구, 강동구까지 어떤 흐름으로 연결되는지 말이다. 그래야 각 지역을 비교 평가할 수 있다. 해외여행보다 운동화 닳도록 동네를 구경해야 한다.

"여기는 평지구나. 그런데 여기는 언덕이 심하네?"
"여기는 동작구가 서초구와 연결되는구나. 서초구는 관악구하고도 연결되네?"
"여기는 2호선 역세권이라 출퇴근하기 편하겠네?"
"아, 여기는 외곽이라 전철도 없고 버스도 잘 안 다니는구나. 아까 본 지역보다
   외졌네!"

그래야 이렇게 큰 그림이 머릿속에 들어와서 지역별로 비교 평가할 수 있다.

호구 되지 않고 좋은 가격에 좋은 아파트를 구하는 방법

78쪽에서 대화를 나누었던 2022년 6월 서초구 아파트의 평균 평당 가격은 7,418만 원이었다('부동산114' 기준). 이 가격은 서초구에 있는 모든 아파트의 가격을 더한 후 전체 아파트 평수의 합으로 나누어서 구한 값이다. 그렇다면 서초구 33평형 아파트의 평균 매매 가격은 얼마일까? 24억 4,794만 원이다.

서초구 33평형 아파트 평균 매매 가격

33평 × 7,418(서초구 평균 평당 가격) = 24억 4,794만 원

물론 서초구의 최상급지 신축 아파트이면 평균 매매 가격보다 비싸겠지만, 상급지인 압구정 아파트보다 매매가가 높다면 무리가 있는 것으로 보였다.

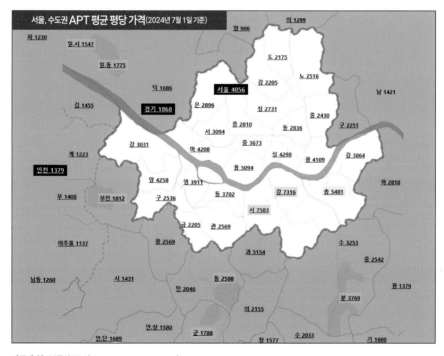

자료 출처: 부동산114(https://www.r114.com)

한 아파트에 꽂혀서 사랑에 빠지고 자기 눈에만 좋게 보여 이성을 잃어버리는 초보자들이 많다. 하지만 이러면 곧 비싼 대가를 치러야 한다. 이럴 때마다 필자는 조급함을 버리고 마음을 진정하라고 강조한다. 종교에 상관없이 템플스테이 1박 2일이라도 다녀오라고 조언한다. 조용한 산사에 가서 흥분된 마음을 진정하거나 시간이 없다면 교회나 성당에 가서 새벽기도라도 하라고 한다. 조급함을 버리고 평정심과 마음의 평화를 가져야 좋은 가격에 원하는 물건을 잡을 수 있다. 배고픈 상태로 마트에 가면 다 맛있어 보여 음식을 잔뜩 사지만, 결국 과소비했다고 후회하는 것과 같은 이치다.

02

엄마의 눈으로 집을 골라야
실패하지 않는다

아이 키우기 좋은 집은 따로 있다

아이를 키우는 부모가 되면 내가 알던 세상이 전혀 다른 세상처럼 느껴진다. 아이 때문에 새로운 관점으로 세상을 보게 되는 것이다. 계단으로 유모차가 다닐 수 없다는 당연한 사실도 새롭게 느낀다. 사람은 역시 직접 경험해 보아야 깨닫는다. 유모차를 밀고 원래 다녔던 길(계단)로 다닐 수 없으니 새로운 길(경사로, 엘리베이터)을 찾아 가야 한다. 아이 없이 혼자 길을 걸을 때도 유모차가 다닐 수 있는 길과 엘리베이터에 눈길이 가고 아이가 뛰어놀기 안전한 놀이터와 공원이 눈에 들어온다. 놀이시설이 좋으면 내가 벌써 신나서 흥분하고 내 아이가 얼마나 좋아할지 설레면서 아이와 함께 놀러 와야겠다고 생각한다. 길에 있는 작은 계단이나 턱을 보면 '불편하겠네~.' 하면서 눈길이 간다. 또한 지나는 길에 보이는 어린이집, 유치원, 초등학교, 키즈 카페도 눈여겨본다. 조카와 아무리 자주 놀아주고 친하게 지냈어도 내 자식이 생기니 생각지 못했던 일이 일어난다. 어쩔 수 없이 아이 가진 부모 마음이 되는 것이다.

계단 많은 아파트

아이에게 좋은 것만 주고 싶은 엄마의 마음, 아이를 키우는 엄마의 시선으로 동네를 보면 내집마련할 때 더 안전한 환경을 찾게 된다. 신혼부부도 언젠가 아이가 생길 것을 준비하는 마음으로 집을 골라야 한다. 내 아이에게 혹시 해가 되는 요인이 있는지 먼저 살펴보아야 한다. 그래서 공장, 항공기 소음, 고압선, 쓰레기 소각장, 쓰레기 매립지 같은 유해시설부터 배제한다. 또 아이가 자라서 다니게 될 어린이집이나 유치원도 이왕이면 아파트 단지 안에 있는지 살펴본다. 학령기가 될 때를 생각한다면 횡단보도를 건너지 않고 초등학교에 갈 수 있는지, 집 주변이나 골목길 등에서 차들이 위험하게 다니는지 보게 된다. 아이를 키우는 엄마라면 집을 고를 때 아이에게 좋은 집과 그렇지 않은 집을 명확하게 구분할 수 있다. 게다가 아이에게 좋은 친구들이 있는 환경을 만들어 줄 수 있다면 이보다 더 큰 선물이 어디 있겠는가?

사용 가치가 높은 집=투자 가치가 높은 집

아이 키우기 좋은 곳은 집 자체의 사용 가치가 아주 높은 곳이라고 볼 수 있다. 그런데 사용 가치가 높은 집은 대부분 투자 가치도 높다. 아이 키우기 좋고 살기 편하다 보니 어른들도 살기 좋은 곳일 수밖에 없다. 아파트가 낡아도 동네가 좋으니 사람들이 이사 가지 않고 계속 살게 된다. 이렇게 자기가 사는 동네가 마음에 들어 떠나지 않고 계속 머무르는 곳, 주변 지역에서도 좋은 지역으로 소문이 나서 그 지역으로 이사 오려고만 하는 곳 말이다. 들어오려는 사람은 많지만, 이사 나가는 사람이 없으니 당연히 가격이 오르면서 투자 가치까지 상승하는 것이다. 반면 아이들이 살기에 위험하고, 인프라도 없으며, 어른들이 출퇴근하기도 불편한 외곽 지역은 점점 사람들이 떠나니 가격이 하락하는 것이다.

결국 '투자 가치'는 '사용 가치'의 또 다른 이름이다. 우리가 내집마련을 할 때나 투자를 할 때나 모두 마찬가지다. 투자를 생각하기 전에 엄마의 마음으로 살기 좋은 곳인지, 아이 키우기에 안전한 곳인지를 가장 먼저 살펴보아야 하는 이유도 바로 이것이다. 아이를 위한 엄마의 마음 하나만 있으면 내집마련에서 가장 중요한 것을 해결한 것이다. 내 아이가 안전한 곳에서 행복하기를 바라는 마음을 가진 엄마의 눈으로, 엄마의 마음으로 바라보아야 최고의 사용 가치와 최고의 투자 가치를 모두 얻을 수 있다. 그래서 사용 가치와 투자 가치가 모두 높은 집을 찾는 것은 육아를 해 본 적이 없는 미혼보다 아기엄마, 워킹맘이 본능적으로 아주 잘한다(육아대디들도 잘하신다).

tip

쇼핑의 끝판왕이 아파트? 놓지 마, 정신 줄!

집을 산다는 것은 인생에서 가장 비싼 물건을 사는 일이다. 돈도 많이 들고 무엇부터 어떻게 해야 할지 무척 막연하다. 하지만 내가 살아갈 집을 쇼핑해서 고른다고 생각하면 편하다. 평소에 하던 쇼핑처럼 집을 쇼핑하는 것이다. 쇼핑의 과정을 생각해 보자. 생각지도 않게 불필요한 물건을 살 수도 있고 필요하다고 생각해서 샀는데 다음 주에 세일해서 아차 싶은 경우도 있을 것이다. 부동산도 마찬가지다. 어쨌든 자신이 어떤 물건을 살 때 적정가가 얼마인지 명확히 알고 있어야 현명한 소비를 할 수 있다.

그렇다면 모두의 꿈인 좋은 집이란 어떤 집일까? 예쁜 집, 신축, 넓은 집이 좋은 집일까? 가장 예쁜 집이 가장 좋은 집이면 그림 같은 전원주택이 가장 비싸야 하고, 신축이 가장 좋은 집이면 매년 새로 입주하는 아파트가 가장 좋은 집이어야 한다. 그리고 가장 넓은 집이 좋은 집이면 서울에서 가장 넓은 집이 가장 비싸야 하는데, 부동산 중개소 현장에 나가보면 꼭 그렇지만은 않다.

우리가 사는 자본주의 사회에서는 사람들의 수요가 많은 가장 가치 있는 것에 가장 높은 가격을 매긴다. 처음 집을 구하는 사람들은 부동산 중개사무소 사장님과 아파트 내부만 보고 판단하거나, 신규 분양 아파트 모델하우스에 가서 인테리어만 보고 와서는 필자에게 상담한다. 우습게 들리겠지만 정말 그런 분들이 많은데, 이런 경우 필자는 이렇게 말한다.

"당신이 보고 온 것은 집의 일부분인 시멘트 덩어리입니다."

아파트 인테리어에 혹해서 살까 말까 많이 고민하는데, 사실 인테리어는 내집마련에서 가장 중요한 요소가 아니다. 오히려 아파트 현관문 밖의 아파트 단지, 교통, 환경, 학군 등 그 집을 둘러싼 입지와 인프라 환경이 훨씬 비싸고 중요한 가치를 가진다. 결국 아파트 쇼핑의 최우선순위는 가족 모두 안전하고 편리한 삶을 살 수 있는지가 핵심이다. 아파트 가격, 준공 연도, 세대수 같은 수치적인 부분보다 모든 가족이 행복한 시간, 편리한 시간, 안전하고 쾌적한 시간을 보내면서 이러한 삶이 보장되는 입지에 있는 아파트인지가 핵심인 것이다.

아무리 대리석으로 멋지게 꾸민 신축 아파트여도 경기도 외곽의 허허벌판 논밭 한가운데 있으면 온 가족이 불편하다. 전철과 버스가 없는 곳도 많고 버스가 있어도 드문드문 다녀서 배차 간격이 서울과의 거리만큼 아주 길다. 이런 상황이라면 맞벌이 부부는 출퇴근이, 아이들은 등하굣길이 불편할 수밖에 없다. 경기도 외곽 신도시에 사는 사람들은 편의시설도 멀리 떨어져 있어서 항상 불편하다고 말한다.

"자동차가 없으면 움직일 수가 없어요. 약국도 차 몰고 나가야 하고 마트도 차로 가야 해요."

집은 온 가족의 다양한 필요를 충족해 줄 수 있도록 매우 디테일하게 접근해야 한다. 가족에게 가장 중요하고 자주, 그리고 꼭 필요한 요소부터 생각하면 큰 실수를 줄일 수 있다. 일반적으로 내집마련할 때 가장 많이 신경 써야 하는 부분은 아무래도 직장 출퇴근할 때의 절대거리와 교통 편리성이다. 그다음은 아이가 있는 집의 경우 유치원, 학교, 학원의 등하교 문제다. 그래서 회사가 많은 인근 주거 지역의 아파트값이 비싸고 초등학교 인근의 초품아(초등학교를 품고 있는 아파트)가 인기인 것이다.

아파트 쇼핑은 집과 친구, 인프라를 사는 것!

허허벌판에 있는 신축 아파트와 입지가 좋은 구축 아파트 중에서 선택하라고 하면 초보자들은 대부분 경기도 허허벌판의 신축 아파트를 선택한다. 서울에서 입지 좋은 곳에 있는 신축 아파트라면 당연히 금상첨화겠지만, 우리는 항상 자금이 부족하므로 선택의 순간에 원하는 것을 모두 얻을 수 없고 무언가는 포기해야 한다. 필자는 **허허벌판의 새 아파트보다 입지가 좋은 서울 한복판의 구축 아파트를 선택하는 것이 맞다고 생각한다.** 인테리어는 새로 하면 되지만, 인프라와 입지는 내 돈을 들여도 바꿀 수 없으니 말이다.

내집마련은 인생에서 가장 중요한 쇼핑이다. 쇼핑 한 번으로 내 인생의 향방이 결정될 뿐만 아니라 온 가족의 인생도 좌우된다. 집을 구하는 것은 단순히 시멘트 덩어리와 ㄷ자 싱크대를 사는 것이 아니다. 가족과 함께할 여유로운 삶의 공간을 사는 것이고, 주변 이웃을 사는 것이며, 내 아이의 친구를 사는 일이다. 그리고 주변 공원과 학교, 교통편, 학군, 커뮤니티를 사는 것이다. 인생을 살다 보면 항상 선택의 순간이 오는데, 중요한 선택은 나와 내 가족의 10년을 좌우한다. 과거의 어떤 선택이 지금의 나를 만든 것처럼 현재의 선택이 미래의 나와 내 가족의 운명을 결정할 것이다. 나와 내 가족의 미래가 경기도 외곽 허허벌판의 신축 아파트에 있는 ㄷ자 싱크대 하나로 결정된다면 너무 안쓰럽지 않은가?

03

아파트 '호갱'이 되지 않으려면?
(ft. 초보자가 자주 하는 8가지 실수만 피해도 성공!)

필자가 2016년에 집필한 《쏘쿨의 수도권 꼬마 아파트 천기누설》에서 부동산 초보자들이 가장 많이 하는 4가지 실수를 이야기했다.

1. 조급하다.

2. 호재를 보고 미래를 예측한다.

3. 신축 아파트의 ㄷ자 싱크대와 사랑에 빠진다.

4. 좋은 물건을 나쁜 가격에 산다.

이후 수많은 수강생을 만났고 이들이 내집마련하는 과정을 지켜보면서 더 많은 특징을 발견하게 되었다. 그래서 이번에 4가지 실수를 더 추가했다.

5 | 자기가 좋아하는 집을 산다

초보자들은 다른 사람들이 좋아하는 집을 사야 하는데 자기가 좋아하는 집을 산다. 아니, 내 집을 고르는데 왜 다른 사람이 좋아하는 집을 사야 하지? 언뜻 이해하기 어려울 수 있지만, 이유는 간단하다. 그래야 집값이 많이 오르기 때문이다. 그리고 이것보다 더 중요한 것은 내가 원할 때 언제든지 팔거나 세를 줄 수 있기 때문이다. 게다가 사람들이 좋아하지 않는 집은 집값이 하락해 은행에서 대출 상환 압박이 들어올 수 있기 때문이다. 10억짜리 집을 담보로 6억을 대출받았는데 집값이 하락해서 7억이 되면 은행에서 일부 상환하라고 연락이 올 수 있다.

살다 보면 갑자기 이사해야 하는 경우가 생길 수 있다. 이런 시점에 사람들이 좋아하지 않는 집은 팔리지도 않고 전세도 안 나가서 발이 묶이는 경우가 있다. 갈아타기를 여러 번 해 보았다면 본인이 직접 이런 경험을 했을 수도 있고 주변에서 이런 경우를 목격했을 수도 있다. 부동산이 호황이든, 불황이든 사람들이 항상 원하는 집이어야 대기자가 많고 유리하다. 불황기가 왔을 때 가격을 낮추면 보러 오는 사람이라도 있어야 한다. 결국 수요가 많은 집을 골라야 하는데, 수요가 많은 집은 어떤 집일까? 사람들이 집을 고를 때 가장 중요하게 생각하는 요소가 무엇일지 역지사지로 생각해 보아야 하는 것이다. 항상 시선은 거울이 아니라 타인을 향해 있어야 한다. 그래서 본인이 좋아하는 집을 자기 기분대로 사면 안 된다는 것을 초보자들은 배운 적이 없어서 인생 수업료를 참 많이 내더라. 기분이 매수로 이어지면 절대 안 된다.

6 | 영역 본능에 순응한다
....

내집마련 상담을 하다 보면 자기가 왜 경기도 외곽에 살 수밖에 없는지 자기 변명을 하는 사람들을 많이 본다. 부모님이 살고 있고, 태어나서 자랐고, 직장도 그곳이고 등등 이유가 많다. 그러면 필자는 항상 이렇게 조언한다.

"태어난 곳은 부모님이 정해주셨지만, 내가 살아가고 죽을 곳은 내가 정하는 겁니다. 스스로 만든 유리천장 틀에서 나오세요. 영역 본능을 극복해야 합니다."

쉬운 선택으로 자기 합리화하는 것은 그만하고 서울에 당신도 내집마련할 수 있다는 믿음을 가져야 한다. 당신도 얼마든지 좋은 곳에 내집마련해서 출퇴근 걱정 없이 교통, 환경, 학군 좋은 곳에 살 수 있다. 다만 신용카드를 자르고, 저축하고, 절약을 생활화해야 한다. 4,000원짜리 커피 대신 회사 탕비실에 있는 커피믹스에 만족하는 안분지족(安分知足)의 삶을 살아야 한다. 원하는 것이 있으면 대가를 지불해야 한다. 힘들지만 불가능한 건 아니다. 세상에 공짜는 없다. 기존 주거지의 장점을 말하면서 계속 자기 자신을 합리화하는 것은 이제 그만하고 더 좋은 입지에 직접 가서 보고, 느끼고, 깨달아야 한다. '서울(강남)은 내가 살 수(buy 또는 living) 있는 곳이 아니야.'라거나 '우리 동네도 나름 편해(나에게만).'라는 정신 승리는 이제 그만해야 한다.

세상을 있는 그대로 보는 게 가장 어렵다. 감정을 섞지 말고 같은 금액이면 어느 것을 살 것인지 냉정하게 비교 평가해 보고 현장을 돌아다녀야 한다. 인생의 중요한 순간에 좀 어려워도 내가 갈망하는 것을 해라. 자신도 모르는 본인의 욕망을 들여다보아야 한다. 좋은 곳에 살고 싶은 욕망 말이다. 안 될 이유만 찾고 있는 자신을 바라보면서 미래의 나를 상상해 보자. 과거의 나에게 다가가서 이렇게 말해보자.

"과거의 ○○아, 이제 그 영역 본능에서 벗어나 유리천장을 깨고 나와. 세상은 네가 생각하는 것보다 훨씬 더 넓고 네가 모르는 세계가 있어. 힘들지만 성취할 수 있는 행복이 있어. 총력전으로 하면 가능해. 너도 알잖아. 가능하다는 거!"

7 | 새로운 정보나 호재만 찾는다

한 외국 컨설팅 회사가 우리나라 회사를 컨설팅해 준 적이 있다. 외국인 컨설팅 직원들이 몇 달을 우리나라 회사에 파견 나와서 회사 업무 환경을 조사하고 지켜본 후 수십 페이지 분량의 보고서를 제출했다. 우리나라 회사 관계자들이 보고서를 읽고는 외국 컨설팅 회사 사람들에게 "이런 문제점은 이전부터 잘 알고 있는 겁니다. 이거 말고 다른 건 없을까요?"라고 물었다. 그러자 외국 컨설팅 회사 팀장이 입을 열었다.

"그런데 왜 안 고쳐지고 있죠?"

초보자들은 뉴스에 나오는 부동산 호재만 듣고 달려가서 어디가 개발되면 좋아질 거라며 새로운 정보만 찾는다. 자기가 정보를 몰라서 투자를 못 한다고 생각한다. 정보를 듣고 추격 매수를 하다가 호재가 사라지는 마법을 눈앞에서 보게 된다. 호재를 따라다니는 건 미래를 예측하는 것과 비슷하다. 좋아질 곳이 아니라 지금 좋은 곳을 골라라. 앞으로 좋아질 대학교가 아니라 지금 좋은 대학교를 들어가는 것과 같은 이치다. 앞으로 좋아질 중소기업보다 지금 좋은 대기업을 들어가라. 갈 수만 있다면 말이다. 이 당연한 진리를 왜 모르는가?

다이어트 방법을 모르는 사람이 있을까? 적게 먹고, 많이 운동하고, 새벽에 일어나서 집 앞 공원을 1시간씩 매일 달리고, 일찍 자고, 물 많이 먹고 등등 다 알고 있다. 그런데 이것을 계속 실행하는 사람은 드물다. 이걸 안 하고 새로운 다이어트 약과 다이어트 방법, 운동기구, 내장지방 제거 수술 등 복잡한 방법을 찾는다. 왜냐하면 자기가 방법을 몰라서 다이어트를 못 하고 있다고 해야 합리적 변명이 되기 때문이다.

내집마련에서 새로운 정보는 없다. 서울이 좋은 건 제주도 당근밭 할머니도 아는 사실이다. 강남이 좋은 건 해남 땅끝마을 고구마밭 할아버지도 아는 사실이다. 새로운 걸 찾지 말고 기존에 대부분의 사람이 좋다는 걸 보자. 그게 정말로 좋다고 할 만한지 자신이 납득할 수 있을 때까지 현장에 직접 가보자.

"대치동이 뭐가 좋다는 거야?"
"서울이 뭐가 좋다는 거야? 차만 막히고 복잡하기만 하네!"

경기도 외곽에 사는 사람들이 늘 하는 말이다. 왜 좋은지, 왜 그렇게 비싼지, 왜 모든 사람이 원하는지 모르면? 영원히 모른 채 살아간다. 뉴스에 나오는 호재는 그냥 호재이지 현실이 아니다. 당신이 두 발로 서있는 현재, 현실부터 먼저 정확하게 좌표를 찍고 인지하자. 그래서 좋은 곳을 알고 내 위치에서 그 좋은 위치까지 가는 길이 내 머릿속 내비게이션에 뜨게 만들자. 호재는 너무 긴 시간을 낭비하게 하므로 더 이상 뉴스 호재에 호들갑 떨지 말자.

8 | 과도한 공포와 탐욕을 가지고 있다

내집마련에 대한 과도한 공포를 가진 사람들이 많다. 특히 남자들이 많은데 전문 용어로 이런 사람을 '쫄보'라고 한다. 큰돈이 들어가는 내집마련에 남자들이 소극적인 이유는 자꾸 머리로 계산하려고 해서다. 너무 좁은 시야로 세상을 보면서 큰 것을 놓치는 것이다. 엑셀로 장난하면서 부동산 사장님에게 "KB 부동산 시세보다 이 집이 비싼 이유를 내가 납득할 수 있게 설명해 보세요."라고 말하는 남자분을 현장에서 본 적도 있다. 자꾸 작은 것에 집착하다 큰 것을 놓치는 사람들을 보면 너무 안타깝다.

필자가 처음 운전을 배울 때 고개를 들어 저 멀리 보라는 말을 가장 먼저 들었다. 바로 눈앞에 있는 차가 아니라 앞의 앞차나 그 앞차를 보아야 도로의 흐름을 알 수 있다는 것이었다. 세상도 그렇다. 바로 눈앞에 있는 숫자에 빠져들지 말고 저 멀리 내 가족의 미래를 보아야 한다. 과도한 공포는 눈을 멀게 하여 판단력을 흐리게 하고 숫자로 보여지는 폭락 뉴스에도 쉽게 현혹되게 만든다.
과도한 공포에 빠진 사람과는 반대로 지나간 시간이 아까워 한풀이하듯 아무거나 빨리 내집마련을 하려는 사람들도 많다. 상승기 또는 하락기 시장 상황이나 주변을 볼 여유 없이 무조건 사겠다고 가계약금부터 쏘는 사람들이 있다. "나는 오늘 꼭 사야 한다."고 하면서 손을 덜덜 떨고 숨넘어가는 목소리로 이야기하는 사람도 있다. 마음이 너무 힘들다고 한다. (나도 당신이 힘들다.)

친구들이 얻은 이익을 쫓아가려고 하거나 지난 시절에 못 번 돈을 벌기 위해 마구잡이로 집을 사면 안 된다. 흘러간 강물에 다시 발을 담글 수는 없다. 이런 사람들에게는 세상에 늦은 일은 없다고 조언한다. 지금 태어난 아기가 늦었을까? 어쩌면 우리보다 더 좋은 세상에서 살지 않을까? 필자는 내 아들이 부럽다. 우리가 부모님 세대보다 더 좋은 세상을 살고 있듯이 우리 아이들은 우리보다 더 좋은 세상에서 살아갈 것이다.

조급함에 빠지거나, 공포에 빠지거나,
살이 빠지거나, 내 멘탈이 빠져나가거나.

부동산 폭등기에 강동구 아파트를 산 20대 직장인

돈, 정보, 시간보다 더 중요한 건 절실함!

부린이들은 종잣돈이 많고, 호재를 많이 알고, 시간이 많으면 내집마련을 잘할 수 있다고 생각한다. 사실 돈이 많은 사람은 호텔 룸서비스를 받으면서 살아도 되니까 굳이 집을 살 필요가 없다. 하지만 부린이는 돈이 없으니 집을 사서 안정을 찾아야 한다.

호재를 안다고, 시간이 많다고 내집마련을 잘할까? 호재나 시간은 내집마련이라는 전국민참여 게임에서 크게 중요한 요소가 아니다. 오히려 부동산 사장님들과 자연스럽게 이야기를 나누고 '내집마련'이라는 목표, 단 한 가지 '원씽(one thing)'을 위해 모든 걸 내려놓는 마음이 먼저다. 단 1년 만이라도 부동산과 관련된 책을 열심히 읽고 밤낮으로 현장 조사를 나가야 한다. '고3이라고 생각하고 해 본다.'는 게 딱 정확한 표현이다. 고3 때를 기억해 보자. 고3 학생에게 가장 중요한 게 많은 시간일까, 많은 정보일까? 고3 수험생활을 겪어보았다면 잘 알 것이다. 고3 학생에게는 정말로 혼신을 다해 공부해서 내가 목표로 하는 대학교에 가고 싶은 절박함, 그게 가장 중요하다. 시간이 없다면 재수를 해도 되고 정보가 부족하면 정보를 찾으면 된다.

공부 잘하는 법을 모르는 사람이 있을까? 꾸준함, 목표 의식 등등 모두 맞는 이야기다. 내집마련을 잘 하는 방법도 마찬가지다. 모든 건 자기가 하고자 하는 의지와 집중력에 달려있다. 만약 고3 때 쉬운 선택을 했다면 이번에는 절대로 쉬운 선택을 하지 말자. 쉬운 선택은 항상 어려운 결과를 가져오고 어려운 선택은 항상 쉬운 결과를 가져오지 않았던가?

 내집마련도 마찬가지다. 절박하게 하고자 하는 의지를 가지고 집중하는 게 중요하다. 월급 받는 것만 엑셀 계산으로 깨작대면서 돈이 부족하다고 걱정하는 부린이들이 많다. 필자는 항상 평일 저녁이나 주말에 배달 알바나 설거지 알바라도 해서 소득을 높이고, 신용카드는 다 잘라 버리고, 근검절약하라고 조언한다. 이것은 태도의 문제다. **'인생의 첫 번째 전쟁터'였던 고3 때 총력전을 다하지 않았던 사람들은 후회가 많다. 내집마련은 '인생에서 두 번째 전쟁터'다. 여기서 내집마련을 하느냐, 못 하느냐에 따라 향후 당신의 수십 년 인생이 결정되므로 부디 이번 두 번째 전쟁터에서는 한 치의 후회도 남기지 말고 절박하게 매달려 총력전을 펼치기 바란다.** 그래서 당신이 원하는 곳에서 원하는 삶을 살아가기를 응원한다. 태어난 곳은 부모님이 정해주셨지만, 내가 살아가고 죽을 곳은 내가 정할 수 있다. 그리고 내가 멈춘 그곳이 내 아이의 출발선이 된다.

다음은 부동산 상승기 때 내집마련을 위해 20대 미혼 직장인이 A4 종이에 만든 '매수 희망 전단지'로, 부동산 중개소마다 돌렸다고 한다. 이 수강생은 원래 도봉구에서 전세를 살다가 현재는 강동구에 내집마련을 했고 지금은 퇴근 후 매일 저녁 송파구 '올림픽공원'에서 운동한다. 전단지 문구가 너무나 간절하다. 간절하면 이루어진다.

가방에 도장 항상 있음!
계약금 바로 쏠 수 있음!
언제든 달려올 수 있음!

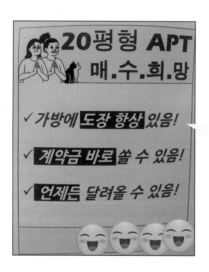

부동산 상승기 때
20대 미혼 직장인이 만든
매수 희망 전단지

— 04 —

지도 펴고 시작, 지도 덮고 끝!
① 일반 지도 → ② 지적편집도 → ③ 임장

네이버 지도뿐만 아니라 지적편집도도 봐야 한다고?

초보자들은 대부분 지도를 잘 안 본다. 지도는 최대한 구체적으로 하나하나 꼼꼼히 보아야 하는데, 상담하다 보면 일반인들이 자기의 관심 지역이 어떤 곳인지 객관적인 눈으로 보지를 못해서 답답한 경우가 많다. 아파트 겉모습만 보고, 즉 신축인지, 구축인지 껍데기만 보고 판단한다. 한 번은 강의가 끝난 후 커피숍에서 뒤풀이 겸 상담을 하는데 한 수강생이 자기가 사고 싶은 아파트에 대해 물었다.

지적편집도가 뭔가요?

- 쏘쿨 님, 제가 관심 있는 아파트는 역세권 대단지에 24평이에요.

- 네, 그러시군요. 그 지역이 어디인가요?

- 네? 영등포구인데요.

- 그럼 영등포구가 어떤 지역인가요?

- 네? 무슨 지역을 말씀하시는 거죠? 영등포라고요.

- 영등포구는 대부분 공업 지역입니다. 전 영등포에서 태어나서 15년 넘게 살았습니다. 사전 조사할 때 그냥 네이버 지도만 보지 말고 지적편집도를 같이 보세요.

- 그게 뭔가요?

영등포구의 네이버 일반 지도(**자료 출처**: 네이버 지도)　　영등포구의 네이버 지적편집도(**자료 출처**: 네이버 지도)

땅의 용도를 알려주는 지적편집도

지적편집도란 무엇일까? 말 그대로 풀어보면 지적편집도는 지적도를 편집하여 지역의 필요한 내용만 구별해서 성격별, 색깔별로 간단히 작성한 편집도를 말한다. 네이버 지도에서 영등포구 항공 사진을 보면 전철역, 한강, 아파트, 주택가, 도로뿐만 아니라 주요 지역이 나온다.

영등포구의 네이버 항공 사진(**자료 출처**: 네이버 지도)

지적편집도를 보면 공업 지역은 파란색, 상업 지역은 붉은색, 주거 지역은 노란색, 녹지 지역은 연두색 등 색깔별로 그 땅의 주된 쓰임새를 알 수 있다. 지적편집도는 용도별, 지역별로 크게 구분되어 있어서 관심 지역의 큰 덩어리 성격을 우선 알 수 있다. 나무를 보기 전에 산을 보아야 하고 그 전에 산맥을 보아야 한다. 이와 같이 큰 그림을 그리기 전에 큰 바운더리를 알아야 한다. 어디까지가 성격이 같은 지역인지, 내가 보아야 할 동일 지역의 경계가 어디인지 파악하면 그 지역의 성격과 역사까지 함께 알 수 있다.

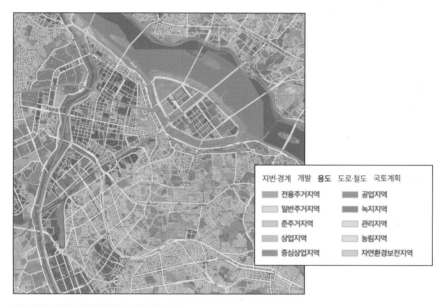

영등포구의 네이버 지적편집도(**자료 출처**: 네이버 지도)

영등포 지역은 이전에 공장이 밀집된 공업 지역이어서 철공소가 많고 작은 공장들도 혼재되어 있다. 여의도 쪽은 업무지구와 공장지대가 있고 신길뉴타운 쪽은 주거 밀집 지역도 있다. 이와 같이 어떤 지역의 지적편집도를 보면 그 지역의 큰 덩어리뿐만 아니라 성격, 정체성, 과거를 한눈에 알 수 있다. 그러므로 그 지역을 미리 조사하여 전반적인 성격을 배경 지식으로 쌓은 후 현장 조사를 가서 다시 한번 주변 환경을 확인해야 한다. 영등포구는 산업화 시대의 유물인 공장들이 철거되고 주상복합, 오피스텔이 들어온 곳도 있고 문래동 쪽은 철공소들이 하나둘 빠져나가고 예쁜 카페와 술집이 새롭게 많이 들어오고 있다. 이런 변화의 바람은 계속 이어지므로 열심히 발품 팔아 현장을 조사한 사람만 지도에 반영되지 않은 실시간 현장 상황을 정확히 알고 최신 지역별 입지를 업데이트할 수 있다.

입지의 가치를 이해하려면
① 일반 지도 → ② 지적편집도 → ③ 임장 필수!

결국 입지의 가치를 이해하려면 일반 지도와 지적편집도를 습관적으로 자주 반복해서 보고 현장을 계속 방문해야 한다. 현장을 방문하고 와서 다시 지도를 보면 신기하게도 현장을 가기 전에는 안 보이던 길이 보이고 지역의 특징이 눈에 들어온다.

최근에는 스마트폰으로 지도 어플을 열고 손가락 2개로 확대하면서 보는 사람들이 많다. 하지만 종이로 된 지도나 지도책을 구입해서 보는 것을 추천한다. 예전에 내비게이션이 없었을 때는 차 안에 지도책을 한두 권씩 두고 지도에 나온 도로를 보면서 운전하는 경우가 많았다. 대형 전지 종이 지도(110×80cm)도 있는데, 필자는 20년 넘게 책상 바로 앞에 대형 서울 전지 지도를 붙여 놓고 하루에도 몇 번씩 쳐다본다. 이렇게 자주 큰 전지 지도를 들여다봐야 전체를 내려다볼 수 있으므로 지도책도 구매해서 관심 지역을 한 페이지씩 넘겨가면서 정성껏 보자. 그러면 안 보이던 도로, 골목, 아파트, 빌라, 공원, 산, 하천이 점점 보이기 시작할 것이다.

초보자들은 지역의 입지도 제대로 파악하지 않은 채 호재와 공급, 데이터,

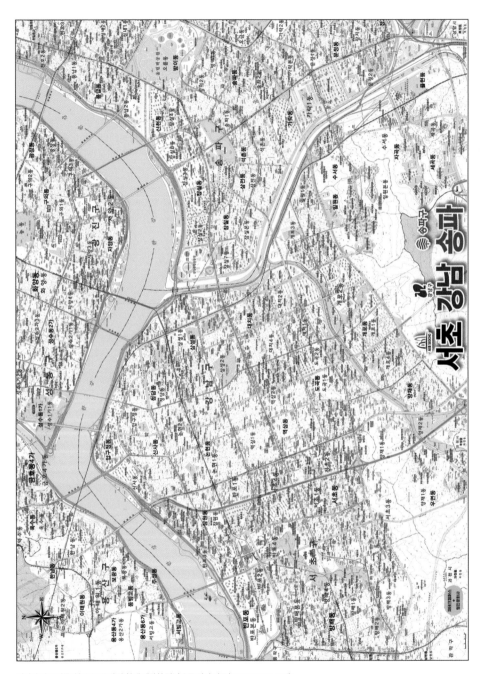

필자가 지도 전문가(영진문화사)와 함께 제작한 강남 3구 전지 지도(110×80cm 크기)

수익률을 이야기한다. 필자도 초보 때는 그랬다. 어디가 가장 많이 오를지가 주된 관심사였다. 하지만 지도를 보기 시작하면서 그 지역이 인접 지역과 어떠한 영향을 주고받는지, 도로는 인접 지역과 어떻게 연결되는지 등을 파악하기 시작했다. 큰 그림을 그리려면 큰 지도를 계속 보아야 한다. 운전을 잘하는 사람은 지리를 잘 파악하고 있다. 내비게이션만 믿고 초행길을 운전하는 사람과 지도를 미리 머릿속에 숙지하고 운전하는 사람은 당연히 차이가 난다. 필자뿐만 아니라 부동산에 40년 넘게 투자한 분들도 5,000 대 1 지도책을 펴고 지역을 파악하더라.

필자는 지금도 지도를 펴고 볼 때마다 한 가지는 꼭 배운다. 20년 넘게 다니던 언덕길이 곡선 도로인 줄 알았는데, 지도에서 직선 도로인 것을 발견했을 때의 충격이 아직도 생생하다. 정말 언덕을 넘으면서 자세히 보니 직선 도로였다. 그리고 A 지역과 B 지역을 각각 따로 알고 있었는데, 어느 날 지도를 보았더니 두 지역이 작은 다리 하나를 사이에 두고 붙어 있다는 것을 알았을 때 뒤통수를 한 대 얻어맞은 듯이 멍했다. 지금까지 매일 책상 앞에 걸어놓은 대형 서울 전지 지도를 보면서 많은 깨달음을 얻고 있다. 대형 서울 전지 지도를 보면서 20년째 퍼즐 맞추기 게임을 하고 있는 것이다.

지도 없이 내집마련 여행을 떠나지 마라!
당신은 곧 길을 잃고
정신도 잃을 것이다.

05

10가지 부동산 필수 어플(앱) 활용 팁

스마트폰이 없던 예전에는 현장 조사(임장)를 나갈 때마다 카메라, 나침반, 지도책, 망원경, 시세표 등을 모두 집어넣어 무거운 가방을 힘들게 메고 다녔다. 하지만 요즘에는 스마트폰 하나면 모든 게 해결되니 참 편한 세상이다. 부동산 어플 사용 방법을 익혀서 잘 활용해 보자.

| 네이버 부동산 | 에버노트 | 카카오맵 | 네이버 지도 | 아파트실거래가(아실) |

| 호갱노노 | 직방 | 부동산지인 | 인터넷등기소 | 밸류맵 |

10가지 부동산 필수 어플(앱)

1 | '네이버 부동산' 앱 – https://land.naver.com

'네이버 부동산'은 가장 많이 사용하는 어플 중 하나이다. 이전에는 아파트 물건을 검색하려면 '닥터아파트'와 '부동산114'(https://www.r114.com) 등 7개 정도의 부동산 관련 사이트에 일일이 들어가서 관심 단지를 모두 검색해야 했다. 하지만 최근에는 '네이버 부동산'에서 이 모든 정보를 통합한 후 아파트 단지별로 매물을 정리해서 보여주므로 아주 편리해졌다.

'네이버 부동산'은 매매, 전세, 월세 물건을 실시간으로 보여줄 뿐만 아니라 아파트에서부터 원룸, 재건축, 오피스텔까지 검색 조건을 지정하여 원하는 매물을 쉽고 편리하게 찾을 수 있다. 살고 싶은 지역과 단지, 매물을 발견했다면 '관심분양', '관심단지', '관심매물'로 등록할 수 있고 등록한 정보는 '부동산 홈'에서 최신 매물, 시세, 실거래가 정보를 언제나 모아서 볼 수 있다. 그리고 원하는 조건의 '매물 알림' 기능을 활용해서 설정한 조건의 매물이 등록되면 알림을 받아볼 수 있다. 한편 중복 매물은 하나의 그룹으로 묶어서(grouping) 매물 가격과 중개사를 비교해 볼 수 있다. 이 밖에도 현장을 방문하지 않고 매물의 생생한 현장을 확인할 수 있는 360°VR 서비스가 있고 지도에서 '학군' 아이콘(⬚)을 클릭하면 초등학교 통학 구역과 배정 단지 및 매물을 확인할 수 있다. 아울러 '편의' 아이콘(⬚)을 클릭하면 주변 편의시설(정보, 마트, 어린이집, 은행, 관공서 등) 정보를 즉시 확인할 수 있다. '네이버 부동산' 앱 서비스는 2024년 11월에 종료될 예정으로, 그 이후에는 '네이버페이' 앱에서 부동산 서비스를 이용할 수 있다.

2 | '에버노트' 앱 – https://evernote.com

'에버노트(Evernote)'는 부동산 임장 기록 등을 남길 수 있는 기록용 모바일 앱으로, 아파트 정보를 편리하게 정리할 수 있다. 아이디어를 기록 및 수집, 검색할 수 있고 노트로 활용하면서 할 일과 일정을 기록하여 보관할 수 있어서 부동산 정보를 취합하는 데 매우 유용하다. 아파트 현장 조사를 가기 전에 사전 조사를 하면서 궁금했던 점을 미리 '에버노트'에 적어두고 현장에서는 메모를 확인하면서 정리하면 편리하다. 예를 들어 사전 조사할 때 현장에 도로 소음이 있을 것 같으면 이것을 '에버노트'에 미리 적어두었다가 A 단지에 방문했을 때 도로 소음을 확인하라고 정리해 두는 것이다. 또한 임장을 다녀온 후 '에버노트'에 현장 상황을 기록하거나 부동산 매물을 본 후 관련된 사진이나 동영상을 저장할 수도 있다.

3 | '카카오맵' 앱 – https://map.kakao.com

'카카오맵'은 부동산 임장할 때 현장에서 매우 유용하게 활용할 수 있는 모바일 지도 어플이다. 가장 빠른 길을 찾을 수도 있고 자동차, 대중교통, 도보, 자전거 등 다양한 교통수단을 이용할 때 최신 업데이트된 정보를 받아볼 수도 있다. 그리고 맛집과 같은 주변 정보 등을 유용하게 찾을 수 있다. 몇 년에 한 번씩 골목길 구석구석을 사진으로 찍어놓은 로드뷰 데이터는 오랜 기간 축적되어 부동산 투자자들이 과거 골목길 사진 등을 볼 때 매우 유용하다. 로드뷰로 360° 회전하여 볼 수도 있고 기울기가 가능한 실사 3D 스카이뷰를 이용해서 입체적인 지도로 활용할 수도 있다. 또한 검색 창을 통해 버스 번호와 버스정류장 등 대중교통과 관련된 모든 정보를 한 번에 찾을 수 있어서 매우 편리하다.

4 | '네이버 지도' 앱 – https://map.naver.com

'네이버 지도'는 부동산 임장할 때 현장에서 가장 많이 사용하는 유용한 모바일 지도 어플이다. 다양한 대중교통을 이용해서 길을 찾을 수도 있고 실시간 도착 정보와 승하차 안내 기능을 이용해서 쉽고 편리하게 목적지까지 갈 수도 있다. 또한 장소, 버스, 지하철, 주소 등과 관련된 모든 정보를 검색할 수도 있고 주변의 맛집, 가 볼 만한 곳 정보를 확인할 수도 있다. 그리고 거리뷰나 항공뷰를 이용하여 장소를 검색하고 길을 찾을 때 가고 싶은 장소를 미리 확인해 볼 수 있다. 특히 항공뷰는 옥상만 보이던 기존 항공 사진과는 달리 드론으로 촬영해서 서울 곳곳을 빌딩 사이로 날아다니는 느낌으로 제작되었다. 이 외에도 마트 영업 시간처럼 실생활에서 유용한 정보를 '네이버 지도'를 통해 네이버에서 검색하면서 확인할 수 있고 관심 단지, 관심 장소, 맛집, 랜드마크 등을 저장할 수 있어서 임장할 때 많이 활용한다.

5 | '아파트 실거래가(아실)' 앱 – https://asil.kr

'아실'로 부르는 '아파트 실거래가' 어플은 국토교통부(국토부)의 아파트 실거래가를 확인하기에 매우 좋다. '아실'은 투자자들이 많이 사용하는 어플로, 아파트 실거래가와 분양 정보, 매매/전세/월세 매물, 입주 물량, 미분양 물량, 학군 등 부동산과 관련된 빅데이터를 한눈에 확인할 수 있다. 실거래가에 특화되어 동이나 층, 해당 매물의 거래 이력 등 다양하고 구체적인 부동산 정보를 확인할 수 있다. 2006년부터 현재까지의 매매 가격과 전세 가격 정보를 동시에 모아놓았고 아파트 단지 10곳까지 이용자가 직접 선별한 후 가격 변화를 차트로 표현하여 나란히 비교할 수 있다. 또한 실거주뿐만 아니라 투자자들이 언제, 어디에 매물을 샀는지도 확인할 수 있다. 분양하는 아파트 분양가와 주변 아파트의 시세를 지도에서 바로 비교할 수도 있고 지역별로 진행 중인 개발 정보도 확인할 수 있다.

6 | '호갱노노' 앱 – https://hogangnono.com

'호갱노노'는 인포그래픽이 잘되어 있어서 아파트와 관련된 모든 정보를 확인할 때 편리한 어플이다. 입주 예정 물량과 인구 이동 등의 정보와 함께 평형, 세대수, 입주 연차 등 조건을 다양하게 필터링하여 원하는 아파트 단지를 찾아볼 수 있다. 3년 후까지의 행정 구역별 입주 예정 물량, 순 인구 이동, 직장인 연봉 정보, 학원가 분포와 밀집도까지 지도와 함께 편리하게 볼 수 있다. 그리고 실시간 랭킹을 통해 인기가 높아진 단지와 지역, 분양 단지에 대한 다양한 정보, 지역별 재건축/경매 현황을 파악할 수 있다. 또한 아파트 단지와 가까운 학교까지의 도보 거리, 진학 비율에 대한 정보뿐만 아니라 현장 방문 없이 시간별, 계절별 3D 일조량이나 다양한 상권 정보도 확인할 수 있다.

7 | '직방' 앱 – https://www.zigbang.com

'직방'은 3D 단지 투어, VR 홈투어 등 디테일한 아파트 정보를 제공하는 어플로, 현장에 가지 않아도 아파트의 전경, 일조량, 한강뷰, 오션뷰, 층별 조망부터 아파트 방 구조 등을 확인할 수 있다. 특히 거주민 리뷰를 통해 자가 또는 전월세로 거주해 본 사람들이 내린 평가 점수와 설명을 볼 수 있다. 그래서 교통 여건과 주변 환경, 거주 환경, 단지 관리에 대한 구체적인 평가뿐만 아니라 교통 정보를 통해 업무지구까지 걸리는 시간을 단지마다 확인할 수 있다.

8 | '부동산지인' 앱 – https://aptgin.com

'부동산지인'은 지역별 시세, 입주 예정 물량, 거래량, 인구 등의 정보를 확인할 수 있는 어플이다. 아파트의 가격 변동을 추적하고 예측하는 앱으로, 투자자들이 투자하기 전에 시장을 분석할 때 많이 사용한다. 면적별 시세, 연차별 시세 등으로 그룹 지어 아파트 가격을 파악할 수 있고, 지역과 지역의 연관성을 파악할 수 있는 전출입 자료가 있으며, 해당 지역의 공급량과 수요량을 보여주는 데 특화되어 있다. 또한 거래량을 분석해 시장의 활성화 정도를 파악할 수도 있고 특정 단지에 대한 비교하기 기능을 활용해서 반경 2km 안에 있는 아파트와 비교할 수도 있다.

9 | '인터넷등기소' 앱 – http://www.iros.go.kr

'인터넷등기소'는 '대법원 인터넷등기소' 홈페이지에서 제공하는 주요 서비스를 모바일로 이용할 수 있는 어플이다. 부동산 정보를 입력하고 수수료를 결제하면 모바일 기기에서 즉시 등기 기록을 열람할 수 있어서 부동산 임장할 때 실전에서 많이 사용한다. 결제한 등기 기록은 PC에서 '인터넷등기소'에 접속해도 일정 시간 동안 열람할 수 있다. 또한 '등기신청사건처리현황'에서는 신청 사건의 현재 처리 현황도 확인할 수 있다.

10 | '밸류맵' 앱 – https://www.valueupmap.com

'밸류맵'은 토지, 건물, 주택, 빌딩, 상가, 공장 등의 거래 현황과 매물에 대한 정보를 확인할 수 있는 어플로, 아파트 등 주택에 비해 금액을 예측하기 힘든 땅이나 건축물과 관련된 거래에 특화되어 있다. 토지 면적, 건물 면적, 단가, 도로 조건, 사용 승인일, 건축물대장 등의 정보와 유사 부동산의 거래 분포를 확인할 수 있다. 또한 리뷰를 통해 지역의 인구 동향, 일자리 수, 개발 호재, 투자 매력 등도 확인할 수 있다.

— 06 —

상상하고 또 상상할 것!
내가 실제로 이 집에서 산다면?

초등학교 앞, 고등학교 앞이 다 다르더라

이전에 필자가 이사 간 아파트의 바로 옆에는 초등학교가 있었다. 이사한 첫 주말 토요일 새벽 5시부터 큰 목소리로 소리치는 아저씨들 때문에 잠을 잘 수가 없었다.

"여기~ 여기~ 이쪽으로!"
"어이~ 막아! 막아~ 패스!"

도저히 참을 수가 없어 창문을 열어보니 초등학교 운동장에서 조기축구회 아저씨들이 소리를 지르며 축구를 하고 있었다. 이후 주말 새벽마다 소음에 시달렸다. 게다가 초등학교는 봄이면 운동회 준비로 운동장에 확성기를 틀어 놓고 하루 종일 단체 연습을 했다. 그래서 학교 주변 아파트에 사는 주민 입장에서는 소음 때문에 곤혹스러웠다. 환기를 하려고 해도 이런 소음 때문에 창문을 열어 놓을 수가 없었다. 결국 필자는 1년여 만에 근처의 다른 아파트로 이사했다. 이때 부동산 사장님께 소음공해 때문에 이사하는 것이니 적절한 집을 찾아봐달라고 당부했더니 이렇게 말씀하셨다.

"걱정하지 마세요. 여기는 고등학교 앞이라 정말 조용해요."

필자는 의심스러운 눈초리로 계약한 후에도 밤낮으로 이사 갈 아파트를 미리 방문해서 정말 조용한지 확인했다. 다행히 주말 새벽 5시에도 별문제 없이 조용한 걸 확인하고서야 안심했고 이사한 첫 주말에는 오랜만에 조용한 아침을 보냈더니 너무 행복했다. 고등학교는 주말에도 고3 수험생들이 나와서 공부하는 경우가 많다. 이런 이유로 운동장에서 절대로 소음이 발생하면 안 되므로 소음에 예민하다면 고등학교 앞에 있는 아파트를 적극 추천한다.

아파트의 주변 환경을 미리 확인하는 것이 이렇게 중요하다. 집을 처음 구하는 사람들은 현관문 안쪽의 집 내부만 보는 경향이 있다. 부동산 사장님과 아파트 내부만 구경하고 집 주변 환경과 인프라를 유심히 알아보려고 하지 않는다. 신축 아파트를 볼 때도 마찬가지다. 여자들은 ㄷ자 싱크대나 드레스룸과 사랑에 빠지고 남자들은 주차장만 본다. 모델하우스에 구경 가면 대부분의 사람이 내부 인테리어만 보지만, 사실 보아야 할 것이 한두 가지가 아니다.

실제로 사는 사람의 입장에서 집을 보는 것이 정말 중요하다. 단순히 집만 보면 판단이 안 된다. 나와 내 가족이 살 공간이므로 시멘트 덩어리인 집만 보지 말고 그 안에 사는 사람들의 라이프 스타일을 관찰하고 생각해 보아야 한다. 결국 사람을 관찰해야 아파트가 보이고 입지 전체가 보인다.

사람 사는 모습을 관찰해야 입지가 보인다

내집마련을 할 때는 다음 5가지 사항을 꼭 확인해야 한다.

1. 전철역까지 실제 거리는 얼마나 되는가?

집을 보러 다닐 때 부동산 중개사 사장님의 차를 타면 안 된다. 차를 타고 집을 보러 다녀서 전철역과 가까운 줄 알았다고 착각하는 사람들이 의외로 많다. 처음 집을 구하는 사람들이 가장 많이 하는 실수이다. 차를 타고 집 구경을 다니면 차로 금방 왔다 갔다 하니 거리 감각이 없어진다. 그러므로 전철역과 버스정류장 등 대중교통과의 거리를 직접 걸어서 확인해 보자. 얼마나 먼지, 얼마나 언덕이 심한지, 횡단보도는 얼마나 많이 건너는지 다니다 보면 내 발이 "나는 이거 반대일세~."라고 말할 것이다. 발의 의견에 귀 기울이지 않으면 출근 준비하느라 바쁜 매일 아침마다 고통스러울 것이다. 하루에 출퇴근할 때마다 2번씩 매일 견딜 수 있는 고통인지 생각해 보자. 만약 맞벌이라면 둘이서 하루 4번 고생하는 것이다.

2. 평일 출근길 정체가 심한가?

자가용을 이용한다면 출근길이 얼마나 막히는지 꼭 확인해야 한다. 출근 동선이 비슷한 주변 사람에게 물어보거나, 그게 어렵다면 평일 새벽에 일찍 차를 몰고 관심 지역으로 가서 거기서부터 회사까지 출근해 보는 것도 좋다. 실제로 평일 아침에 차를 몰아보면 주말이나 평일 저녁에 막히는 것과 또 다르므로 반드시 평일 출근 시간에 도로가 정체되는지 확인해야 한다.

3. 외부 소음과 냄새가 심한가?

아파트 인근에 큰 도로가 있어서 도로 소음이 발생하는 경우가 많다. 특히 버스가 많이 다니는 큰 도로와 정류장 등에서 소음이 많이 발생한다. 버스 차고지와 택배 차고지, 물류창고, 공장 인근 은 큰 차들이 하루에도 몇 번씩 자주 운행하는 곳  이어서 피하는 게 좋다. 교회 같은 종교 시설은 주말에만 소음이 발생할 수 있지만, 도로, 공장, 버스 차고지는 하루 종일 시끄러울 수 있다. 또한 주변 상가와 술집, 노래방 등 유흥가도 소음이 심하다. 음식점 등이 있다면 식후 담배를 즐기는 사람들도 많고 음식 조리 냄새도 고역일 수 있다. 살면서 이렇게 불편한 상황을 마주하기 싫다면 매수하기 전에 지도를 보고 집 주변을 꼼꼼히 돌아다니면서 확인해야 한다.

4. 빛 공해가 심한가?

빛 공해는 외부의 밝은 조명이 집 안으로 들어와 피해를 주므로 밤에 집에서 생활하거나 숙면을 취하는 데 무척 방해가 된다. 상가 간판, 전광판, 가로 등, 간접 조명 등으로 주변에 사는 사람들은 밤마다 빛 공해에 시달리는 경우가 많다. 빛 공해는 블라인드나 일반 커튼으로는 가릴 수 없고 암막 커튼으로 집 안을 영화관처럼 가려야 겨우 피할 수 있다. 그런데 여름에 창문도 못 열고 암막 커튼으로 가린 집을 상상해 보면 생각만 해도 답답하고 숨이 막힌다. 빛 공해는 아파트 단지 안에서도 많이 발생하는데, 저층 세대의 경우 주차장에 들어오는 자동차 헤드라이트 불빛이 직접 비춰서 불편할 수 있다. 특히 지하 주차장 진출입로 근처 세대는 자동차 헤드라이트 빛 공해와 차량 진출입 경고 사이렌 소음까지 겹쳐 2배로 피해를 겪는다. 그러므로 이러한 문제를 확인하기 위해 야간 임장을 잊지 말아야 한다.

5. 평지인가?

유모차를 끌고 다니면 낮은 경사와 낮은 턱, 계단도 신경 쓰이기 마련이다. 언덕에 있는 집은 절대 사지 말라는 것이 아니라 그것을 감안할 정도로 입지가 좋은지, 가격은 합리적인지를 따져보아야 한다.

마지막으로 먼저 살던 집의 불편 사항에 너무 매몰되지 않도록 주의해야 한다. 예를 들어 기존에 살던 집이 전철역에서 멀어 불편했던 사람은 무조건 전철역 앞만 보는 경향이 있다. 그래서 전철역 바로 앞에 있는 주상복합 아파트나 오피스텔 같은 곳만 찾는다. 하지만 이런 상업 지역은 주변에 유흥가가 있으므로 아이가 있는 가정은 살기에 부족한 부분이 많다. 이 경우에는 아이를 키워본 경험 많은 워킹맘과 함께 집을 보러 다니면서 내집마련에 대한 안목을 한층 업그레이드하는 것도 좋은 방법이다.

번외 햇빛이 안 들어오는 남향을 주의하자

상담을 하다 보면 아파트의 특정 동을 언급하면서 여기 급매가 나왔는데 좋은 물건인지 물어보는 사람들이 많다. 그러면 필자는 네이버 지도의 거리뷰와 카카오맵의 로드뷰를 보면서 겨울철에 찍은 사진을 본다. 저층 물건의  경우 거리뷰와 로드뷰에 그림자가 드리운 집이 많다. 또한 남향인데도 겨울철에는 태양의 고도가 낮아서 하루 종일 해가 거의 안 드는 집도 있다.

- 여기 저층은 겨울철에 햇빛이 하나도 안 들어오겠는데요?
- 쏘쿨 님, 부동산 사장님이 남향이라고 했어요.
- 네, 남향이라고 했지, 겨울철에 햇빛이 많이 들어온다고는 말씀 안 하셨잖아요.

내가 사려는 물건에 햇빛 그늘, 즉 그림자를 유심히 보아야 한다. 그 동네 '빠꼼이' 부동산 사장님이 겨울철에는 이 아파트 매물에 햇빛이 안 들어와서 그늘지는 것을 몰랐을까? 다 알면서도 당신을 시험하는 것이다. 당신이 호구인가, 아닌가?

매물 체크 리스트

매물을 검색하고 임장 조사할 때 다음 10가지 항목을 반드시 체크해 보자.

		Yes	No
1	집주인이 거주하는 집인지, 세입자가 거주하는 집인지 체크해라 (세입자 임차 기간 및 만기 일자 확인).	☐	☐
2	전철역과 버스정류장 위치, 거리, 주변 도로 진입로와 출입로, 출퇴근길 정체 상황, 우회로 여부를 체크해라.	☐	☐
3	초등학교, 중학교(남중/여중), 고등학교(남고/여고) 위치와 초등학교 등하굣길 횡단보도 개수, 학원가 위치 등을 체크해라.	☐	☐
4	평지인지, 언덕인지(유모차를 밀고 올라갈 수 있는지) 체크해라.	☐	☐
5	최근 실거래가, 인근 단지 가격, 인근 신축 분양 가격(시세지도)을 체크해라.	☐	☐
6	세대수, 주차장(세대당 몇 대), 지하주차장의 엘리베이터 연결 여부를 체크해라.	☐	☐
7	인테리어 상태(바로 입주할 수 있는지)를 체크해라.	☐	☐
8	향(겨울철 햇빛이 잘 드는지), 층, 뷰(뻥뷰, 막힌 뷰)를 체크해라.	☐	☐
9	도로 소음, 지하주차장 출입 소음, 인근 초등학교 소음, 상가 소음, 냄새, 먼지 등을 체크해라.	☐	☐
10	빛 공해(저층은 밤에 확인 필수) 여부를 체크해라.	☐	☐

07

부동산 임장,
해외여행처럼 꼼꼼하게 준비해라
(ft. 부동산 기초 조사 3단계)

현장 조사(임장)가 최우선! 사전 조사 + 사후 조사로 보강하자

부동산 기초 조사는 다음과 같이 3단계로 이루어진다.

부동산 기초 조사 →	1단계 사전 조사	+	2단계 현장 조사(임장)	+	3단계 사후 조사

1단계. 사전 조사

현장을 가기 전에 조사하는 사전 조사는 해외 자유여행을 가기 전에 준비하는 것처럼 차근차근 조사하면 된다. 해외여행을 갈 때는 현지에 가서 구경할 것과 동선, 맛집, 랜드마크 등을 찾아보고 인스타와 블로그 후기, 유튜브를 보면서 사전 조사를 할 것이다. 현장에 가기 전에도 똑같이 꼼꼼하게 조사하면 된다.

2단계. 현장 조사(임장)

현장에 도착해서 직접 보고 느끼는 현장 조사(임장)는 가서 보아야 할 것들의 위치를 지도에 표시한 후 그룹으로 묶고(grouping) 이동 동선을 최대한 짧게 잡아 배치한다. 먼저 현장에 임장 다녀온 경험자 선배들의 임장 후기를 보면서 꼭 보아야 할 곳과 소요 시간을 계산하고 이동 방법도 고려한다. 로드뷰와 거리뷰와 비교하며 입체적인 현장 모습도 보고 주요 도로와 체크포인트 랜드마크를 지도에 한 번 더 그려서 잘 표시한다. 부동산 중개소를 들러야 하는 관심 지역은 전화 임장으로 시세를 파악하고 미리 시간을 예약한 후 방문해서 부동산 사장님과 물건도 보고 동네 이야기도 많이 나누면 좋다. 궁금한 사항을 미리 적어가야 효율적으로 질문할 수 있다. 체력이 약해서 현장을 돌아다니기가 힘들면 부동산 사장님과 이야기를 많이 나누는 게 현장을 파악하기도 쉽고 좋은 조건으로 급매를 잡는 데도 유리하다. 현장에 도착한 후에는 해외여행을 다닐 때처럼 내가 미리 예습하고 온 대로 움직이면 편하다. 온라인 사전 조사에서 느낄 수 없는 현장감을 최대한 느끼면서 나중에는 다 잊어버릴 수 있으니 바로바로 사진을 찍고 기록하여 메모하는 것이 중요하다.

3단계. 사후 조사

기록은 기억을 지배한다. 그러므로 현장에 다녀온 후에는 반드시 사후 조사를 해야 한다. 현장을 둘러보면 사전에 궁금했던 부분이 많이 해소되므로 현장에서 급하게 적느라 디테일을 놓친 부분을 사후 조사 과정에서 보완하면 된다. 현장에 가져갔던 종이 지도를 잘 바인딩하고 스크랩해서 모아 놓으면 동네를 복습하기도 좋고 향후 다시 임장 갈 때 매우 유용하다. 왜냐하면 지난 임장 기록을 보면서 동네의 큰 그림을 그리면 금방 익숙해지기 때문이다. 이런 작업을 반복하다 보면 지식이 차곡차곡 누적되는 것이 눈에 보일 것이다. 그리고 사진과 메모를 보면서 지도를 다시 들여다보면 현장을 다녀온 후여서 큰 퍼즐이 맞춰지는 경험을 할 것이다. 이렇게 임장 지역이 점점 추가되면 임장을 다녀온 다른 지역과의 공통점과 차이점을 찾으면서 지역을 비교 및 평가하고 장단점을 쉽게 파악할 수 있다. 이런 말이 있다.

'여행은 3번 간다.'

여행을 가기 전에는 다녀온 사람들의 사진을 보고, 여행을 가서는 직접 눈으로 보며, 여행을 다녀와서는 내가 찍은 사진을 보면서 추억한다는 말이다.

로지 님의 시세지도 바인더 만들기 영상

부동산 기초 조사 3단계 방법

부동산 기초 조사 3단계를 진행할 때는 다음의 방법을 이용해 보자.

❶ 사전 조사 방법

① **10가지 부동산 필수 어플 이용:** '네이버 부동산' 앱 등(104쪽 참고)

② **지도와 로드뷰 활용:** 종이 지도, 항공 지도, 로드뷰, 거리뷰, 지적편집도

③ **인터넷 검색:** 맘카페, 동네 커뮤니티(입지 평판 정보), 인테리어 업체(내부 사진 정보), 동네 소식지(ⓔ 송파구 소식지)

④ **전화 임장으로 질문 준비:** 부동산 중개소에 전화해 시세 확인, 방문 예약

❷ 현장 조사(임장) 방법

① **최대한 현장에서 메모하면서 관찰 및 사진으로 기록:** 사람들 동선, 가족 구성 등

② **주민 인터뷰:** 길 물어보기, 마트, 학원가 위치

③ **동네 분위기 점검:** 주말 및 평일 밤과 낮 풍경 조사, 번화가 여부 확인

④ **동네 인프라 체크:** 전철역, 버스정류장, 초중고 학교 위치 및 실제 거리, 병원, 약국, 마트, 백화점, 단지 내 상가 구성 등

⑤ **아파트 인프라 체크:** 아파트 단지 구성, 진출입로, 관리 상태, 아파트 단지 내 조경, 놀이터 등

❸ 사후 조사 방법

① 사전 조사와 현장 조사의 차이점 정리

② 현장 조사에서 추가 궁금증 정리 및 재확인 준비

③ 지도 다시 살펴보기

④ **임장 내용 정리:** 지난 임장 때 보고 온 곳과 공통점 및 차이점 찾기. 부동산 사장님 말씀 정리

간단하게 아파트 평수를 계산하는 꿀팁

현장에서 공용 면적과 전용 면적을 계산할 때 다음 암산 방식을 사용해 보자. 지도에 나온 제곱미터(㎡) 면적의 숫자에 3을 곱하면 좀 더 쉽게 평형과 구조를 파악할 수 있다.

① 제곱미터(㎡)에서 마지막 숫자를 빼고 3을 곱한다.
② 끝자리가 5 이상이면 반올림한다.

· 84㎡ → 8 × 3 = 24평
· 108㎡ → 11 × 3 = 33평
· 154㎡ → 15 × 3 = 45평

이와 같은 방식으로 서초구 반포자이아파트의 평수를 계산하면 다음과 같다.

· 59.98㎡ → 6 × 3 = 18평   · 84.98㎡ → 9 × 3 = 27평
· 132.44㎡ → 13 × 3 = 39평   · 165.05㎡ → 17 × 3 = 51평
· 194.51㎡ → 20 × 3 = 60평   · 216.49㎡ → 22 × 3 = 66평
· 244.62㎡ → 25 × 3 = 75평

일반적으로 많이 거주하는 전용 면적 39㎡(12평, 1인 가구), 49㎡(15평, 방 2, 신혼부부에게 적합), 59㎡(18평, 방 2~3개), 74㎡(21평, 낀 평수), 84㎡(24평, 국평) 등으로 면적을 크게 구분지어 이해하면 편리하다.

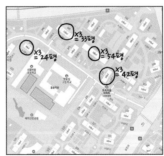

계산 실전 활용 예

08

성공적으로 첫 방문 지역을
임장하는 방법
(ft. 동대문구 청량리 사례)

이 언덕을 도보로 올라간다고?

필자의 수강생 중 한 명이 동대문구 청량리 쪽 임장을 간다면서 미리 준비한 '예상 임장 동선'을 보여주었다. 수강생은 가야 할 곳은 대충 표시했고 모두 도보로 걸을 예정이라고 말해서 무척 황당한 적이 있다.

초행길은 이렇게 열심히 준비했어도 실제로 가보면 언덕도 있고 가로질러 갈 곳이 없어 우회해서 걷게 되는 경우가 많다. 그래서 현장에서는 직선거리 13km이지만 실제로는 15km 이상 나올 것이다. 동대문구 쪽은 언덕도 있고 지상으로 전철이 지나가서 육교로 철도를 건너야 하는 곳이 많다. 군대 행군도 아니고 걷기 동호회도 아니지 않나? 우리가 임장하는 이유를 생각해 보자. 자신의 부동산 열정을 확인하려는 게 아니라 현장에서 지역을 실제로 정확하

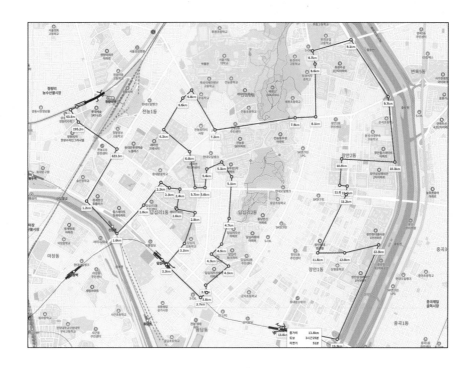

게 파악하기 위해서다.

초보자들이 임장을 계획할 때 자주 하는 첫 번째 실수는 언덕을 계산하지 않는 것이다. 한 번은 초보자들이 비가 오는 날 동작구 전체를 걸어서 임장했다는 이야기를 듣고 좀 놀랐다. 나중에 들어보니 다녀온 사람들이 대부분 다음 날 몸살에 걸렸다고 했다. 동작구는 서울에서도 언덕이 많은 곳이어서 필자도 임장할 때 마을버스를 많이 이용한다. (참고로 관악구, 동작구, 성북구, 성동구, 서대문구는 언덕이 많다.) 걸으면서 지역을 파악하고 싶다면 언덕을 올라갈 때는 버스를 타고 내려올 때는 걷는 방법을 추천한다. 그래야 지치지 않고 오래 임장할 수 있다.

낯선 곳에 처음 임장 갔을 때 효과적으로 임장하는 방법

낯선 곳에 임장을 간다면 무작정 걷지 말고 다음 방법을 이용해서 효율적으로 동네를 파악해 보자.

1. 자동차로 크게 한 번 돌아본다.

그 동네의 큰 그림을 그리려면 먼저 차로 동네를 한 번 크게 돌아보는 게 좋다. 자차도 좋고 마을버스도 좋다. 걸으면서 동네를 파악하는 것도 좋지만, 걷다가 힘들면 중간중간에 버스를 타고 사진도 찍으면서 편하게 이동하자. 적당한 장소에서 내린 후 또 걸으면서 체력에 맞게 동선을 적절하게 안배해야 임장을 지속할 수 있다.

2. 랜드마크를 미리 체크한다.

임장하려는 동네의 랜드마크를 미리 체크하고 지도를 이용해 임장 지역을 꼼꼼하게 공부해야 한다. 이때 규모가 큰 건물부터 먼저 보면 된다. 우선 전철역이 가장 중요하고 도로, 아파트 단지, 학교, 학원가, 상가, 상권, 백화점, 마트, 공원, 재래시장 등의 순으로 우선순위를 정한다. 현장에서 시간이 지체되거나 비가 오면 임장 시간을 조정할 수 있게 넉넉하게 소요 시간을 잡고 우선순위 순으로 살펴보면 된다. 장마철이나 비가 올 때를 대비해 지하상가, 쇼핑몰, 백화점 등 실내 코스를 미리 준비하는 것도 필수이다.

3. 맛집, 유명한 건물, 흥미롭고 이슈가 많은 곳을 미리 예습한다.

맛집 또는 유명인 집이나 건물, 뉴스에 나온 개발 이야기 등을 미리 예습해 보자. 이 밖에도 네이버에서 지역명을 검색한 후 최대한 지역과 관련된 흥미로운 요소를 수집하면 좋다. 재미가 있어야 임장도 즐겁다. 비싼 돈 내고 귀한

임장 예시 서울시 동대문구 청량리

▍ 서울시 동대문구는 청량리역을 메인 랜드마크로 보아야 한다. 지상에서 출발하는 기차역과 전철역, 롯데백화점, 롯데마트, 경동시장 등 다양한 볼거리가 있다. 청량리역 철길 위에 있는 육교 위에서 청량리역을 지나가는 전철 1호선, 경의중앙선, 경춘선 기차를 구경하는 코스가 좋으니 교통 먼저 파악하자.

▍ 이렇게 규모가 큰 지상철이나 하천 등은 지역을 양분하므로 육교와 토끼굴, 다리 등을 볼수 있다. 육교처럼 높은 곳에 올라가면 동네 전체를 한눈에 볼 수 있어서 지역 전체를 바라보는 큰 그림을 그리기에 좋다. 이런 핵심 전철역을 중심으로 주거지로 이어지는 지역 이동로 중심 축을 보면 동네 주민들이 출퇴근할 때 이동하는 주요 동선을 쉽게 파악할 수 있다.

휴가를 써서 해외여행을 가는 것처럼 임장을 갈 때도 내가 꼭 가보고 싶은 곳을 선별해서 가면 된다. 가장 먼저 호기심과 보고 싶은 욕망이 생기는 곳을 미리 찾아보고 준비해서 가는 것이다. 가장 마음에 꽂히는 것 하나를 가지고 준비해서 출발하면 된다.

4. 버스 동선(완행)을 미리 포함해서 이동한다.(ft. 카카오맵)

서울 임장의 장점은 대중교통인 전철, 버스, 택시가 많다는 것이다. 걷다가 힘들면 버스를 타고 버스 안에서 쉬면서 차창 밖을 구경하고 사진을 찍자. 버스에 타는 그 동네 사람들을 구경하는 것이 포인트이므로 어떤 사람들이 어디서 타고 내리는지, 옷차림과 표정도 잘 살펴보자. 저 사람의 옷차림은 어떤지, 어디서 탔는지, 어디서 내릴지 등도 예상해 보자.

패키지 여행은 국내 여행이든, 해외여행이든 버스나 SUV를 전세 내고 돌아다니므로 그 동네 원주민들을 만날 일이 거의 없다. 하지만 현지에서 대중교통을 이용하면 실제 동네 사람들의 삶을 밀착해서 들여다볼 수 있다. 버스나 전철은 공간이 넓지 않아 승객들이 옆에 있으니 길도 쉽게 물어볼 수 있고 그들이 하는 이야기도 자연스럽게 들을 수 있다.

동네 냄새를 제대로 맡을 수 있는 대중교통을 적극 이용해서 오감으로 임장하자! 버스를 이용하려면 '카카오맵' 앱에서 버스정류장을 항상 확인해야 한다. '카카오맵'에서 출발지의 버스정류장을 먼저 선택하지 말고 도착지 근처에 있는 버스정류장부터 찾기 시작해야 '동선이 좋은 버스'를 찾을 수 있다. 임장할 때 필자가 말하는 '동선이 좋은 버스'는 직행이 아니라 완행으로 그 동네 구석구석을 돌아다니면서 운행하는 버스를 말한다. 이렇게 최대한 꼬불꼬불 동네를 구경시켜 주는 버스가 임장에서는 가장 좋은 버스이다. 그래서 외진 지역의 버스정류장을 눌러보면 구석진 곳까지 찾아가는 마을버스를 딱 하나 찾을 수 있다. 그다음은 편하다. 왜냐하면 서울시에서 운행중인 (마을)버스는 대

부분 근처에서 가장 가까운 전철역을 향하고 있기 때문이다. 그래서 버스 동선은 정방향이 아니라 역방향으로 잡아야 빠르다. 즉 번화가나 전철역에서 외진 곳 순서로 버스를 찾는 것이 아니라 외진 곳에서 버스를 찾으면 번화가나 전철역 쪽을 자연스럽게 향하므로 이 방법이 훨씬 빠르다.

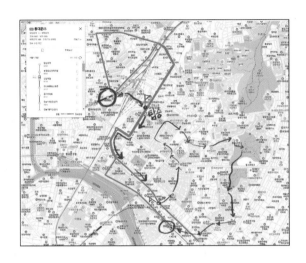

필자는 임장하는 날 비가 오면 버스정류장에서 최대한 환승하면서 버스만 하루 종일 탄다. 그래서 버스 환승만 하루에 18번 한 적도 있다. 추가로 지하 상가와 마트, 백화점 위주로 다니다가 카페 같은 곳에서 충분히 쉬는 것도 좋다. 비 오는 날은 체력 소모가 많기 때문이다.

동네 전체 분위기만 파악하는 임장이라도 부동산 사무실 한 곳 정도는 들어가서 사장님에게 동네 이야기를 단 10분이라도 듣고 오는 게 정말 중요하다. 부동산 사무실의 벽에 걸린 큰 지도를 보면서 동네 마당발이자 원주민인 부동산 사장님의 브리핑을 듣는 게 큰 도움이 된다. 특히 매수 관심 지역은 첫 임장부터 무조건 부동산 중개소를 방문하자. '나중에 다시 오지, 뭐' 하는 생각은 버려라! 인생에 나중은 없다.

버스 동선을 선택할 때 주변을 구경하면서 갈 만한 코스인지 염두에 두자. 최대한 랜드마크가 많은 곳으로, 그리고 최대한 많은 단지를 구석구석 보면서 가는 게 좋다. 너무 동떨어져 있는 나홀로 아파트는 동선의 효율성을 위해 과감하게 패스하는 것도 필요하다. 주요 대단지 아파트가 밀집된 곳을 집중적으로 임장하되, 첫 방문 지역의 경우에는 전체적으로 큰 느낌만 잡는 게 가장 핵심이다. 왜냐하면 하나하나 작은 것에 집착하면 큰 그림을 놓칠 수 있기 때문이다. 이 동네에서 큰 덩어리가 무엇인지를 파악하고 세세한 것은 나중에 재임장할 때 살펴보아야 한다.

5. 지적편집도를 함께 볼 것!

네이버 지도에서 제공하는 지적편집도를 함께 보자. 노란색은 주거지이고 붉은색은 상업지다.

'전철역 주변에 있는 붉은색 상업지는 알겠는데, 전철역이 아닌 지역의 붉은색은 무엇일까?'
'주택가 한가운데 있는 붉은색은 뭐지?'

이런 의문과 호기심을 품고 가야 현장에서 보인다. 그래야 궁금한 것을 해결하고 싶은 마음에 부동산 사장님을 만나 물어보게 되는 것이다.

　지금까지 낯선 곳을 임장하는 방법에 대해 살펴보았다. 다시 말하지만 우리는 '걷기 동호회'도 아니고 아파트 건물 외부만 보러 가는 것도 아니다. 그 지역의 전체적인 큰 그림을 파악하고 사람들 사는 모습을 보러 가는 것이므로 해외여행을 가듯이 세세하게 동선을 잡는 것이 좋다.

　필자의 경우 이전에 가본 지역도 다시 임장하려고 동선을 잡을 때는 평균 3~5시간 정도 준비 시간이 걸린다. 그렇다면 필자가 모르는 지역으로 임장을 갈 때는 준비 시간이 얼마나 걸릴까? 아는 지역보다 2배는 더 걸린다. 24년차 프로 임장러인 필자도 이렇게 오래 준비하는데, 여러분은 임장 여행 준비에 몇 시간을 투자해야 할까? 여러분이 일본 자유여행을 처음 갈 때 동선을 몇 시간이나 준비했는지 생각해 보면 답이 나온다. 전혀 모르는 쿠바의 수도 하바나(Havana)를 자유여행으로 방문한다고 가정해 보자. 몇 시간? 또는 몇 달을 준비해야 할까? 아는 만큼 보이고 준비한 만큼 보인다. 이렇게 동선을 잡으면서 미리 사전 예습으로 지역을 공부하는 것이다. 이탈리아에 살면서 여행사를 운영하는 필자의 수강생에게 물어보았다.

"여행을 많이 다녔으니 본인 여행 계획를 잡는 데 시간이 짧게 걸리나요?"
"잘 아니까 여행 준비하는 시간이 더 많이 걸리죠."

준비 과정이 여행의 전부이다. 그리고 임장은 조사한 게 맞는지 현장으로 확인하러 가는 것이다. 이전에 필자에게 동대문구 청량리 쪽 임장 지도를 문의했던 수강생은 나중에 다시 동선을 수정하여 보내주었는데, 이번에는 맛집도 여러 곳 추가하고, 걷고, 버스 타고, 카페도 들리는 등 꽤 풍성하게 여행 준비를 했다. 더 깊숙이, 더 가까이 다가갈수록 여행(임장) 지역뿐만 아니라 지역 사람들이 더 잘 보인다.

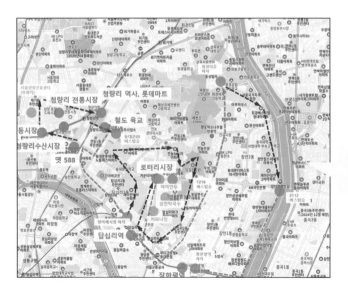

필자의 수강생이 보내준 임장 동선 지도

tip

지도 앱에 관심 장소를 저장하면 임장이 편해진다

평소에 네이버 지도에 관심 장소를 저장해 놓자. 또한 관심 있어서 살펴보려는 아파트 단지와 이슈, 맛집, 호재도 표시해 두자. 그러면 그 지역에 임장 가려고 지도를 볼 때 이전에 저장 및 표시해 둔 장소가 자연스럽게 같이 보이니 방문해 보아야겠다는 생각이 들 것이다. 동선에서 가까우면 지나가는 길에 시간을 조금만 더 투자해서 들러보자. 그러면 임장이 더욱 풍요로워질 것이다.

참다정 한방카페
방문자 리뷰 440 · 블로그 리뷰 138

🔔 알림받기

◎ 출발   📍 도착

💬 문의   ☆ 저장   ◎ 거리뷰   ↗ 공유

'참다정' 한방카페

쏘쿨 추천 맛집 리스트

지역		맛집	지역		맛집
강남구	대치동	금수복국 대치점	노원구	공릉동	공릉본점 닭한마리
	대치동	산월수제비	도봉구	창동	하누소
서초구	반포동	마루심 반포점(장어)	마포구	연남동	사루카메
	잠원동	반궁(한식)	성동구	도선동	포리틀베트남
송파구	잠실동	진미참치	양천구	목동	샌드커피 논탄토 현대백화점 목동점
	잠실동	봉평메밀막국수	영등포구	여의도동	진주집
강동구	성내동	차이나린찐(중식당)	용산구	이촌동	스즈란테이 (일본 가정식)
광진구	광장동	비스타 워커힐 서울 피자힐	종로구	체부동	한옥달 레스토랑
구로구	신도림동	우월소곱창 신도림점	중구	명동2가	명동교자 본점

09

야간 임장 노하우
(ft. 그 아파트의 미래가 궁금하면 밤에 가보자)

신축 아파트가 밤에 깜깜하다? 그게 그곳의 미래다

9년 전 강의 후 뒤풀이 모임에서 한 수강생이 필자에게 경기도 외곽에 분양 받은 아파트가 어떤지 슬쩍 물어왔다.

- 쏘쿨 님, 경기도 시흥시에 있는 ○○ 지역 어떤가요?

- 글쎄요. 거긴 너무 외진 곳인데요.

- 호재가 많더라고요. 지하철도 들어오고 도로도 새로 많이 뚫린답니다.

- 글쎄요. 수도권은 정말 넓어서 전 너무 외진 곳은 잘 모릅니다.

- 게다가 새 아파트 대단지에 택지지구입니다.

- 초등학교는 다 완공되었나요? 교실 말고 식당, 체육관까지 다 들어왔나요?

- 그럼요. 학교도 다 들어왔고요. 교실? 그것까지는 잘 모르겠는데요. 급행 전철이 생기면 서울까지 몇 분 안 걸리더라고요.

- 배차 간격은요? 전철 요금은요? 막차 시간은요? 아파트 가격은요? 33평형 기준으로 가격은 얼마인가요?

- 네? 새 아파트 기준으로 4억 정도예요.

- 그래요? 확장 비용 포함인가요?

- 아, 그건 아직 정확히 모르겠어요.

- 근데 서울에도 4억 대 아파트가 많은데 굳이 그렇게 멀리 허허벌판에 가서 살려고 하세요? 밤 10시에 혼자서 현장에 가보세요. '야간 임장'이라고 하는데, 밤 10시에 혼자서 차 몰고 현장 가서 차에서 내려 분양받은 아파트에서 반경 500m를 산책 삼아 걸어보세요. 가로등이 없을 수도 있으니 손전등도 가져가세요. 많이 어둡다면 그게 그곳의 미래입니다.

밤길 도로가 밝고 조용한(고요한 ×) 아파트가 최고!

필자에게 외진 지역에 대한 의견을 많이 물어보는데, 답변하기 곤란한 지역이 많다. 임장을 갈 때는 낮에만 가지 말고 밤에도 꼭 가보시라. 낮에는 안 보이던 것들이 밤에 더 잘 보이고 더 많이 느낄 수 있다. 임장 고수들은 밤에 임장을 많이 다닌다. 그리고 주거지인 집은 밤에 자는 곳이니 조용하면서도 도로가 밝은 곳이 좋다. 집 자체가 조용한 곳도 좋지만, 동네 자체가 너무 고요한(?) 곳은 다시 고려해야 한다. '조용한 곳'과 '고요한 곳'은 전혀 다르다. 적막할 정도로 사람들이 다니지 않는다면 좋은 곳이 아니다. 상급지는 밤 10시에도 도로는 밝지만, 조용한 번화함이 느껴지는 동네를 말한다.

야간 임장 시 주의 사항

1. 서울 지역

밤 10시에 여자 혼자 못 돌아다니는 동네는 피하는 게 좋다. 전철역이나 버스정류장에서 주거지까지 주요 동선에 상가나 대로변이 형성되어 상가 불빛과 가로등이 밝게 켜져 있고 사람들도 많이 왕래하는 곳이 마음 편하다. 24년간 부동산에 투자해 보니 앞으로 좋아질 곳은 계속 좋아질 곳으로만 남고 진짜 좋아지지는 않더라. 10년 후에 그 동네에 가봐도 앞으로 좋아질 곳이라고만 하더라. 그러므로 호재로 좋아질 곳 말고 현재 좋은 곳을 선택해야 한다.

2. 경기도 지역

어두운 곳에 처음 들어가면 잘 안 보인다. 하지만 시간이 지나면 눈이 어둠에 적응해서 조금씩 보이기 시작하다가 익숙해지면 덜 어둡다고 느끼는 경우가 많다. 이것이 바로 밤길 어두운 외곽 동네에 사는 사람들의 마인드이다. 같은 동네에 오래 살아본 사람의 시선은 객관적이지 않은 경우가 많다. 객관적으로 비교 평가하려면 항상 다른 지역과 비교해 보아야 한다. 여러분의 관심 지역이 객관적으로 처음 방문한 사람들도 선호하는 조건을 갖추어야 한다. 동네에 익숙한 사람들은 현장에서 객관성을 잃는 경우가 많다.

관심 지역은 야간 임장을 꼭 해 보자

관심 지역에서 무언가 마음에 걸리는 게 있다면 밤 10시 정도에 혼자 현장에 가서 근처 500m를 꼭 돌아다녀 보자. 그러면 그냥 느껴진다. 고요한데 등줄기가 싸늘하다? 이러면 그 지역은 아니다. 모든 사람은 안전한 곳을 선호한다. 특히 아이가 있는 가족은 밤길 안전에 더 조심해야 한다.

경기도 외곽의 허허벌판에 지어진 새 아파트의 경우 내부의 ㄷ자 싱크대와 사랑에 빠진 사람들도 밤 10시에 현장을 갔다 오면 표정이 굳어진다. 보고 싶은 것만 보고 듣고 싶은 것만 들으면 안 된다. 숨기려고 하는 것을 듣고 보려고 노력해야 한다. 안타깝지만 그게 진실인 경우가 많다. 집을 보기 전에 동네 전체를 보아야 한다. 집을 고르는 게 아니라 정확히 말하면 동네를 먼저 고르는 것이다. 공장지대 한가운데 신축 아파트가 있어도 아이를 키우는 가족이라면 살기 힘들지 않겠는가? 주택가 학군지 구축 아파트가 훨씬 마음이 편하다.

10

내집마련 실천 4단계
① 자금 계획 ② 시세지도 작성 ③ 임장 ④ 비교 평가

필자는 내가 가진 유형 자산과 무형 자산을 모두 끌어모아서 가장 좋은 집을 사야 한다고 강조했다. 그렇다면 구체적으로 어떻게 가장 좋은 내집마련을 실행하면 좋을까? 4단계로 구분해서 살펴보자.

1단계. 자금 계획 – 원대한 꿈, 그리고 돈

내집마련을 원하는 사람들의 가장 큰 어려움은 자금 마련이다. 전세금, 마이너스 통장, 보험 약관 대출, 부모님 도움 등 끌어올 수 있는 모든 돈을 '영혼까지 끌어모아'도 서울 아파트를 장만하는 것이 쉽지 않다. 이미 집을 산 사람들의 이야기를 들어보면 거의 비슷하다. 다들 30~40년 장기 모기지 주택담보대출을 받고 여기저기서 쥐어짜서 평생 가장 큰 결단을 내린 것이다. 그냥 작은 내 집을 사고 싶을 뿐인데 왜 이렇게까지 많은 대가를 치러야 할까? 그리고 내가 앞으로 30~40년 동안 계속 직장생활을 할 수 있을까?

결혼해서 가족이 생기고 주거가 안정되려면 자기 집이 있어야 한다. 안정적인 주거 문제를 국가가 해결해 줄 수 있는 것도 아니고 선진국이라고 특별한 방법이 있는 것도 아니다. 따라서 개인이 정신 바짝 차리고 소득이 있을 때 장기 모기지론을 이용하여 내집마련하는 것이 전 세계 선진국 사람들도 실천하는 유일한 해결책이다.

내 집을 마련하면 그 집을 이용해서 가족이 살아가는 '사용 가치'와 자산을 늘려가는 '투자 가치'를 넘어 노후에 편안하게 자기 집에 살면서 받을 수 있는 '연금 가치'로 활용할 수 있다. 그래서 집은 생활하는 장소일 뿐만 아니라 일종의 금고 같은 노후 대비책이 되었다. 이 말은 노후 대책을 위해 지금까지 해왔던 모든 재테크가 내집마련 하나면 끝나기에 적금, 예금, 연금 등 모든 것을 걸고 핵심지 인서울 인강남 내집마련에 총력을 다해 집중해야 한다는 의미다. 젊을 때, 수입이 많을 때 최대한 모으고 아껴서 강제 저축 개념으로 집을 마련해야 한다. 사회 초년생 때부터 바짝 아끼고, 저축하고, 모아서 내집마련을 한다면 장기간에 걸친 인생 전체 플랜도 완성된다.

내집마련은 수억 원이라는 평생 생각하지도 못한 엄청난 돈을 사용하는 일이므로 더욱 꼼꼼하게 계산해야 한다. 내집마련의 시작과 끝은 자금을 어떻게 계획하고 준비하느냐가 가장 중요한 핵심이다. 예를 들어 9억짜리 아파트를 살 때 전부 자기 돈으로 사는 사람은 거의 없다. 대부분 집값의 50% 내외를 대출받는다. 만약 집값의 60%인 5억 4,000만 원을 대출받고 집을 산다면 나머지 돈인 3억 6,000만 원만 있으면 될까? 계산상으로는 그럴 것 같은데 자세히 따져보면 추가로 들어가는 비용이 있다. 이것을 '거래 비용'이라고 하는데, 집을 살 때도 자동차를 살 때처럼 취득세, 채권, 인지, 증지대 비용 등이 들어간다. 부동산 중개 수수료도 미리 계산해야 자금 부족으로 당황하는 일이 없다.

			6억		9억		12억		15억	(단위: 만 원)
매매가격										
자금	매매가격		60,000		90,000		120,000		150,000	
	계약금	10%	6,000	10%	9,000	10%	12,000	10%	15,000	
	주택담보대출	60%	36,000	60%	54,000	60%	72,000	60%	90,000	
	잔금	30%	18,000	30%	27,000	30%	36,000	30%	45,000	
금융비용	월이자(예시3.5%)		105		158		210		263	
기타비용	기타비용계		4,974		7,515		8,802		10,155	
	취등록세	1.1%	660	3.3%	2,970	3.3%	3,960	3.3%	4,950	
	법무비용		50		50		50		50	
	중개수수료 최고요율	0.4%	264	0.5%	495	0.6%	792	0.7%	1,155	
	인테리어비용		4,000		4,000		4,000		4,000	
잔금 + 기타비용			22,974		34,515		44,802		55,155	
총 비용 (주택담보대출 제외)			28,974		43,515		56,802		70,155	

아파트 가격 외에 대출 비용과 금융 비용, 기타 비용까지 고려해야 한다.

자금 계획을 세울 때는 모아둔 돈, 예금과 주식에 들어가 있는 돈뿐만 아니라 부모님과 형제자매의 여윳돈까지 필요할 수 있다. 또한 학교와 대학병원의 직원들은 교직원공제회에서, 사기업은 회사공제조합에서 주택마련자금대출이나 보험 약관대출, 예적금 약관대출 등등 눈에 불을 켜고 돈을 모아야 한다. 그런데 이게 수능 점수 같다. 수능 점수가 잘 나와야 좋은 대학교에 진학할 수 있는 것처럼 말이다. 코피 터지게 공부해서 서울대 의대 합격증을 받았는데 등록금이 없다고 안 갈 사람은 한 명도 없다. 이처럼 최상급지 꿈의 아파트를 선택했다면 어떻게든 돈이 만들어지는 것이고 그저 그런 곳이면 돈은 없는 것이다. 이것이 바로 앞에서 말한 간절함과 원대한 꿈의 차이다.

누구나 다 좋은 대학교에 가기를 원하는 것처럼 모든 사람이 좋은 곳에 살기를 원한다. 그 꿈을 이루는 것은 자금 계획이 시작이지만 마지막은 간절함의 차이다. 본인이 정말 간절하게 바라고 있다는 것을 먼저 행동으로 보여주어라. 서울대 의대 합격증을 손에 쥐고 있는 사촌 동생에게 등록금을 조금이라도 안 빌려줄 가족은 없다. 지방 거주중인 폭락론자 엄마가 필자의 수강생인 딸이 서울에 내집마련을 했다고 하니 이렇게 말씀을 하셨다고 한다.

"이제부터 서울 집값이 폭등했으면 좋겠다."
"엄마는 폭락론자잖아."
"아니, 네가 서울에 집을 샀다니깐 난 서울 집값이 많이 올랐으면 좋겠어."
"그래? 왜?"
"나도 사고 싶거든. 나도 너희 서울 아파트 하나 사고 싶다."

이렇게 수십 년째 지방에 살면서 폭락론을 외치던 엄마도 한순간에 바뀐다. 앞의 사례에 나오는 엄마도 엄마 자신을 잘 모르는 것이다. 또한 대출 이자를 드릴 테니 자금 좀 빌려달라고 부탁했더니 처음에는 없다고 하던 어머니가 강남 아파트를 계약했다고 하자 말을 바꾸셨다고도 한다. 결혼 자금으로 주려고 했던 ○○억을 미리 주겠다고 하시면서 빨리 독립해서 결혼하라고 했단다. 우리 엄마를 너무 과소평가하지 말아라.

주식이나 코인 투자를 한다면 누가 돈을 빌려줄까? 그런데 서울대 의대 합격증을 들고 등록금 빌리러 다니면 이야기는 달라진다. 결국 자금 계획은 돈의 문제지만 돈의 문제가 아니라 돈을 끌어와야만 하는 명확한 200% 확실한 믿음의 문제다. 서울대 의대 합격증은 믿음의 영역이다. 왜냐하면 서울대 의대생이 되면 당신과 당신 가족, 당신 가문 전체의 명예가 되기 때문이다.

어느 버스 운전기사가 자가용 운전보다 버스 운전이 훨씬 편하다고 했다. 왜냐하면 버스는 높은 운전석 위에서 앞을 내려다보며 운전해서 편하기 때문이다. 버스 운전기사가 일을 마치고 차고지에 버스를 정차한 후 자기 자동차로 집에 돌아갈 때는 자동차가 땅바닥에 붙어서 가는 것 같아 운전이 너무 힘들다고 하더라. 자동차는 시야가 낮아 눈앞에 차만 보이지만, 버스는 위에서 내려다볼 수 있어서 수백 미터 앞도 너무 잘 보여서 좋다고 한다. 초보자는 자가용을 운전하는 사람과 같다. 큰 그림이 안 그려지므로 자기 눈앞만 본다. 필자도 초보 운전일 때 무서워서 사이드 미러도 못 보고 코앞만 보고 운전했던 추억이 떠오른다.

초보자들의 잘못은 꿈을 너무 낮게 잡는 것이다. 그러니 좀 더 멀리 보자. 더 큰 꿈을 꾸어야 꿈이 이루어진다. 내집마련한 수강생 중 99%는 너무 두려워서 상급지를 포기하고 그 아래 급지를 샀다고 후회한다. 그리고 자기 시선이 너무 낮아서 그랬다고 무척 아쉬워한다. 자기 자신을 믿자. 당신은 당신이 생각한 것보다 더 높은 곳을 향해 날아오를 수 있다는 것을!

■ 자금 계획 실사례 (남편= 직장인, 부인= 교직원)

예산 조달계획 (단위 : 억원)	Option1	Option2
실거주집 (양도세 제외)	6.9	6.9
ㄴ 신용대출_이자율 3.64%	0.9	0.9
ㄴ 양가부모님께 대출_이자율 3%	0.9	0.9
ㄴ 청약담보대출	0.1	0.1
ㄴ 실거주집에 투입된 돈	5.0	5.0
현재 가용현금 (주식포함)	0.5	0.5
추가 조달가능 현금	5.9	6.7
ㄴ 엄마 여윳돈	1.0	1.0
ㄴ 엄마 신용대출_이자율 5.52%	0.6	0.6
ㄴ 여동생 여윳돈	0.4	0.4
ㄴ 남동생 여윳돈 (Option2 전세>월세전환)	0.2	1.0
ㄴ 추가 저축가능 금액	0.2	0.2
ㄴ 남편 신용대출 (자사주 처분 이후)	0.5	0.5
ㄴ 보험약관대출	0.2	0.2
ㄴ 예금/적금 약관대출	0.5	0.5
ㄴ 공무원 연금공단, 교직원공제회 대출	1.0	1.0
ㄴ 퇴직금 중간정산	0.5	0.5
ㄴ 남편 회사 주택매입자금 or 회사공제조합	0.8	0.8
ㄴ 마이너스 통장		
ㄴ 주식, 펀드, 코인		
총 가능 금액	13.3	14.1

내가 모르는 자금이 있을 수 있다.
꿈이 크고 간절하면 자금이 생긴다.

2단계. 시세지도 작성 – 핸드메이드가 최고! 뇌에 각인하자

종이 지도 위에 아파트 시세, 학교, 전철역까지의 거리, 평당 가격, 마트, 은행, 학원가 등등 이 모든 인프라를 기록하는 것을 '시세지도'라고 한다. 시세지도는 필자가 이전에 만든 방법으로, 지도를 인쇄한 후 볼펜, 색연필, 형광펜으로 하나하나 종이 지도 위에 기록하는 것이다. 이렇게 만든 시세지도는 직관적으로 한눈에 볼 수 있어 실전에서 매우 유용하다. 시세지도에서는 종이 지

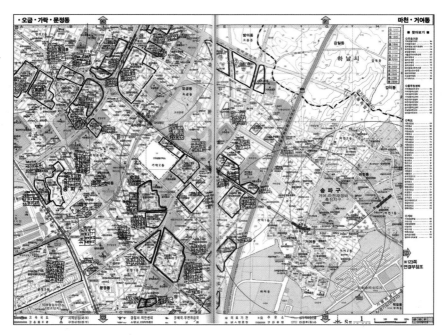

핸드메이드 종이 시세지도

도 위에 내가 직접 손으로 아파트 단지의 시세를 기록하고 전철역 800m를 컴퍼스로 손수 그리는 부분이 가장 중요한 포인트이다.

요즘에는 부동산 어플이 매우 잘되어 있으니 손글씨와 손 그림이 비효율적이라고 반문할 수도 있지만, 이것은 잘 몰라서 하는 소리다. 스마트폰의 작은 화면이나 컴퓨터로 백날 지도를 그려도 임장한 지역의 시세지도가 머릿속에 남기는 어렵다. 수학 문제를 엑셀로 풀면 기억에 남지 않는 것과 마찬가지다. 결국 손으로 종이 지도 위에 직접 그리는 핸드메이드 종이 시세지도만 머릿속에 남는다. 관심 지역의 아파트 시세를 단지별로 적어가면서 색연필과 사인

펜으로 하나하나 손으로 기록해 나가면 시간이 걸려도 내 머릿속에 천천히 입력되는 것이다. 아파트 시세, 학교, 전철역까지의 거리, 평당 가격, 마트, 은행, 학원가 등 주변에 있는 모든 인프라를 내 손으로 꾹꾹 한 글자씩 종이 지도 위에 써 내려가 보자. 내 손때가 묻은 시세지도를 완성하면 보람도 느끼고 현장에 들고 나가서도 한눈에 전체를 내려다 볼 수 있어서 매우 유용하다. 임장 전에 시세지도를 천천히 그리면서 지역을 천천히 음미하며 지역을 파악해 나가는 것이다.

비슷한 가격대의 아파트는 같은 색으로 컬러링해서 그룹으로 묶고 공통점과 차이점을 찾아보자. 그러면 현장에서 매번 고개를 숙이고 스마트폰 시세만 쳐다보며 헤매는 불상사를 미리 방지하고 더욱 집중해서 임장할 수 있다. 시세지도는 여행 지도와 같다. 하루짜리 서울 여행의 모든 정보를 시세지도 1장에 담아가는 것이므로 핵심 정리 요약집처럼 페이퍼 1장에 모든 것을 정리해서 끝내는 것이다. 현장에서 지도 어플과 시세 어플을 함께 멀티로 돌리며 손가락으로 스마트폰을 바쁘게 눌렀지만, 이제는 편해질 것이다. 최근에는 아이패드를 이용해 시세지도를 만드는 수강생들도 많은데, 아이펜슬을 사용해 손으로 직접 쓰는 방식이어서 괜찮아 보인다.

3단계. 임장 – 발과 위장이 기억하는 현장 조사

필자의 경험상 가방끈이 긴 사람일수록 임장 나가기를 두려워하는 경향이 있다. 특히 사무직들이 임장과 부동산 중개소 방문을 무서워하는데, 우선 이러한 두려움을 없애야 한다. 임장의 마지막은 부동산 중개소 사장님과 물건을

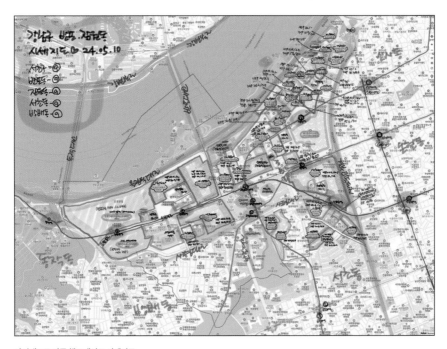

아이패드로 만든 핸드메이드 시세지도

보고 좋은 조건의 내집마련을 흥정하는 것이다. 결국 이것이 최종 목적이므로 여기에 도움이 되는 임장을 해야 한다.

임장은 결국 내집마련을 하는 과정이다. 그러니 퇴근 후 또는 주말에는 습관처럼, 여행처럼 내가 관심 있는 지역을 꾸준히 방문해 보자. 좋은 집을 구하고 싶다면 새로운 지역과 아파트를 직접 방문하여 구경하는 취미를 갖는 게 좋다. 여행 준비가 끝났으면 이제 여행을 가듯이 임장을 가는 것이다. 기존에 알던 지역이어도 내집마련의 관점에서 임장을 가보면 전혀 새로운 모습이 보이는 굉장히 신기한 경험을 할 수 있다. 다양한 지역에서 다양한 삶의 모습을 발견하는 것이 여행의 즐거움이다. 해외여행의 경우 전혀 새로운 문화를 접하기에 세상을 보는 안목이 더욱 넓어지는 느낌을 많이 받는다. 임장도 마찬가지여서 자신의 시야를 크게 넓히는 경험을 하게 될 것이다.

비장의 꿀팁을 하나 알려주겠다. 그 동네 주민들만 아는 최고 맛집을 동네 주민이나 부동산 사장님에게 소개받아 방문해 보자. 그러면 그 맛집을 또 가고 싶은 마음에 그 동네를 자주 가게 될 수도 있다. 위장이 기억하는 임장은 자기에게 주는 작은 보상이다. 필자는 서울 곳곳의 맛집을 '네이버 지도' 앱에 관심 장소로 저장해놓고 임장을 가므로 항상 설렌다. 수많은 맛집과 빵집, 카페 메뉴가 필자를 기다리고 있으니 말이다. 게을러지는 몸을 움직일 수 있게 이런 작은 장치를 마련해 보자. 내집마련을 공부하는 동료들과 함께 약속을 잡는 것도 좋은 방법이다.

비가 오는 날에 혼자 임장을 가려면 사실 발이 잘 안 떨어지지만, 동료와 약속을 잡으면 무조건 나가게 된다. 혼자 임장을 가면 외로우니 배우자나 친구를 설득해서 가는 것이 좋다. 하지만 상황이 여의찮다면 관심 가지는 친구나 내집마련을 준비하는 동료와 같이 가는 것을 추천한다. 누군가가 당신을 채찍질해 주어야 한다. 꼭 가봐야 할 장소와 맛집, 움직일 동선, 교통수단 등을 여행하는 마음으로 체크하면 된다. 물론 여행처럼 사진도 많이 찍어와야 하고 집에 돌아온 후에는 궁금했던 것들을 다시 정리하는 시간도 가지면 좋다. 오늘 가본 관심 지역이 특히 좋았다면 집에 와서 그 지역의 호재와 교통, 가격, 입지를 다시 살펴보자. 그러면 임장 가서 얻은 정보가 내 눈에, 내 가슴에 콕콕 담겨 있을 것이다.

일단 운동화 끈을 단단히 묶고 밖으로 나가야 한다. 한 번 집을 나서기가 힘들지, 여행을 출발하면 여행의 매력에 푹 빠질 것이다. 당신이 찾던 해답은 책상 위가 아니라 항상 현장에 있다. 안 나가야 하는 백만 개의 이유를 대면서 변명하는 자신을 무기력하게 바라보지 말고 현장에 다녀오자. 그러면 무슨 공부를 해야 하는지 스스로 알게 된다. 현장 방문과 공부를 무한 반복하자.

4단계. 비교 평가 – 한 물건만 사랑하지 않기 위한 필수 요소

비교 평가는 초보자들이 실전에서 가장 많이 하는 실수인 '한 물건과 사랑에 빠지는 것'을 방지하기 위해 고안했다. 매물을 구체적으로 비교 평가하는 방법은 물건의 특징을 일목요연하게 정리하는 것이다. 우선 세로 축에는 단지의 특성, 매물의 구체적 상황, 가격 비교, 시세 트래킹(실거래가 기준) 등등 비교하고 싶은 내용을 적는다. 그리고 가로 축에는 관심 있는 아파트 단지 물건들을 옆으로 쭉 나열해서 적는데, 지역별로 그룹으로 묶어서 정리하면 보기 편하다. 형식은 상관없고 얼마나 편리하게 한눈에 볼 수 있는지가 핵심이다. 그래서 내 관심 단지를 우선 모두 적어놓고 결정적인 단점을 발견할 때마다 그 단지를 제외하면서 타깃을 줄여나가면 된다. 시험공부로 말하면 공부 범위를 줄여나가는 것이다. 이렇게 하면 배우자나 가족을 설득하기도 좋지만, 모든 물건에는 장단점이 있으므로 자기 스스로 해당 단지를 선택한 이유와 결과를 받아들일 때도 매우 유용하다.

이렇게 아파트 비교 평가표를 만들어서 기본 사항을 적어놓고 끊임없이 비교 평가해야 후회가 없다. 평소에 물건을 살 때처럼 내가 사려는 매물과 비슷

아파트 비교 평가표

구분	1. 성남 분당		1. 성남 분당	2. 서울 관악		3. 서울 서초		4. 서울 강동			5. 서울 성동	6. 서울 강남
아파트명	판교원마을3단지 청구 (945/858세대)	청솔마을우성9차 (945/706세대)	청솔마을동아2차 (945/706세대)	백석마을1차 (065/2105세대)	문정시영 (89년/1316세대)	개나리진저	삼익 한라 (99년/1220세대)			삼성래미안 (94년/1267세대)	금호 두산	도곡한신아파밀리에 (97년/644세대)
동향	64	64	64	78	110	75	62	85	84	108	53	16
평형	19	19	19	25	112	23	19	26	27	35	23	—
구조	방2 화1/욕	방2 화1/욕	방2 화1/욕	방3 화2/개	방3 화2/개	방2 화1/욕	방2 화1/욕	방3 화1/욕	방3 화2/개	방3 화2/개	방2 화1/욕	방2 화1/욕
매가	54,000	52,000	52,000	58,000	73,000	67,000	84,000	69,800	62,000	62,000	73,000	83,000
지역평균가	2,981	2,981	2,981	2,196	2,196	4,324	4,324	3,353	3,353	3,353	3,554	6,277
물건평단가	2,779	2,711	2,774	2,338	2,241	2,739	4,421	2,635	2,328	2,343	3,174	5,000
지역 내 교차평가 자위	202	270	207	-142	-45	1,585	-97	718	1,025	1,010	380	1,277
매매 (20년2월)	52,800	51,500	52,700	58,450	71,700	63,000	84,000	68,500	62,850	82,000	73,000	80,000
전세	30,000	29,000	28,500	38,000	42,000	33,000	33,000	45,000	37,000	52,000	41,500	35,000
평단가	2,723	2,655	2,717	2,473	2,151	2,772	4,471	2,659	2,469	2,506	2938	4,981
전세가율(%)	57%	56%	54%	65%	59%	35%	39%	66%	59%	63%	57%	44%
매매 (22년8월)	83,500	87,000	88,000	82,500	98,750	96,000	113,250	106,700	95,060	118,060	107,600	99,500
전세	45,000	46,000	48,000	46,500	60,000	33,000	58,420	63,500	57,000	75,000	55,000	45,000
평단가	4,305	4,486	4,538	3,490	2,963	4,224	6,028	4,142	3,732	3,606	4,306	6,195
전세가율(%)	54%	55%	55%	56%	34%	52%	52%	60%	60%	64%	51%	45%
가격상승률 (매가기준) 20년8월 vs 22년8월	58%	69%	67%	41%	38%	52%	35%	56%	51%	44%	47%	24%
Ranking	3	1	2	9	10	5	11	4	6	8	7	12

아파트 비교 평가표

한 조건의 다른 매물 가격을 알아보아야 한다. 비교 평가는 의사 결정을 하기 위해 중요한 과정이다. 물건 하나만 놓고 보면 이게 좋은지, 나쁜지 판단하기 어렵다. 하지만 비슷한 조건의 물건들을 놓고 비교해 보면 좀 더 쉽게 평가할 수 있다. 쇼핑할 때 흔히 최저가를 검색하는 경우가 많다. 하지만 품질 차이가 없는 공산품이라면 가장 가격이 싸고 최저가가 보장되는 상품이 비교 평가할 때 편리한 선택 기준이 된다.

부동산은 똑같은 물건이 드물다. 같은 아파트 단지여도 층과 향이 다르기 때문이다. 같은 입지, 같은 평형, 구조가 비슷한 집이라도 가격은 천차만별이므로 다양한 조건에 따라 값이 제각각인 아파트 물건이 싼지, 비싼지 판단하는 안목이 중요하다. 수많은 매물의 가격과 입지를 계속 기록하고 체크하다 보면 어느 순간 '이 정도 입지에는 이 정도 가격이 적당하네!', '여긴 좀 비싸네.', '여기는 많이 싸네.'라는 확신이 들게 된다.

안목을 키우려면 비교할 만한 입지의 다른 물건을 끊임없이 보고 비교하는 수밖에 없다. 같은 입지에서 가격이 다른 물건, 다른 입지에서 가격이 같은 물건 등 기준을 다양하게 세워서 보는 것이 더 정확하게 비교하는 데 유리하다. 또한 관심 단지보다 약간 더 상급지의 물건과 약간 더 하급지의 물건을 비교하는 것도 좋은 방법이다. 78쪽에 나오는 '돈 있으면 사고 친다?' 사례에 나온 사람처럼 압구정보다 비싼 자기 동네 시세를 보고 본인도 놀라는 경우가 있다. 비교 평가는 이렇게 일반인들도 쉽게 납득하고 이해할 만한 간단한 접근 방법이다.

이렇게 쫙 나열해서 비교 평가하면 많은 것이 명확하게 보이므로 이 중에서 최선의 선택을 한 후 개수를 계속 줄여나가면 된다. 시험 보기 직전까지 자꾸 헷갈리는 개념이 많지만, 계속 공부하면서 점차 한 장의 종이에 딱 정리한 후 시험장에 들어갈 때까지 달달 외우는 것과 같다. 넓게 보기 시작해서 최종으로 이렇게 줄여나가면 넓은 서울 지역 전체를 한눈에 바라볼 수 있다.

집을 구하기 전에 좋은 지역의 새 아파트뿐만 아니라 안 좋은 지역의 오래된 아파트도 구경해야 한다. 반대로 좋은 지역의 오래된 아파트와 안 좋은 지역의 새 아파트도 비교해 보아야 한다. 수많은 지역의 수많은 집을 보고, 고민하고, 비교한 후에 같은 가격이면 어디를 선택할지 깊게 생각해야 한다. 그리고 그 선택이 대부분의 다른 사람도 동의하는 선택인지 주위 사람들에게 물어보아야 한다. 특히 거래 경험이 많은 선배들의 조언은 꼭 들어보는 것이 좋다.

집 10채를 보고 고른 사람과 100채를 보고 고른 사람 중 어떤 사람이 더 좋은 조건의 집을 구할 확률이 높을까? 처음 집을 사보는 사람과 10채 집을 사고팔면서 갈아타기 해 본 사람 중 누가 더 좋은 조건의 집을 선택할 확률이 높을까? 이것을 전문 용어로 '짬밥'이라고 한다. 어느 분야나 마찬가지겠지만, 짬밥이 곧 '실력'이다.

단, 나와 상관없어 보여도 우선 중심지에 있는 비싼 매물부터 보아야 한다. 자금이 언제, 어디서 추가될지 모르고 급매가 얼마까지 깎일지는 아무도 모르기 때문이다. 내 예상 자금의 상한을 좀 더 여유 있게 30%까지 두고 비싼 아파트를 봐두어야 한다. 중심지에서 조금씩 외곽으로 나아가면서 알아보자. 대학교를 지원할 때 좋은 대학교부터 보기 시작해서 아래쪽 대학교로 내려오는 것과 같다. 중심에서 외곽으로 점진적으로 퍼져나가는 큰 흐름으로 비교 평가해야 한다. 당연한 말이지만 그래야 자기 수능 점수에 비해 좋은 대학교에 갈 수 있고 자기 자금 능력보다 좋은 집을 구할 수 있다.

여행 가서 단 며칠만 지낼 호텔은 오만 가지 후기를 모두 뒤져보고 객실 사진뿐만 아니라 오션뷰 사진까지 다 본다. 게다가 평점까지 꼼꼼히 싹 다 읽은 후 비교 평가하고 검색하면서 반대로 최소 2년에서 10년을 살 수도 있는 집을 구할 때는 무지하게 구하는 초보자들이 많다. 왜냐하면 부동산에 대해 배운 적이 없어서 그렇다. 그러니 이제부터라도 여행지 호텔을 검색하듯이 직장과의 거리, 학군, 환경, 인프라, 교통 등을 생각해서 많이 비교 평가해 보자.

11

모든 집에는 감정이 숨겨져 있다
(ft. 과거를 용서하자)

"어머님, 끝날 때까지 끝난 게 아니에요!"

필자가 진행하는 내집마련 강의를 듣는 수강생 중 나이 지긋한 어머님이 있었다. 강의도 집중해서 들으시고 과제도 무척 열심히 하시는 분이었다. 하루는 서울 서초구에서 입지 좋은 곳에 있는 신축 아파트 임장을 다녀오는 과제가 있었는데, 무척 열심히 공부하던 우등생 어머님이 유독 이 과제만은 안 해오셨다. 이유를 물었더니 다음과 같이 답변하셨다.

■ "내 친구들이 거기 몇 명 살아요. 나는 젊었을 때 그 친구들이 매일 '아파트! 아파트! 아파트!' 하는 게 우습게 보였어요. 그래서 무시했더니 나는 지금 경기도 아주 외곽으로 밀려나서 살고 있잖아요. 저희 부부는 이제 은퇴해서 아무리 노력해도 지금 다시 거기 들어갈 수 없어요. 그래서 내 인생이 후회스러워서 거기 방문하는 걸 피하다가 엊그제 겨우 마음 추스르고 갔다 왔

어요. 혼자 가기는 싫어서 이제 막 대학교 졸업한 딸을 데리고 갔어요. 그런데 제 딸이 그 아파트 단지를 보더니 반짝이는 눈으로 '엄마! 나 목표가 생겼어. 나 여기로 이사 올 거야!' 이렇게 말하더라고요."

필자는 우등생 어머님에게 어머님 인생이 아직 결코 끝난 게 아니라고 말씀드렸다. 늦은 나이에도 배움에 대한 열정이 있고 그 열정이 딸에게 전달되어 더 좋은 곳에 살고 싶다는 꿈과 희망을 딸이 품었으니 말이다. 그리고 또 이렇게 이야기했다.

● "어머님, 나중에 따님이 결혼하고 서초구 아파트에 입성해서 육아 도와달라고 하면 도와주러 가실 거죠? 그러면 다시 서초구로 복귀하시는 겁니다."

반포 자이

반포 래미안퍼스티지

더 좋은 세상, 더 좋은 꿈, 더 좋은 주거지를 위해 정성을 들여 더 많은 곳으로 여행을 다니자. 더 많은 곳으로 가서 보고 느끼도록 노력하자. 아는 만큼 보이고 아는 만큼 들린다. 그 여행의 끝에는 각자 원하는 꿈이 있다. 필자도 그랬고 필자 주변의 많은 분이 더 좋은 곳에 살고 싶다는 꿈을 이루었다. 이 여행을 포기하지 말고 끝까지 꿈을 가슴에 품고 있으면 그 꿈은 언젠가 당신과 당신 가족 앞에 현실이 된다.

과거의 자신을 용서하지 못하면
자신의 현재를 바꿀 수 없고 미래도 바꿀 수 없다.
그러나 당신이 과거의 자신을 용서하고
현재를 바꾼다면
자신의 미래도 바꿀 수 있다.
뿐만 아니라
당신의 과거도 추억으로 바꿀 수 있다.
과거의 자신을 용서하자.

오피스텔과 주상복합은 실거주 투자 절대 No!

오피스텔과 아파트, 주상복합을 구분하지 못하는 초보자들이 많아서 표로 간단하게 아파트와 오피스텔을 정리해 보았다. 오피스텔과 아파트를 구별하는 포인트는 바로 '전용률'로, 오피스텔은 보통 전용률이 50%이고 아파트는 전용률이 70%이다. 전용률은 전체 구분 세대의 공급 면적 중 현관문 안쪽 비율을 말한다. 전용 면적은 사용자가 전용으로 쓰는 공간으로, 반대말은 '공용 면적'으로 보면 된다.

21평형 아파트 VS 오피스텔 비교

	아파트	오피스텔
전용 면적	15평	10평
방 개수	2~3개	1개(원룸)
사용 면적	18평 내외	10평
평당 가격	1,000만 원	
매매 가격	2억 1,000만 원	
사용 면적당 가격	1,167만 원	2,100만 원

아파트와 오피스텔이 같은 입지에 있고, 둘 다 똑같이 21평형이며, 가격은 평당 1,000만 원이어서 매매가가 모두 2.1억이라고 가정해 보자. 아파트는 전용률이 70%여서 전용 면적이 15평이고 오피스텔은 전용률이 50%여서 전용 면적이 10평이라고 볼 수 있다. 실제 현장에 가보면 21평형 아파트는 2베이 구조에 방 2개, 거실은 미닫이, 복도식 구조가 많다. 반면 오피스텔은 전용 10평이라 대부분 큰 원룸 구조이다. 게다가 아파트는 베란다까지 있어서 베란다 공간으로 3평 정도 추가되어 현관문 안쪽 사용 면적이 18평이 된다. '사용 면적'은 아파트와 비아파트(오피스텔, 주상복합, 아파텔 등)를 구분하기 위해 필자가 처음 개발한 용어이다.

이와 같이 아파트와 오피스텔은 공급 면적이 똑같이 21평이어도 '사용 면적'이 아파트는 18평, 오피스텔은 10평으로 차이가 크다. 이것을 바탕으로 사용 면적당 평당 가격을 계산해 보면 아파트는 1,167만 원(2.1억÷18평≒1,167만 원)이고 오피스텔은 평당 2,100만 원(2.1억÷10평=2,100만 원)으로, 거의 2배 정도 차이가 난다. 따라서 입지가 같아도 아파트와 오피스텔이 실거주 관점에서 차이가 큰 것을 알 수 있다. 또한 오피스텔은 관리비가 비싸고, 주차장도 협소하며, 베란다도 없고, 창문은 대부분 고층 빌딩의 창처럼 작게 설계되어 환기 문제도 심각하다. 오피스텔의 가장 큰 문제는 거주자들이 오랜 기간 실거주하지 않고 잠깐씩 머무는 임대용 물건이 많아서 제대로 관리하지 않는다는 것이다. 주상복합도 대부분 약간의 차이만 있을 뿐 오피스텔과 상황이 비슷하다. 오피스텔과 주상복합은 세대별 땅 지분이 상당히 적어서 시간이 지날수록 재건축 등 새롭게 바뀔 가능성도 매우 낮아 투자 관점에서 보아도 적합하지 않다.

인서울
인강남을
외치는 이유
5가지

(ft. 아파트, 업무지구,
교통, 학군, 병원)

01

아파트

서울의 수요와 공급
(ft. 통계청 데이러)

서울 쏠림 현상, 서울만 주택 부족 가속화

통계청의 발표에 따르면 우리나라 총인구는 2021년 기준 약 5,174만 명이고 이 중에서 50.4%가 수도권에 살고 있다. 수도권인 서울, 경기, 인천 지역의 면적은 우리나라 전 국토의 11.8%에 불과하지만, 이곳에 2,608만 명이 몰려 살고 있다. 반면 나머지 국토 88.2%에는 약 2,566만 명의 지방 사람들이 넓게 흩어져 살고 있다. 우리나라의 출생률은 전 세계에서 가장 빠른 속도로 줄어들고 있지만, 수도권과 서울, 그중에서도 특히 강남 쪽은 어디를 가나 사람이 많고 대단지 아파트에는 아이들이 넘쳐난다. 아기들 울음소리가 끊겨가는 지방에 비해 서울, 그중에서도 강남은 점점 더 많은 사람이 몰려들고 있다.

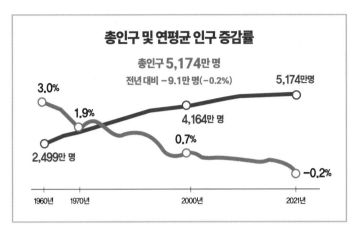

자료 출처: 통계청에서 실시한 2021년 인구주택총조사

　이렇게 수도권 인구가 급증하면서 많은 문제가 발생하고 있지만, 가장 심각한 문제는 주택 문제다. 통계청 발표에 의하면 우리나라 총주택은 2021년 기준 전국에 1,881만 호이고, 총가구 수는 2,202만 가구이다. 산술적으로 계산해도 321만 가구(2,202만 가구-1,181만 호)가 집이 없다. 집이 없다고 사람들이 길바닥에서 자는 건 아니고 집 같지도 않은 오피스텔, 고시원, 쪽방, 반지하, 옥탑방 등에서 생활하고 있는 가구가 전국에 약 321만 가구로 추산된다.

　지방에는 미분양 아파트가 넘치고 농촌에는 빈 농가주택이 급증하는데, 이상하지 않은가? 이제 여러분은 좀 더 구체적으로 주택 문제의 심각성을 살펴보아야 한다. 결국 집이 부족한 곳은 대부분 서울, 경기, 인천, 즉 수도권이다. 농업시대 전국 농토 주변에 살던 농민들이 농촌을 떠났듯이 산업화시대에는 전국 산업단지 주변에 흩어져 살던 수많은 사람이 이제는 산업단지를 떠나서 먹고 살거리가 있는 직장과 인프라가 풍부한 서울로, 수도권으로 계속해서 모여들고 있다.

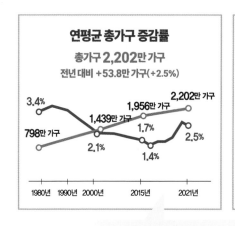

연평균 총가구 증감률

총가구 **2,202만 가구**

전년 대비 +53.8만 가구(+2.5%)

3.4%

798만 가구

2.1%

1,439만 가구

1.4%

1,956만 가구

1.7%

2,202만 가구

2.5%

1980년 1990년 2000년 2015년 2021년

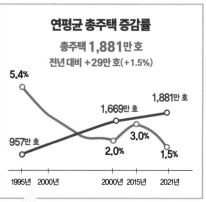

연평균 총주택 증감률

총주택 **1,881만 호**

전년 대비 +29만 호(+1.5%)

5.4%

957만 호

1,669만 호

2.0%

3.0%

1,881만 호

1.5%

1995년 2000년 2000년 2015년 2021년

자료 출처: 통계청 2021년 인구주택총조사

총가구(2,202만 가구) - 총주택(1,881만 호) =
321만 가구가 집이 없다.

지방 사람들은 왜 비싼 서울로 오는가?

우리나라는 서울에만 좋은 대학교와 좋은 대기업, 학군 등 인프라가 집중적으로 몰려있다. 물론 서울이라고 다 비싼 것은 아니다. 서울에서 상품을 구매할 때는 아주 싼 상품부터 아주 비싼 상품까지 선택의 폭이 넓다. 김밥집에서 파는 3,000원짜리 김밥이나 편의점 냉동 김밥, 포장마차 컵밥도 있고 중고 옷 가게뿐만 아니라 2,000원짜리 바나나 한 무더기도 있다. 반면 한 끼에 수십만 원짜리 오마카세와 호텔 뷔페가 즐비하고 수백만 원에서 수천만 원짜리 명품 가방, 옷, 가구가 고급 백화점에 진열되어 있다. 즉 가난한 사람들이 먹고 살 수 있게 일용직 일거리도 많고 재래시장이나 중고벼룩시장 등에서 아주 저렴하게 살 수 있는 물건도 많다. 수요가 많으므로 박리다매로 저렴한 상품이 팔리는 구조인 '규모의 경제'가 통용되는 곳이 바로 거대 도시 서울이다.

하지만 지방은 어떤가? 어차피 수요가 없으므로 싸게만 팔 수 없어서 지방 중소도시에서는 오히려 다양한 수요에 맞는 음식을 파는 식당을 찾기가 힘들다. 게다가 갈 만한 곳이 몇 군데 있지도 않고 가격이 싸지도 않다. 수요가 없어서 다양한 상품을 팔 수 없는 악순환이 계속되고 있는 것이다. 수요가 많아서 다양한 상품을 저가에 팔 수 있는 서울의 선순환과 수요가 없어서 싸게만 팔 수 없는 지방의 악순환이 이들 지역의 양극화를 더욱 심화시키고 있다. 이런 수요의 차이는 결국 사람의 차이이고 이러한 차이가 바로 주택 수요로 직결되고 있는 것이다.

구매력이 있어서 비싼 상품을 살 수 있는 부자도, 구매력이 없는 가난한 사람도 모두 거대 도시 서울로 몰리면서 일자리도 양극화가 심화되고 있다. 기업들은 인력 확보를 가장 중요하게 생각하는데, 서울과 수도권에서 채용할 때와 본사가 지방으로 이전해서 직원을 채용할 때의 상황이 완전히 다르다고 한다. 대기업 서울 근무 모집과 지방 근무 모집은 지원자 숫자 자체가 수십 배 이상 차이가 나기 때문이다.

능력 있는 인재들은 서울 3대 업무 핵심지 직장으로 출퇴근하기를 원해서 지방에 있으면 좋은 기업이라도 지방으로 따라 내려가지를 않는다. 그래서 기업 본사가 지방으로 이전하면 회사를 그만두는 인재들이 많다. 최근 수도권에 있던 국가기관, 공기업, 공공기관이 지방으로 이전하면서 많은 직원이 회사를 그만두었다는 이야기를 종종 듣는다. 너무 당연한 이야기지만 2024년 대다수의 대한민국 사람이 가지고 있는 이런 의식의 흐름을 이해해야 한다. 인프라와 기회가 풍부하고 옵션이 다양한 거대 도시 서울에서 살고 싶어 하는 젊은 사람들의 욕망(수요) 말이다.

사람의 욕망을 파악해야 투자 심리를 이해한다! 닥치고 수요!

그들의 마음 마음 속에 있는 욕망을 이해하지 못하고 아파트 공급량을 다룬 엑셀 데이터만 보면 실수하기 쉽다. 내년에는 A 지역에 아파트 공급이 줄어들므로 가격이 오를 거라는 결론을 내리게 되는 식으로 말이다. 또는 B 지역에 신축 아파트가 많이 입주하므로 아파트 공급이 증가해 가격이 떨어질 거라며 미래를 예측하기도 한다. 글쎄? 그게 가끔 맞는 경우도 있다. 2023년부터 2024년 강남 개포동에 신축 아파트 1만 가구가 입주했다. 공급량이 많았지만, 이 시기에 개포동 아파트 가격이 폭락했을까? 강남 아파트 가격이 대부분 상승했다. 이와 같이 결국 숫자나 데이터가 중요한 게 아니라 사람들의 깊은 심리 속에 있는 욕망을 잘 이해해야 한다.

예를 들어 당신이 네이버 스마트스토어에서 육아용품 판매를 시작한다고 생각해 보자. 먼저 중국 공장을 돌아다니면서 공급이 가장 부족한 물건이 무엇인지 조사하고 엑셀로 정리하는 게 우선순위일까? 아니다. 필자 같으면 우리나라 맘카페에 들어가서 요즘 엄마들이 신생아 아기들에게 비싼 돈을 지불해서라도 가장 사주고 싶어 하는 핫 아이템이 무엇인지부터 조사할 것이다. 국제유럽안전기준을 통과한 덴마크 장난감, 독일 분유, 브라운 체온계 등등 어떤 것들을 원하는 수요가 많은지부터 살펴볼 것이다. 결국 우선순위가 중요하다. 요즘에는 조부모님이 아기용품을 가장 많이 사주니까 그분들이 원하는 것을 리서치하는 게 우선순위 아닐까? 또한 삼촌들과 이모들도 예쁜 조카를 위해 무언가를 사주고 싶어 할 텐데 어디서 검색하고 어느 가격대의 물건을 어떤 방식으로 사줄지 고민해 보는 게 먼저일 것이다. '편리하게 카톡 선물로 보낼까?', '쿠팡에서 배송지를 지정하는 로켓배송을 이용할까?', '고급스럽게 포장해 주는 백화점을 갈까?' 등등 가격이 비싸도 사람들이 사고 싶어 하는 욕망과 수요를 파악하는 게 우선이다. 모든 것이 사람의 마음을 이해해야 하는 인문학이다.

또 다른 예를 들어보면 쌀 공급은 줄어드는데 쌀값은 왜 떨어질까? 쌀 수요가 더 줄어들었기 때문이다. 필자가 어렸던 1970년대에는 동네에서 쌀집이 제일 부자였다. 쌀 수요가 많아서 쌀장사가 잘되었기 때문이다. 쌀장사로 돈 벌어서 대기업으로 성장한 곳도 많다. 그런데 요즘은 농촌 인구가 감소하고 고소득 대체 작물을 많이 재배해서 쌀 공급이 계속 줄어들고 있다. 이렇게 쌀 공급이 줄어들었으니 쌀값이 올라가는 건가? 아니다. 쌀 수요는 공급 축소보다 더 줄어들어서 쌀값이 오르지 않는 것이다. 결론은 대부분의 모든 것이 '닥치고 수요'이다.

데이터만 보고 쉽게 예측하지 말자! 사람을 공부할 것

마케팅과 경영을 배워도 기본을 모르면 소용없다. 실전에서 하나도 못 쓰는 책 속 지식만 붙잡고 세상을 엑셀로 바라보는 '데이터 마니아'는 어떨까? 어쩌면 세상을 숫자로만 보고 모니터 화면에 뜬 숫자로 세상을 이해하고 예측하려고 하는 것은 아닐까? 모든 사람이 서울을 이야기하고 강남을 이야기할 때는 왜 그런지 생각해 보자. 얼마나 많은 사람이 이곳에 살고 싶어 하는지, 왜 살고 싶어 하는지, 어떤 사람들이 모이는지, 이 사람들은 어디서 오는지 등등 말이다. 결국 답은 사람의 마음이지, 통계를 조작하기 쉬운 숫자가 아니다.

수요는 곧 사람이다. 집은 사람들의 인생이 담겨 있으므로 사람들의 마음을 공부하자. 숫자는 그다음이다. 지방에서 사람들이 서울로 올라오고 서울 안에서도 점점 강남으로 모여든다. 그래서 서울과 강남의 수요는 넘쳐난다. 반면 지방은 더 큰 도시로 떠나려는 사람들이 많다. 특히 젊은이들은 기회만 있으면 서울로 오고 싶어 한다. 정답은 벌써 수십 년 전에 나와 있었다. 이것을 받아들이느냐, 무시하느냐는 이제 당신의 선택에 달렸다.

집의 본질적 가치는 희소가치를 품은 땅에 있다

지금은 온라인 쇼핑이 간편해져서 해외 통관번호만 있으면 전 세계 물건을 클릭 몇 번으로 직구할 수 있는 시대다. 대형 마트나 백화점에는 이미 해외 유명 제품들이 매대에 가득 진열되어 있다. 심지어 사람까지 수입하는 시대로, 외국인 노동자도 이제는 더 이상 생소하지 않다. 다만 한 가지만 빼고는 말이다. 그것은 바로 집이다.

집은 움직일 수 없는 자산(=부동산)이다. 이러한 집의 특성 때문에 수입과 수

출이 불가능하다. '컨테이너박스로 조립식 집을 외국에서 사올 수 있지 않을까?'라고 생각했다면 당신은 아예 집의 특성을 완전히 잘못 이해한 것이다. 설령 컨테이너박스에 조립식 집을 아파트처럼 정사각형 모양으로 만들어 외국에서 수입해 온다고 해도 문제는 땅이다. 이 집을 내려놓을 서울의 좋은 땅을 구하기가 만만치 않다는 말이다. 서울 핵심지일수록 땅값이 건물값보다 10배는 넘게 비싸다. 결국 중요한 건 건물이 아니라 땅이고 입지인 것이다. 흙을 사온다고 땅이 수입되는 건 아니지 않은가? 집이 들어설 땅을 넘어 주변 인프라가 핵심이다.

결국 '**집이 땅을 품고 있는 것**'이 아니라 '**땅이 집을 품고 있는 것**'이다. 항상 무엇이 우선순위인지 잊지 말자. 서울 땅이 아파트를 품고 있는 것이고 강남 땅이 아파트를 품고 있는 것이다. 지하 주차장도 없고 48년 차 콘크리트에, 녹물까지 나오는 압구정 현대아파트가 50억이 넘는 이유는 바로 수요 때문이다. 바로 사람들의 욕망 때문이다. '아파트가 낡아서 안 좋네.'라고 생각하는 부린이들이 많다. 하지만 그 반대다. '아파트가 저렇게 낡았는데도 30억 넘는 돈을 주고 서로 사려고 하네?' 이처럼 내가 모르는 진정한 가치가 무엇인지 잘 생각해야 한다.

땅은 재생산이 불가능하고 고정되어 있는 한정된 재화이다. 그래서 여기에 중요한 포인트가 많다. 우선 땅은 고정되어 있고 그 땅의 입지는 영원히 변하지 않는다는 것이 핵심이다. 건물은 낡으면 부수고 다시 지으면 된다. 하지만 땅은 낡지도 않고, 없어지지도 않으며, 세금만 잘 내면 대대손손 상속할 수도 있다. 변치 않는 가치를 보전하는 수단이 바로 땅이다. 이렇게 대체할 수 없으면서도 가치 보전 수단인 주택과 땅의 희소성을 이해한다면 입지가 좋은 땅에 있는 집을 선점하기 위한 블루마블 땅따먹기 게임에 빨리 참여해야 한다. 아파트를 매수해서 핵심지 땅을 품은 집을 소유함으로써 '사용 가치'와 함께 '자산 가치'와 '연금 가치'까지 모두 얻을 수 있으니 말이다.

하루라도 빨리 서울에, 그것도 강남에 희소가치가 높은 내집마련을 하자(땅을 사자). 1990년대 아파트여도 좋고 복도식이어도 좋다. 금방 신축 아파트로 바뀌지 않고 재건축까지 오래 걸려도 당장 당신의 삶이 핵심지 서울 삶, 강남 삶으로 바뀔 것이고, 언젠가는 낡은 아파트에서의 삶도 핵심지 아파트의 삶처럼 바뀔 것이다. 희소가치가 높은 땅에서는 희소가치가 높은 라이프 스타일을 경험할 수 있다. 그것이 바로 서울이고 강남이다. 모든 인프라와 사람이 몰리는 거대 도시 서울, 그곳으로 가자. 나와 내 가족, 내 가문을 다 이동하자.

서울과 강남의 진실 – 아파트 공급은 제한되고 수요는 폭증하고!

내가 원하는 서울 지역의 아파트는 '서울'이라는 고정된 지역에 묶여 있다. 그러면 이 서울 지역 토지 위에 매년 얼마나 신규 공급이 되는지, 수요는 매년 이 지역을 어떻게 변화시키는지에 대해 관심을 가지고 지켜보아야 한다.

공급은 결국 수요의 부름에 응답하고 가격은 공급을 따라가는 것 같지만, 결국 수요가 모든 것을 결정한다. 연애할지 말지의 선택권은 여자에게 있지만, 결혼의 선택권은 일반적으로 남자에게 있듯이 말이다. (물론 항상 그런 것은 아니다.) 집은 사람들의 감정이 과도하게 투영되지만 시장 경제 개념으로 보면 하나의 '물건'이다. 수요와 공급에 의해 가격이 책정되어 교환되듯이 서울, 강남 아파트는 수요인 '사람들의 욕망'과 공급인 '현물 제공' 사이에서 밀당 텐션을 벌이다가 '보이지 않는 손'에 의해 가격이 정해지는 자유 시장 경제의 효율화 과정이다.

서울에 아파트를 공급하는 입주 물량은 앞으로 3년간 급격히 줄어들므로 상황이 매우 심각하다. 우리를 기다리고 있는 것은 30년 만의 역대 최저 서울 아파트 입주 공급량과 함께 역대 최저 서울 아파트 인허가 물량이다. 서울로 몰려드는 사람들의 수요는 급증하고 있는데, 지금처럼 인허가 물량이 부족하다면 서울 아파트 공급은 이후에도 계속 부족할 가능성이 높다. 그 이유 중 하나는 바로 재개발과 재건축이 계속 보류되고 있기 때문이다.

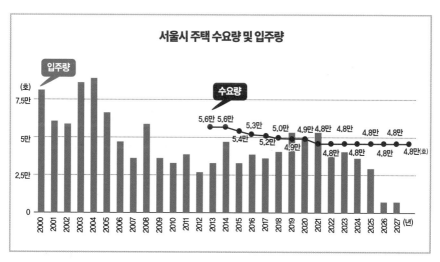

자료 출처: 부동산지인(https://aptgin.com)

약 960만 명이 사는 서울에는 적정 수요(인구 수×0.5%)가 연간 4.8만 호여서 매년 4.8만 호의 집을 신규 공급해야 시장이 안정될 것이다. 4.8만 호는 준공된 지 40년이 넘어 재건축과 재개발이 필요한 아파트와 빌라, 다가구, 단독주택의 자연 소멸분을 감안한 수이다. 하지만 서울은 앞으로 이보다 한참 부족한 연간 1~2만 가구 공급만 예정되어 있다. 30년 만의 역대 최저 공급 물량이라는 서울의 주택 문제는 앞으로 두고두고 회자될 것이고 서민들의 피해가 클 것으로 예상된다. 지속적으로 수요는 증가하고 있지만, 대안 없이 공급만 급감하는 거대한 쓰나미가 다가오고 있다. 하지만 이러한 경종에도 불구하고 지난 몇 년간의 폭락장에 익숙해진 대다수 시민은 안타깝게도 무사태평인 듯하다.

tip

최근 3년간 젊은 층의 서울, 수도권으로 이촌향도(離村向都) 현상 가속화!

통계청 발표에 따르면 우리나라 인구는 2000년 4,614만 명에서 2021년 5,174만 명으로, 20년 만에 약 560만 명이 증가했다. 지역별로 살펴보면 영남권과 호남권은 변동이 없지만, 중부권만 인구가 약 100만 명 정도 늘었다. 특히 서울, 경기, 인천을 포함한 수도권 인구가 20년 만에 약 460만 명 급증했다. 이와 같이 아직도 이촌향도(離村向都, 농촌을 떠나 도시로 향하는 것) 현상이 수십 년째 지속되고 있다.

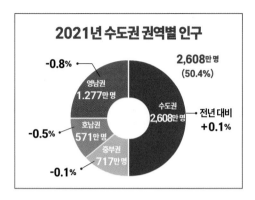

다음은 지방에서 지난 3년간 수도권으로 인구가 물밀듯이 빨려 올라오는 현상을 시각화한 부동산 앱 '호갱노노'의 데이터이다. 특히 젊은 층이 수도권으로 많이 올라오고 있는데, 이것이 바로 우리가 서울에 집중해야 하는 이유이다. 서울 도심에 학교, 직장, 인프라가 집중되어 있으니 이러한 대세 흐름을 쉽게 바꾸기는 힘든 상황이다. 이제 지방에는 노인들과 바다만 남아있다고 하는 자조 섞인 사람들의 말을 심각하게 인식해야 한다. 점점 소멸해 가는 수많은 대한민국 지방 중소도시의 안타까운 현실이 점점 위험 단계까지 다다르고 있다.

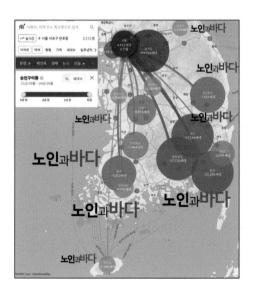

자료 출처: 호갱노노(https://hogangnono.com)

업무지구

서울 3대 중심업무지구에
돈과 사람이 몰린다

1 | 광화문·서울시청권 업무지구(CBD) – 조선시대부터 자리 잡은 곳

서울은 조선시대 수도인 한양에서 점차 발전한 도시다. 조선왕조 500년간 왕이 사는 한양을 방어하기 위해 성곽을 세워 둘러쌓았는데, 이 성곽의 일부가 지금도 남아있다. 성곽의 동서남북에는 외부와 통하는 큰 문을 만들었고 그 사이사이에 작은 문도 여러 개 만들었다. 이렇게 동서남북에 만든 큰 문이 바로 우리가 잘 알고 있는 동대문, 남대문이다. 서대문은 지금은 없어졌고 북대문은 원래 '숙정문'이라고 하는데, 종로구 삼청동에 있는 북악산 성곽길 산속에 있어서 등산을 해야 볼 수 있다.

요즘은 '한양 성곽 둘레길 걷기'라고 해서 많은 사람이 성곽을 산책하고 있다. 아무래도 성곽은 방어 목적으로 지어졌으므로 북악산, 인왕산, 낙산, 남산 위에 있다. 수도 한양은 이렇게 성곽이 있는 산으로 둘러싸여 있고 그 가운데 (지금의 광화문, 종로, 을지로, 명동 등)는 모두 평지여서 분지 모습을 하고 있다. 한양도성 안에 있는 조선시대 6개 중앙 관청(예조, 이조, 호조, 병조, 형조, 공조)과 의정부, 삼군부가 광화문 앞에 있는 도로를 사이에 두고 서로 마주 보고 있어서 '육조거리'라 했고 이 관청들이 있던 거리가 오늘날 종로구 세종로 광화문광장이다. 조선의 중심부인 한양도성 안에는 돈과 권력, 사람들이 몰려들면서 자연스레 시장이 활발하게 형성되었다.

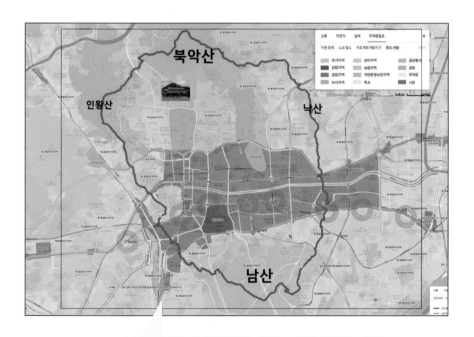

조선시대에는 한양도성 안에 일자리와 시장이 밀집되어 있었고 현대에 와서는 서울시청, 명동, 종로, 남대문시장, 동대문시장 등이 있는 서울의 대표적 업무지구로 이어졌다.

조선시대 한양 성곽은 한양의 경계를 구분하는 시설이 아니었다. 하지만 성 밖에 거주하는 인구가 적어 한양도성 안에서 상업 활동이 활발히 이루어지면서 성곽의 안과 밖이 서로 다르게 발전하게 되었다. 지적편집도에서 붉은색 부분은 직장과 시장이 밀집된 곳이다. 사람들이 몰리니 시장이 생기고 시장이 생기니 사람들이 더 모이는 선순환이 수백 년 동안 이어져 내려온 것이다. 이곳이 현대에 와서도 수많은 정부 관청과 민간 기업 본사, 서울시청, 명동, 종로, 남대문시장, 동대문시장 등이 위치한 서울에서 가장 오래된 대표적인 상업지구, 업무지구로 이어졌다.

2 | 영등포 여의도권 업무지구(YBD) − 국회와 방송국이 들어오면서 급부상

필자는 영등포구에서 태어나고 자랐다. 필자가 자라던 1970년대는 지금의 '여의도공원'을 '여의도5·16광장'이라고 불렀다. 여의도5·16광장은 원래 일제시대 때 군사 공항으로 만들어져서 거대한 아스팔트 광장이었다. 이후 김포공항과 서울공항이 생기면서 공항은 이전하고 시민들이 자전거와 롤러스케이트를 타는 곳으로 바뀌었다. 1970년대 초 여의도 개발이 시작되면서 우리나라 국회와 수많은 기업이 여의도에 입성했다. 때마침 1981년부터 컬러TV 방송을 시작했고 86아시안게임과 88올림픽대회의 개최와 함께 KBS, MBC 방송국이 초창기에 크게 부흥했다. 이에 따라 본격적으로 여의도 시대가 열렸고 금융감독원, 한국(증권)거래소, 증권사들 본사, LG 본사 등 공기업과 민간 기업이 속속들이 여의도에 입주했다. 게다가 여의도에는 국회의사당과 방송국이 함께 있다 보니 정치인 사무실과 언론사뿐만 아니라 수많은 거대 금융사가 앞다투어 자리 잡으면서 여의도는 서울의 두 번째 핵심 업무지구가 되었다.

영등포 여의도권 업무지구에 위치한 기업

LG전자, LG화학, 교보증권, 국민건강보험공단, 국민은행, 롯데웰푸드, 메리츠증권, 미래에셋생명보험, 삼천리, 신영증권, 신한투자증권, 엘지디스플레이, 엘지에너지솔루션, 유안타증권, 케이비증권, 키움증권, 태영건설, 하나증권, 한국수출입은행, 한국산업은행, 한국쓰리엠, 한국증권금융, 한화생명/손해보험, 한화자산운용, 현대카드

3 | 강남권 업무지구(GBD) – IMF 때 IT산업 육성으로 급성장

강남권 업무지구는 1990년대 초 강남역(2호선, 신분당선)부터 삼성역(2호선)에 이르는 테헤란로 일대 고층 신축 빌딩이 건설되면서 급성장했다. 초고속 인터넷망이 깔리고 소프트웨어 업체와 인터넷 업체 등 IT 관련 기업들이 대거 입주하기 시작한 것이다. 이후 IMF 때 침체된 경제를 일으키기 위해 정부가 전략적 집중 육성 산업으로 IT산업을 선택한 후 각종 지원책을 발표하면서 테헤란밸리 인근 강남권 업무지구가 본격적으로 크게 확장되었다. 이 지역에는 기업뿐만 아니라 금융기관, 호텔, 백화점, 음식점, 한국종합전시장(COEX) 등이 밀집되어 시너지 효과를 얻을 수 있어서 수많은 기업이 눈여겨보는 곳이 되었다.

지금은 삼성역 개발과 현대자동차그룹의 글로벌비즈니스센터(GBC) 건설을 시작으로 삼성역부터 종합운동장역(2호선, 9호선)까지 거대하게 개발하고 있다. 그래서 향후 강남권 업무지구는 기존 강남을 넘어 송파구 잠실까지 거대한 테헤란로와 올림픽로를 합친 업무지구로 확장될 예정이다. 이 지역은 테헤란로의 전통 대기업들과 함께 최근 잠실역(2호선, 8호선) 인근의 쿠팡, 삼성SDS, 배달의민족, 한미약품 등 신흥 기업들까지 자리 잡아 새롭게 거대한 진용을 갖출 것으로 예상된다.

지하철 2호선 삼성역을 중심으로 하는 서울국제교류복합지구는 코엑스와 잠실종합운동장 주변 지역에 마이스(MICE) 산업을 중심으로 개발할 계획이다. 이 개발 계획은 현대자동차그룹이 매입한 한전 본사 부지를 중심으로 삼성역 코엑스-글로벌비즈니스센터-잠실종합운동장을 연결하여 진행되므로 규모가 매우 거대할 것으로 예상된다. 우선 강남구 삼성동에 공사 중인 글로벌비즈

강남권 업무지구에 위치한 기업

DB손해보험, GS칼텍스, KCC, SAP코리아, 기아, 넥슨게임즈, 대한전선, 동국제약, 동부건설, 동원산업, 두산건설, 롯데하이마트, 마켓컬리, 삼성물산 패션, 삼성전자, 삼성증권, 아성다이소, 야놀자, 에스에스지닷컴, 영풍, 이수화학, 종근당, 티몬, 포스코에너지, 하이트진로, 한국산업기술진흥원, 한국토지주택공사, 현대모비스, 현대자동차, 호반산업

니스센터(GBC)는 세계적인 기업 현대자동차그룹의 통합 사옥으로, 현대자동차 그룹 본사와 여러 계열사 본사가 들어올 예정이다. 그리고 잠실종합운동장 부지에는 야구장과 마이스(MICE) 센터, 스포츠 콤플렉스, 업무·숙박·상업 시설이 지상 공간과 지하 상업 시설로 연결되어 민간 투자 사업으로 진행될 예정이다.

삼성역과 봉은사역(9호선) 사이 지하 공간에 조성하는 영동대로 광역복합환승센터에는 공공 공간과 상업 공간을 확충하고 기존의 도로를 지하화한 후 지상에 녹지 광장을 설립할 계획이다. 또한 5개의 노선, 즉 지하철 2호선 삼성역, 9호선 봉은사역, GTX-A, GTX-C, 위례~신사 경전철을 환승하는 공간이 들어선다. 아울러 한강과 탄천 주변을 정비하고 탄천으로 단절된 강남과 잠실 일대를 생태공원으로 연결하는 계획도 구상 중이다.

서울 3대 중심업무지구 인근 = 고소득자 주거지

도심 안에서도 아파트 밀집 지역처럼 주거 지역이 있고, 공원 같은 녹지 지역도 있으며, 재래시장 같은 상업 지역도 있다. 중심업무지구는 도시의 핵심 지역으로, 업무 시설과 금융, 상업과 관련된 고층 복합 건물이 밀집되어 형성되어 있는 곳을 말한다. 우리나라의 유명 대기업은 서울에 본사를 많이 두고 있다. 특히 광화문·서울시청권(CBD), 영등포 여의도권(YBD), 강남권(GBD), 이렇게 3곳에 집중적으로 대기업이 모여 있다. 역사적인 발달 순서는 광화문과 서울시청 인근 업무지구부터 시작해서 여의도 개발과 함께 여의도 업무지구가 있고 이후 1990년대 본격적으로 개발되기 시작한 강남권 업무지구까지 흐름을 이어오고 있다. 이 세 업무지구에는 고소득 화이트칼라 월급쟁이 직장인들이 많은데, 이들이 이 지역 인근에 거주하면서 높은 서울 집값을 형성하고 있다.

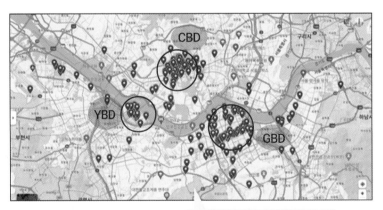

서울 대기업 본사 위치도

서울 3대 중심업무지구 인근 집값이
직주근접 때문에 비싸다.

03

교통

지하철 2호선 = 천사의 초록링
VS
그린벨트 = 지옥의 초록링

서울시 3대 중심업무지구와 주요 대학교를 순환하는 2호선

필자는 서울 지하철 2호선을 '천사의 초록링'이라고 부른다. 왜냐하면 서울 어디든지 갈 수 있게 도심을 순환하는 가장 편리한 노선이기 때문이다. 1985년 5월 전 구간 개통된 서울 지하철 2호선은 서울 도심 중심지 48.8km를 원을 그리면서 순환 운행하는 노선으로, 도심 순환 노선으로는 전 세계에서 가장 길고 한 바퀴 도는 데 약 88분 정도 걸린다. 2호선은 서울 3대 중심업무지구인 광화문·서울시청권, 영등포 여의도권, 강남권과 서울대(관악구 신림동), 연세대(서대문구 신촌동), 한양대(성동구 사근동), 이화여대(서대문구 대현동), 서강대(마포구 신수동), 건국대(광진구 화양동), 서울교대(서초구 서초동), 홍익대(마포구 상수동) 등 서울의 여러 주요 대학교를 지나간다.

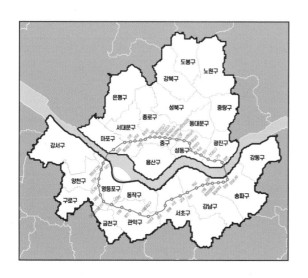

호재가 없어도 2호선 유동 인구는 증가 추세

서울 지하철 2호선은 서울특별시 25개 자치구 중 12곳을 지나가고 172쪽에서 설명한 서울 3대 중심업무지구 인근을 지나가면서 계속 순환한다. 그리고 2호선은 녹색으로 표시되어 있어서 외국인의 입장에서는 한글을 몰라도 녹색을 보고 2호선을 쉽게 찾을 수 있어서 편리하다고 한다.

2025년이면 개통 40주년을 맞는 서울 지하철 2호선은 딱히 호재가 없어도 이용객이 계속 증가하고 있다. 10년 전만 해도 이용객 1위 지하철역은 서울역(1호선, 4호선, 공항철도, 경의중앙선, KTX)이었지만, 현재 1위는 잠실역(2호선, 8호선), 2위는 작년까지 1위였던 강남역(2호선, 신분당선)이다. 10년 만에 서울역 중심에서 강남역과 잠실역 중심으로 바뀌면서 이들 지역에 사람들이 많이 몰린다는 것을 알 수 있다. 실제로 직장인뿐만 아니라 관광객을 비롯한 많은 사람이 2호선을 이용하면서 동남쪽 중심으로 이동량이 쏠리고 있다. 사람들의 이동 수치와 관심 크기는 그 자체만으로도 호재이므로 완공된 지 40년이 된 2호선과 그 주변을 '꺼진 불도 다시 보는 마음'으로 더욱 관심 있게 봐야 한다.

필자는 종종 초록색 고무줄을 수강생들에게 나눠준다. 천사의 초록링인 2호선의 편리함을 잊지 말자는 의미다. 친하고 익숙한 사람일수록 잘 대해주어야 하듯이 익숙함에 취해 2호선의 편리함과 고마움을 간과하지 말자.

서울 3대 중심업무지구를 품은 2호선이 바로 직주근접 요지!

서울에는 대기업 본사가 3대 중심업무지구인 서울시청권과 강남권, 여의도권에 모여 있다. 경제가 계속 성장하는 한 고소득자가 많고 이곳의 수요는 꾸준할 것이다. 서울 지하철 2호선은 3대 중심업무지구를 모두 관통하므로 2호선 주변은 서울 교통의 중심축이자 직주근접을 담보하는 입지다.

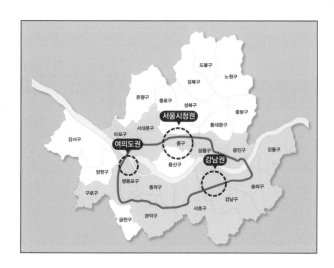

현재까지 서울 전체를 순환하는 노선은 2호선이 유일하며 모든 노선이 2호선을 중심축으로 움직이고 있다. 최근 서울시는 2호선을 정원으로 그려서 중심에 놓은 새 노선도를 배포했다. 필자가 계속 강조하는 '천사의 초록링'의 실질적 가치에 맞게 제작해서 그린 것으로 보인다.

서울은 대중교통이 잘 갖춰진 거대도시로, 그 중심에 2호선이 떡 하니 자리 잡고 있다. 2호선을 제외한 지하철 노선은 외곽에서 서울 중심을 향해 방사형 거미줄 모양으로 되어 있지만, 2호선은 서울 중심에 자리 잡고 있다. 서울 대중교통 중 가장 중요한 포인트는 2호선과의 접근성이다. 2호선에 얼마나 인접해 있는지에 따라 부동산의 입지가 좌우된다고 해도 과언이 아니다.

가급적 지하철 2호선 근처에 내집마련하자

서울 3대 중심업무지구로 출퇴근을 생각한다면 내 집을 마련할 때 지하철 2호선 접근성이 좋은 주거 지역을 먼저 살펴보아야 한다. 특히 2호선 라인은 '서울·경기 수도권 통합 교통 시스템'을 중심으로 경기도 광역버스 환승과도 연계해서 공부해 두는 게 좋다. 왜냐하면 지하철 2호선역에는 거의 모든 경기도 광역버스 환승센터가 있기 때문이다. 즉 지하철 2호선은 서울·수도권 대중교통의 중심으로 타원형 축을 이루고 있다.

2호선을 보는 또 다른 시각도 있다. 2호선은 개통된 지 이미 40년 되었고 그 주변이 더 좋아질 게 뭐가 있냐는 것이다. 전철이 개통되고 나면 호재가 사라지는 게 아니냐는 것이다. 하지만 앞에서 이야기했듯이 2호선은 개통 이후 이용객이 꾸준히 늘어나서 2018년 기준 하루 이용객이 300만 명을 넘어섰다. 이와 같이 2호선 이용객이 지속적으로 증가하면서 주변 아파트의 시세에도 많은 영향을 미치고 있는데, 최근 2년간 서울 아파트 가격 변동 폭이 큰 지역도 2호선 근처 주거지가 대부분을 차지한다.

결국 2호선은 서울 사람들이 가장 많이 이용하는 대중교통이므로 내 집을 마련하기 위해 교통을 생각할 때 반드시 서울 지하철 2호선을 고려해야 한다. 심지어 직장이 2호선 근처가 아니라고 해도 마찬가지다. 집은 내가 최종 소비자가 아니어서 언젠가는 팔거나 임대해야 하는데, 많은 사람이 왜 2호선을 타는지, 그들은 어디서 살고 어떤 이유로 2호선 접근성을 원하는지 그들의 마음속을 들여다봐야 한다. 그들이 곧 수요이고 수요가 가격을 결정하기 때문이다. 앞으로도 2호선을 원하는 수요는 계속 증가할 것이고 2호선의 가치도 점점 더 높아질 것이다. 내 집을 마련할 때 '천사의 초록링'인 2호선에 관심을 기울여야 하는 이유가 바로 이것이다.

2호선이 좋은 건 알겠는데 너무 비싸서 접근이 힘들다면 어떻게 해야 할까? 꼭 2호선 역세권이 아니어도 '접근성'을 기준으로 생각해야 한다. 예산을 고려할 때 2호선 역세권 진입이 어렵다면 2호선까지 얼마나 빠르게 도착해서 환승할 수 있는지 따져보아야 한다. 접근 시간이 짧을수록 사람들의 선호도는 높아진다. 2호선에서 멀어질수록 아파트값의 진입 장벽은 낮아지겠지만 그만큼 사람들이 선호하는 입지와 멀어진다는 사실을 잊지 말아야 한다. 신축 아파트의 유혹에 넘어가 경기도 외곽의 교통이 불편한 입지를 선택하는 순간, 교통지옥이 시작되고 그제서야 뒤늦게 '천사의 초록링'을 그리워하게 될 것이다.

그린벨트는 왜 '지옥의 초록링'일까?

그린벨트(greenbelt)는 도시 주변의 녹지를 보존하기 위해 지정한 구역을 일컫는 말로, '개발제한구역'이라고도 한다. '그린벨트'라는 말은 영국에서 농사에 농지를 효율적으로 사용하고 주민들에게 자연을 즐길 수 있는 공간을 제공하기 위해 1935년에 최초로 사용했다. 우리나라에서는 서울의 무분별한 확장을 막기 위해 박정희 전 대통령이 1971년에 처음 그린벨트를 도입했다. 현재 전 세계 약 20여 개국에 그린벨트가 있고 우리나라는 영국과 함께 그린벨트가 가장 발달한 나라 중 하나이다.

우리나라는 급격한 도시화로 교통, 주거, 환경 등이 더욱 악화할 위기에 처하자 도시의 이러한 부작용을 줄이기 위해 개발 제한을 목적으로 그린벨트를 도입했다. 하지만 지금은 논이나 밭으로만 그린벨트의 이용을 허가하고 있어서 현실적으로는 방치되고 있다. 우리가 서울 근교의 경기도에 나가면 볼 수 있는 비닐하우스 지역과 논밭, 꽃과 화분을 파는 지역이 전부 그린벨트 지역이라고 보면 된다. 주변 경기도뿐만 아니라 현재 서울 안에도 그린벨트가 있는데, 면적이 넓다. 서울특별시의 경우 그린벨트 면적이 149㎢로, 서울시 전체 면적(605.2㎢)의 4분의 1인 약 25%를 차지하고 있다.

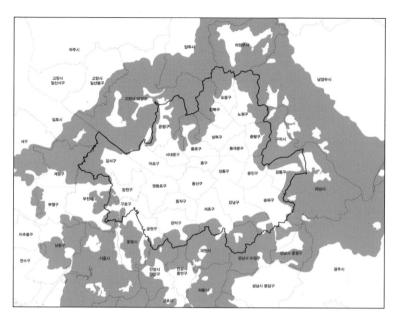

서울시 그린벨트 지역

　　서울을 둘러싼 그린벨트는 쾌적한 공기를 위해 녹지를 유지하고 다양한 생물이 살아갈 서식처이자 지구 온난화 문제를 해결하기 위한 명분으로 존재한다고 주장한다. 하지만 사실 그것만이 전부는 아니다. 그린벨트는 서울의 무분별한 확장을 막고 너무 많은 사람이 서울에 들어올 수 없게 진입장벽과 같은 역할을 하고 있다. 인프라가 풍부한 서울로 모두 들어오면 지금보다 더 인구밀도가 높아지므로 서울의 확장을 제한하고 인구밀도를 줄이기 위해 그린벨트로 성곽을 쌓은 셈이다. 따라서 그린벨트를 서울의 경계로 보고 그린벨트부터는 인프라가 주거지가 부족한 외곽 지역이라고 생각하면 된다. 정권에 따라 그린벨트를 조금씩 해제해서 택지지구를 만들고 아파트를 공급하지만, 서울의 수많은 수요를 경기도 외곽으로 분산시키는 정책 차원에서 운용되고 있다.

필자는 이 그린벨트를 '지옥의 초록링'이라고 부른다. 그린벨트 지역에 새로운 택지지구를 조성하여 아파트를 지으면 신축에 현혹되어 자발적으로 서울의 편리한 교통, 환경, 학군 인프라를 버리고 서울 외곽 신도시 택지지구로 걸어 들어가는 사람들이 있다. 이렇게 서울에서 밀려나면 몇 세대가 지나도 다시 서울로 돌아오기는 힘들다. 필자의 가족 중 서울에서 그린벨트를 넘어 경기도 신도시 택지지구로 이사 간 사람 중에 다시 서울로 돌아온 사람은 필자 외에는 없다. 필자도 다시 서울로 돌아오는 데 22년이 걸렸다. 여러분은 더 이상 서울과 경기도를 오가는 그린벨트 길바닥에서 필자처럼 많은 인생을 낭비하지 않기를 바란다. 필자에게 지난 22년은 너무 고통스러웠다.

필자가 제작한 그린벨트 지옥의 링

tip

서울 VS 수도권 외곽의 출퇴근길 천태만상

'교통이 좋다'는 차가 안 막힌다는 뜻이 아니다

"서울은 교통이 안 좋아서 싫어요. 저는 차 안 막히는 경기도 신축 아파트가 좋더라고요."

가끔 이렇게 말하는 사람들이 있다. 필자도 경기도 외곽에 살아봐서 잘 안다. 필자는 아주 뼛속 까지 광역버스 냄새가 몸에 배어있다. 그런데 이 사람은 왜 서울이 교통이 안 좋다고 생각했을 까? 막혀서? 그렇다면 한적한 경기도 외곽 지역은 교통이 좋은 것일까? 부동산에서 '교통이 좋다'는 것은 '대중교통이 좋다'는 말로, 많은 사람이 이용하는 전철, 버스 같은 대중교통 노선 이 다양하다는 의미다. 서울이 복잡하다고? 서울은 아침 출근 시간 전까지는 한산하다. 서울이 복잡한 이유는 경기도와 인천 사람들이 서울로 출근하기 때문이다. 실제로 사람들이 서울로 몰 려들기 전까지 서울은 한산하다.

서울은 교통이 좋다. 비교 불가다. 서울은 방사형 거미줄의 중심에 해당하므로 서울에서는 경기 도와 인천 어디든지 가는 버스와 전철이 있고 도로 교통 여건도 전국에서 가장 좋다. 교통체증 이 심한 것과 교통수단을 헷갈리지 말자. 경기도와 인천 사람들이 서울로, 강남으로 아침마다 물밀듯이 들어와서 교통지옥이 생기는 것이다. 그래도 서울 안에서는 출근 시간이 비교적 한가 하다.

필자는 지금 서울에 살고 있지만, 경기도와 인천에 살 때만큼 교통체증을 심하게 느끼지 않는 다. 특히 서울 3대 중심업무지구 인근에 사는 사람들은 어디든지 한가한 도로로 출퇴근한다. 반대 방향 출근길인 서울행 도로만 꽉 막힐 뿐이다. 전철은 더 심각하다. 아침마다 서울로 들어 오는 전철은 콩나물시루처럼 꽉 차 있고, 비명이 난무하며, 기절하는 사람들도 종종 나온다. 아 침 출근길에 서울 방향뿐만 아니라 비 오는 월요일 출근길과 눈 오는 금요일 퇴근길은 경기도 나 인천에서 서울로 출퇴근하는 사람들에게는 지옥과 공포 그 자체다.

필자가 서울에서 경기도로 이사 갔던 1994년도 경기도 인구는 약 500만 명 정도여서 지역이 엄청 한산했다. 특히 도로가 한산했고 서울과 경기도 고양시 파주를 연결하는 자유로도 출퇴근 하는 차가 많지 않았다. 현재 경기도 인구는 1,363만 명으로, 30년 만에 3배 가까이 증가했 다. 그래서 요즘에는 평일 낮에도 자유로를 다니는 차가 엄청 많고 출퇴근 시간에는 자유로가 주 차장처럼 심하게 막힌다.

경기도 광역버스의 종착점과 환승점

서울 강남역에서 인도를 걷다 보면 바닥에 빨간색 바탕의 숫자 표지판이 그려져 있고, 퇴근 시간이 되면 이 표지판 앞에 사람들이 줄을 쭉 서 있다. 지하철 2호선 역인 교대역, 사당역, 구로디지털단지역, 당산역, 신촌역, 강변역, 잠실역에서도 이런 똑같은 상황을 볼 수 있다.

서울에서 태어나고 자란 사람들은 이런 줄을 잘 모른다. 필자도 서울에 살 때는 이 줄이 무엇인지 전혀 관심이 없었지만, 경기도에 살면서 저절로 알게 되었다. 이 줄의 정체는 경기도 광역버스를 기다리는 '경기도, 인천 사람들 집에 가기 위해 대기하는 줄'이다. 이전에 필자가 경기도로 이사 갔던 1994년에는 시외버스가 있었다. 시외버스에 타려면 승차권을 따로 구입해야 했고 도착지별로 요금이 달라서 버스 기사에게 목적지를 이야기하고 승차했다. 그러다가 이용객이 많아지자 서울 대중교통과 경기도 시외버스를 통합해서 요금을 징수하기 시작했고 나중에는 환승까지 적용하여 서울, 경기, 인천 구분 없이 요금 체제가 편리해졌다. 비가 오나 눈이 오나 퇴근 시간에는 광역버스를 기다리는 줄이 항상 장사진을 이루고 배차 간격이 긴 광역버스는 1시간에 몇 대밖에 안 다닌다. 경기도 광역버스들이 서울에 와서 대부분 지하철 2호선 인근에 내려주고 회차해서 다시 승객을 태우기 위해 경기도로 돌아간다. 그래서 2호선과 경기도, 인천 광역버스는 출퇴근길 외곽 시민들의 중요한 이동 교통수단이다. 서울에서 태어나고 자란 사람들은 이것을 경험해 본 적이 없어서 경기도 사람들의 교통지옥을 이해하지 못한다. 교통지옥 이야기가 중국 같은 다른 나라 이야기처럼 들린다고 한다.

잠실역 광역버스 정류장   사당역 광역버스 정류장

04

교통

신축빨 때문에 외곽으로
이사 가려는 당신에게

서울 VS 수도권 사람들의 극과 극 교통 체감 상황

필자는 서울 영등포구에서 태어나서 살다가 1994년에 경기도 고양시로 이사 간 후 22년 만인 2016년에 다시 서울로 이사 왔다. 이사 와서 지금까지 9년 동안 서울 생활을 다시 해 보니 억울한 마음이 들어 필자는 지금도 할 말이 많다. 처음 서울을 떠나 경기도 고양시로 이사 가게 된 건 순전히 외갓집이 고양시에 있었기 때문이었다.

필자는 1970년대부터 농사를 짓던 시골 외갓집에 엄마 손을 잡고 놀러 갔었다. 그 당시 고양시는 초가집이 많았고, 우물가에서 동네 아낙들이 모여 빨래도 하고, 소와 돼지도 키우고, 논농사와 밭농사를 하는 곳이었다. 지금까지 계속 농사짓는 외삼촌도 있다. 그런데 어느 날 국가에서 논밭을 토지 보상해 주었다. 이후 허허벌판에 시뻘건 흙을 파내고 수많은 아파트를 끝도 보이지 않게 짓기 시작했다. 그리고서 그곳은 일산 신도시가 되었다. 우리 집도 분양받고 영등포에서 고양시 신도시의 신축 아파트로 이사 갔는데, 서울 가는 버스가 1시간에 한 대뿐이라는 것이 큰 문제였다. 교통에 대해 아무것도 모르던 우리 가족은 모두 서울로 출퇴근해야 해서 고생이 심했다. 그러다가 결국 어머니는 고양시로 일자리를 옮기셨고 누님들도 집 근처에서 직장을 구하더라. 필자도 독립해서 고양시에 살다가 부동산 공부도 할 겸 다른 지역으로 이사를 많이 다녔다. 경기도 안양시 만안구로 이사 가서 3년 넘게 살았고, 군포시와 성남시에도 몇 달 살았으며, 인천까지 가서 3년 넘게 사는 등 경기도와 인천 지역에서 총 22년을 실제로 가서 살았다. 그 후 2016년에 결혼하면서 서울 신혼집으로 이사 온 후 현재까지 서울에 살고 있다.

서울 교통수단을 이야기하는데 이렇게 긴 이야기로 시작하는 이유는 무엇일까? 결론부터 말하면 서울 사람들은 서울이 얼마나 편한지 모르고 경기도와 인천 사람들은 그곳이 얼마나 불편한지 모른다는 사실을 이야기하려는 것이다. 상대방의 생활을 서로 전혀 모르면서 서울과 경기도 사람들이 섞여서 생활하니 서로 잘 안다고 착각하는 것이다. 반면 서울 사람이든, 경기도나 인천 사람이든 내용은 조금씩 다르지만 똑같이 하는 말이 있다.

"사람들 다 이렇게 살아!"

그렇다면 정말 이 말의 의미가 같을까? 서울 사람들은 출퇴근할 때 차가 막히면 지하철을 타고, 지하가 답답하면 버스나 자전거를 타고, 운동 삼아 걸어도 가고, 회식 후 피곤하면 택시도 타고, 전동킥보드도 탄다. 새벽에 택시가 안 잡히면 '올빼미 심야버스'를 타고 집에 간다. 그러면서 "사람들 다 이렇게 살아!"라고 이야기한다. 반면 경기도 사람들이 말하는 "사람들 다 이렇게 살아!"의 의미는 다음과 같다.

"아침 출근길마다 콩나물시루의 콩나물처럼 빽빽한 전철에서 수많은 사람 사이에 끼어 짓눌리면서 출근하고, 회사 가면 녹초가 되는 게 당연한 거지 뭐. 퇴근길도 크게 안 달라. 광역버스도 원래는 문 앞에 매달려 탔는데, 요즘은 입석 금지라 아예 못 타게 하더라고. 그래서 차라리 버스 종점이나 역방향으로 몇 정거장 전까지 거슬러 올라가야 앉아서 출근할 수 있어. 퇴근길에는 광역버스 정류장 번호 앞에서 길게 줄 서 있다가 배차 간격이 긴 버스를 1대 보내면 또 20분 서서 핸드폰도 보고 음악도 들으면서 기다려. 광역버스에 타면 기절해서 잠 자고 버스 기사 아저씨는 다들 피곤한 거 아니까 집으로 가면서 눈 좀 붙이라고 알아서 불을 꺼주더라고. 그래서 막히는 경기도 퇴근길을 피해 회사에서 저녁 먹고 자발적으로 야근하고 동영상 보며 놀다가 아예 저녁 9시 넘어 집으로 가지. 이때 도로가 좀 한산하거든. 전철이든, 광역버스든, 자차로 퇴근하든 꽉 막힌 경기도 퇴근길 아니겠어? 오랜 시간 지쳐서 집에 도착하자마자 뻗는 것보다 퇴근길 정체가 풀리고 1시간 만에 집에 도착하는 게 훨씬 더 낫거든. 아침도 마찬가지야. 늦게 나오면 지옥철과 주차장이 된 도로 때문에 스트레스 받으니까 차라리 새벽 5시나 6시에 일어나 세수도 안 하고 바로 광역버스를 타거나 차 시동 걸고 서울에 들어와서 헬스클럽에 가서 씻고, 운동하고, 자기 계발을 하지. 학원도 다니고 말이야. "다 이렇게 사는 거지 뭐. 다 이렇게 살아!"

필자는 양쪽 모두의 마음을 아주 깊이 진심으로 이해한다. 필자가 수십 년간 양쪽의 삶을 다 살아보았기 때문이다. 비극이 비극인지 모르고 당연하게 살아가는 사람들을 보면 지금도 필자는 옛날에 고생했던 시절이 생각나서 트라우마 때문에 마음이 편하지 않다. "왜?"라는 질문 없이 단지 눈에 보이는 주변 사람들이 모두 그렇게 사니까 그렇게 살았던 세월. 필자는 사는 집의 위치에 따라 삶의 질이 전혀 다를 수 있다는 것을 전혀 배운 적이 없었다. 그래서 이렇게 또다시 이야기한다.

" 삶의 질이 상승하려면 인서울 인강남 내집마련을 최우선으로 해야 한다."

부동산의 3대 요소는 '교통', '환경', '학군'이다. 이 중에서 교통은 입지 요소의 하나일 뿐이지만, 사람들에게 교통은 일자리이고, 먹거리이며, 돈 벌러 일터로 가고 다시 일터에서 집으로 돌아오는 중요한 과정이다. 그러므로 생활에서 가장 중요한 일부분이 '교통'이라는 것을 반드시 이해해야 한다.

교통 선택지가 한정된 수도권, 직주근접이 곧 돈이다

서울에 살면 출퇴근 옵션이 8가지나 있다. 즉 지하철, 버스, 자차, 도보, 자전거, 전동킥보드, 택시, 심야(올빼미) 버스이다. 서울 사람은 계절에 따라, 날씨와 기분에 따라 다양한 옵션으로 출퇴근을 할 수 있다. 반면 경기도와 인천 외곽 사람들은 선택의 여지가 없다. 매일 택시 타고 출퇴근할 수 있을까? 자전거 출퇴근은 가능하다고? 수십킬로 서울까지 매일 가능한가? 도보와 전동킥보드

(스쿠터)는 당연히 안 된다. 결국 경기도와 인천 외곽에 산다면 서울 3대 중심 업무지구로 출퇴근할 때 이용할 수 있는 옵션은 전철과 광역버스, 자가용뿐이다. 192쪽에서 설명한 부동산의 3대 요소(교통, 환경, 학군) 모두 인프라 부족에 시달리며 덤으로 출퇴근 시간마다 교통지옥까지 겪는 것이다.

필자도 경기도에 살면서 서울로 회사 다닐 때 출퇴근 시간이 가장 고통스러웠다. 하루에 최소 왕복 3시간은 길바닥에 뿌리며 22년간 젊은 날을 낭비하면서 살았다. 어느 비 오는 금요일에 퇴근하여 집에 도착했더니 퇴근 시간만 2시간 반이 넘게 걸려서 집에 도착하자마자 기절했다. 온몸이 파김치처럼 녹초가 되었고 땀에 흠뻑 젖었는데 눈에서도 땀이 나더라. 어디서부터 잘못된 것일까? 수없이 답을 찾아 헤매던 젊은 날, 그리고 너무 아까운 시간. 그렇게 수도권 외곽에서 22년 동안 헤매다가 서울로 다시 들어왔는데, 서울은 교통이 너무 편해서 천국이었다. 천사의 초록링인 지하철 2호선은 배차 간격이 출근길에는 2분 내외였고 택시를 부르면 3분 안에 집 앞으로 오는 게 일상이었다. 차 끌고 서울 어디를 나가도 경기도에 살 때보다 훨씬 편하다.

자동차로 경기도 외곽에서 서울 주요 업무 지역(강남, 여의도, 서울시청)으로 출퇴근하려면 시간이 많이 걸리고 기름값뿐만 아니라 인내심도 필요하다. 이 모든 것을 갖추었어도 서울 도심 한복판에 있는 직장에 도착하면 차를 주차할 주차장이 있어야 한다. 주차장이 넉넉하면 문제가 없지만, 현실적으로 그런 곳은 드물다. 근처에 월 주차비 수십만 원을 내고 이용해야 하는데, 그럴 수 있는 직장인은 많지 않다. 그러면 대중교통을 이용해야 하는데, 전철이 최고이다. 전철은 서울 곳곳에 거미줄처럼 이어져 있고, 가격도 저렴하며, 목적지에 도착하는 시간이 일정해서(정시성) 바쁜 직장인들의 선호도가 매우 높다.

길바닥에 시간과 체력을 낭비하지 말자

여기까지 읽은 여러분은 어떤가? 혹시 신축에 이끌려 경기도 외곽에 집을 사려는 마음이 좀 사라졌는가? 여러분은 필자처럼 22년의 세월을 고민하면서 시간과 체력, 인생을 낭비하지 말기 바란다. 서울 사람들은 8가지 교통수단을 모두 이용할 수 있다. 경기도 사람들은 이 중에서 3가지(전철, 광역버스, 자가용)를 이용할 수 있고 이것도 운전을 못 하거나 서울까지 운전하기 힘들면 전철과 버스, 이렇게 2가지만 이용할 수 있다. 불공평하다고 생각하는가? 맞다. 이러한 상황을 받아들이고 경기도 넓은 신축 아파트로 나간 당신과 당신 부모님의 선택을 용서하자. 우리가 이런 걸 배운 적도 없고 곧 전철이 뚫리고 교통이 개선된다는 호재를 순진하게 믿어서 그런 것이다.

서울 사람들은 8가지 교통수단뿐만 아니라 한강과 따릉이 등 수많은 인프라를 다 누린다. 같은 세금을 내고 누구는 누리고 누구는 누릴 수 없는 차별, 이 차별의 가치가 얼마나 될 것인지 생각해 보아야 한다. 편리한 교통수단은 당신이 포기한 저녁이 있는 삶을 의미한다. 아침 시간에 마음 편하게 자는 늦잠을 의미한다. 경기도에 있는 넓고 깨끗한 신축 아파트를 찾아간 대가치고는 너무 가혹하다. 저녁이 있는 삶을 포기해서 얻는 것이 무엇인지 잘 생각해 보자. 결국 외곽에 직장을 구하고 외곽의 삶에 익숙해져서 자녀에게까지도 외곽의 삶에 익숙해지도록 만들 것이다.

로세권 대동맥 – 자동차 전용 도로 & 서울시 주요 도로

서울과 수도권에 있는 18개 주요 도로를 마스터하자

서울은 차를 타고 100m만 가도 횡단보도와 사거리 신호등이 나온다. 서울 도심에서 일반 도로로 5km 이동할 경우 약 100개의 신호등과 횡단보도가 나오고 그중에 5분의 1인 20개의 횡단보도에서 신호에 걸린다고 보면 20분(신호당 1분)을 신호 대기에 보낼 수도 있다. 그렇다면 10km 이동할 경우에는 40분, 15km 이동할 경우에는 60분이 걸린다. 이렇게 신호 대기 시간이 걸리는 것을 지방 사람들은 깜짝 놀라겠지만 서울 사람들은 다 알고 있다. 게다가 비 오는 월요일 출근길이나 눈 오는 금요일 퇴근길은 도로 상황이 더 심각하다. 필자도 서울 도심에서 일반 도로로 10km 이동할 때 2시간 이상 걸린 적이 있다. 그래서 연예인들이 행사 뛸 때 사설 구급차를 몰래 이용하다가 적발되는 사례가 나오는 것이다. 정말 스케줄이 급하면 퀵 오토바이를 이용해서 행사 시간에 맞춰 목적지에 도착한다고도 한다. 퀵 오토바이 아저씨의 허리를 꽉 잡고 말이다.

그렇다면 서울에서 매일 운전하는 사람들은 어떻게 살아갈까? 빠른 길을 찾기 위해 '서울, 수도권 18개 주요 도로'를 숙지하고 운전한다. 이 도로는 신호등과 횡단보도가 없고 자동차 전용

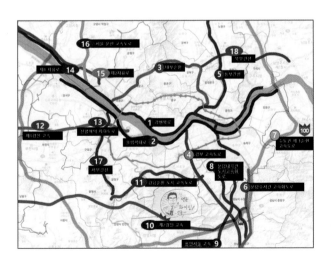

도로와 고속도로가 포함되어 있다. 이 도로는 사람의 혈관 중 가장 중요한 대동맥에 해당되어 택시기사들은 이 도로의 진출입로까지 빠삭하게 아는 경우가 많다. 그러므로 서울에서 자차로 운전하려면 이 도로를 꼭 알아야 한다.

내비게이션이 있지 않냐고? 이전에 어떤 초보 운전자가 초행길에 골목길 언덕의 계단을 도로로 표시한 내비게이션 앱만 믿고 운전했다가 계단에서 차가 굴러떨어져 죽다 살아난 경우가 있었다. 이 운전자는 내비게이션 앱을 개발한 회사를 상대로 소송했지만 졌다. 왜냐하면 내비게이션 앱을 시작할 때 맨 처음에 나오는 안내문에 '이 내비게이션은 참고 사항이고 도로 현장 상황을 우선으로 보셔야 합니다.'라는 경고 문구가 씌여있었기 때문이다. 내비게이션 앱은 당신의 안전 운행을 책임지지 않으므로 도로 위에서 당황하지 않으려면 어느 정도 도로를 숙지하고 있어야 한다. 또한 내비게이션 앱에서 막히지 않은 빠른 길이 잘못된 경우도 많다. 한 지점에서 목표 지점까지 가장 빨리 갈 수 있는 최단 거리와 최소 시간 소요 경로를 찾아주는 알고리즘도 내비게이션 앱별로 어떻게 가중치를 두느냐에 따라 다르므로 운전할 때 현장 도로 숙지는 안전 운전의 지름길이다.

도로교통법에 따른 자동차 전용 도로 표지판 및 통행 금지 표지판

필자의 내집마련 수업중 앞에 표시한 '서울, 수도권 18개 주요 도로' 지도에서 도로명을 지우고 써보라고 했더니 10년 동안 여자분은 딱 한 분 다 맞추셨다.(남자분들은 다 맞추는 경우가 많다.) 택시기사인지 물었더니 제약회사 영업사원으로 10년 넘게 서울에서 차를 끌고 다녀서 택시기사만큼 서울 도로를 잘 안다고 하셨다. 서울 운전 전문가들은 '서울, 수도권 18개 주요 도로'의 중요성을 이미 잘 알고 있는 것이다.

서울의 출퇴근 시간에는 강남, 광화문, 여의도 인근에 차량이 많으므로 가급적 이 지역을 피하는 게 관건이다. 이때 '서울, 수도권 18개 주요 도로'를 잘 알고 있으면 덜 막히는 길로 편안하게 운전할 수 있다. 차를 가지고 출퇴근하거나, 영업하거나, 사업상 많이 이동해야 한다면 서울의 대동맥 근처에 살면서 서울 안에서 원활하게 이동하기를 원한다. 특히 서울은 주요 업무지구가 2호선 근방인 한강 인근에 몰려 있어서 '서울, 수도권 18개 주요 도로' 중에서도 가장 중요한 도로는 강변북로와 88올림픽대로이다. 이들 도로의 근방은 통행량이 많고 인구밀도가 높아서 일반 도로로 이동하기가 쉽지 않으므로 가급적 강변북로와 88올림픽대로를 이용해서 최대한 혼잡 구간을 벗어나야 한다. 우회해도 '서울, 수도권 18개 주요 도로'를 이용해서 목적지에 가장 가까운 인근 진출입로에 도착하는 것이 꿀팁이다. 따라서 내집마련을 할 때도 '서울, 수도권 18개 주요 도로'와 가까워야 한다. 특히 이들 도로와 진출입로가 가까울수록 서울에서 스트레스를 덜 받고 운전할 수 있는 지름길이다. 집은 현관문 안쪽이 아니라 바깥쪽을 보는 것이 훨씬 중요하다는 것을 항상 기억해야 한다. 도로 인프라도 그만큼 중요한 요소이다.

반포 한강공원

05

교통
직주근접으로
시간 부자가 되자

경기도~서울 출퇴근에 4시간 걸린 사연

얼마 전 필자 지인의 회사 동료가 경기도 서쪽 외곽에 있는 새 아파트를 분양받아 이사 갔다. 그곳은 신도시 택지지구여서 허허벌판에 신축 아파트 공사가 한창이었는데, 전철도 없고 도로도 좁아 근처 전철역까지 가는 데만 버스로 40분 정도 걸린다고 했다. 그분은 직장이 강남에 있어서 버스로 전철역 → 전철 타고 서울로 진입해서 신도림역(1호선, 2호선) → 다시 지하철 2호선으로 환승해서 강남역(2호선, 신분당선) → 마을버스를 타고 회사로 출근하는데, 출퇴근 왕복 시간이 총 3시간 반에서 4시간 정도 걸린다고 했다.

두 달 후 이 분은 경기도에서 살던 신축 아파트를 전세 놓고 서울에 있는 빌라에 월세를 구해 이사했다. 출퇴근이 너무 지옥 같아서였다. 하루 4시간씩 낭비하는 출퇴근 시간이 제일 아깝고, 교통비도 한 달에 수십만 원씩 들었으며, 무엇보다 장시간 출퇴근으로 인한 스트레스가 예상했던 것보다 너무 심했다고 한다.

내집마련 최우선순위는 직주근접!
'신축아파트증후군'에서 벗어나자

내집마련할 때 가장 먼저 고려해야 하는 것은 '직장과의 거리'다. 직장 근처에 집이 있는 것을 부동산 용어로 '직주근접(職住近接)'이라고 한다. 직주근접에는 물리적인 거리뿐만 아니라 시간적인 거리가 포함된다. 똑같이 1시간이 걸려도 편안하게 지하철에 앉아서 출퇴근하느냐, 아니면 콩나물시루의 콩나물처럼 수많은 사람과 밀착해서 출퇴근하느냐는 천지 차이다. 이러한 차이는 아파트 현관문 안쪽이 아니라 바깥쪽에서 결정된다. 기억하자! 아파트는 바깥쪽이 중요하다.

서울 신축 아파트는 금수저가 아닌 이상 젊은 부부에게는 먼 미래의 꿈일 뿐이다. 월급쟁이 신혼부부는 대부분 신축 아파트를 선호하여 직장에서 멀리 떨어진 경기도 외곽으로 나가는 경우가 많다. 하지만 '신축아파트증후군'은 앞의 사례에서 보듯 많은 대가를 치러야 한다. 출퇴근 시간이 길어져서 아침과 저녁 시간이 동시에 증발하여 사라진다. 저녁이 없는 삶은 당연하고 새벽에 일어나 출근길에 올라야 한다. 회사에 다녀오는 게 아니라 집에 잠깐 다녀오는 상황이 되는 것이다. 그렇지 않아도 기나긴 노동 시간을 자랑하는 우리나라에서 신축아파트증후군은 직장인들의 삶을 더욱 피폐하게 만드는 '직주근접 파괴자'이다. 출퇴근길에 흔들리는 전철, 광역버스, 자가용 안에서 매일 왕복 3~4시간씩 시달리는 일상이 반복되면 그제서야 이 문제의 심각성을 깨닫게 된다. 그렇다면 과연 어디서부터 잘못된 것일까?

서울이 직장이라면? 돈이 없다면? 서울 핵심지 구축 아파트가 정답!

내집마련 초보자들은 한정된 내집마련 예산을 놓고 경기도 외곽의 신축 중형 아파트와 서울의 작은 복도식 구축 아파트 중 고민하는 경우가 많다. 원하는 것을 모두 가질 수 없는 게 인생의 이치다. 집은 가족이 행복하게 생활할 수 있는 공간이 되어야 한다. 가족의 행복은 함께하는 시간이 있어야 가능한데, 밤늦게 퇴근하고 집에 와서 쓰러져 잠자기 바쁜 가족끼리 무슨 공유할 시간과 이야기가 있겠는가? 원론적으로는 정시 퇴근할 수 있도록 사회 구조가 변하는 것이 맞지만, 통근 거리가 가까운 집을 구하는 것이 훨씬 더 현실적인 대안이다. 같은 회사에서 같은 시간에 퇴근해도 집이 가까워서 출퇴근 시간이 짧은 사람이 더 여유롭고 매일 가족과 보내는 휴식 시간도 더 길 것이다. 따라서 서울이 직장이면 서울에 내집마련을 해야 한다. 필자처럼 경기도 외곽의 새 아파트로 이사 갔다가 서울로 돌아오는 데 22년이 걸리는 잘못을 저지르지 말자.

현관문 안쪽보다 바깥쪽이 더 중요! 인프라를 보자

내집마련 초보자들은 자꾸 현관문 안쪽만 본다. 신축 아파트, ㄷ자 씽크대, 엔지니어링 스톤, 드레스룸, 대형 평수, 넓은 주차장을 선호하지만, 서울에서 내집마련하려는 현실적인 금액대를 고려한다면 하나만 선택해야 한다. 엔틱 스타일을 좋아한다고 해도 누가 낡고 녹물 나오는 아파트를 좋아할까? 결론적으로 말해서 낡고 녹물 나오는 아파트를 선택하는 게 아니라 좋은 환경을 선택하는 것이다. 하지만 막상 이런 아파트를 권하면 초보자들은 반대로 생각한다.

"그러니까 지금 저에게 이런 녹물 나오는 복도식 아파트에 들어가서 살라는 거예요?"

"네!"

"왜요?"

녹물 나오는 낡은 아파트를 선택하라는 부분에만 초점을 맞춰서 흥분하는 사람들에게 필자는 되묻는다.

"지방 출신이죠? 경기도나 인천 출신이죠?"

대부분 그렇다고 한다. 복도식 구축 아파트를 선택하라는 것은 그곳이 강남이고, 서초이고, 서울이기 때문이다. 물론 서울이라고 다 같은 서울이 아니다. 지방이나 경기도 외곽보다 인프라가 훨씬 못한 곳도 서울에 많다. 그래서 서울 핵심지에 살아야 한다. 좋은 환경, 좋은 입지, 좋은 인프라뿐만 아니라 신축 아파트라는 조건까지 추가되면 가격이 2배 이상 비싸지니 차라리 입지가 좋은 구축에 우선 들어가서 시작하고 신축으로 점점 갈아타라는 것이다. 내 돈 들여 인테리어를 하면 집 안은 바꿀 수 있지만 집 밖의 인프라는 절대로 바꿀 수 없기 때문이다.

서초구에 내집마련을 성공한 수강생이 찍은 반포 한강공원(왼쪽)과 잠수교 행사(오른쪽)

내집마련은 결국 인프라를 사는 것

서울, 강남에 있는 대단지 아파트는 거대한 수목원을 연상하게 한다. 아파트 내부 조경도 세심하게 관리하고 수억 원대 나무도 많이 심어져 있다. 개포동과 반포 초창기에 입주한 신축 아파트의 조경은 세월이 갈수록 40년 된 목동 아파트와 잠실주공5단지의 아름드리나무처럼 점점 더 큰 나무가 되어 자연 충만한 대단지 숲을 형성할 것이다. "내집마련은 건물을 사는 게 아니다."라고 말하면 초보자들은 "당연하지! 단지를 사는 거지!"라고 한다. 아니다! 내

서초구에 내집마련을 성공한 수강생이 찍은 반포 아파트 조경

집마련은 지하철역부터 주변의 학군과 환경, 아이의 친구들과 동네 사람들까지 모두 사는 개념이다. 왜 녹물 나오는 강남 아파트가 30억인지 이해하지 못하면 빈자일 수밖에 없다. 40년 된 다 쓰러져가는 건물을 사는 게 아니라 마을 전체를 사는 것이다. 인프라와 내 이웃과 내 아이의 친구들을 사는 것이라고 생각하면 쉽다. 내집마련은 내가 원하는 사람과 인프라가 모여 있는 입지를 사는 것이지 단순하게 시멘트 건물을 사는 것이 아니다.

필자는 '부동산은 인문학'이라고 자주 말한다. 사람과 사회를 이해하는 것은 내집마련에서 중요한 부분이다. 아파트를 시멘트 덩어리로 인식해서 넓고 깨끗한 시멘트 공간만 확보하면 된다고 단순하게 생각하는 사람들이 많지만, 편의시설, 교통, 학군 같은 주변 인프라가 훨씬 더 중요하다. 따라서 이렇게 중요한 요소 중 내 가족에게 가장 시급한 것부터 충족해 주는 곳을 먼저 선택해야 한다. 살아가면서 저축을 통해 더 좋은 집으로 한 번씩 옮길 때마다 다음 우선순위를 추가하여 만족할 수 있는 곳으로 옮겨가면 된다. 처음부터 모든 요소가 갖추어진 곳에 들어갈 수는 없다면 최상급 우선순위가 충족되는 곳에 먼저 들어가서 하나씩 원하는 것을 채워가며 갈아타기 하면 된다.

부동산에서 늦은 때는 없다

부모님댁 근처에서 신혼집을 구해 독립하는 사람들이 많다. 영역 본능에 빠졌기 때문이다. 다른 곳에 집을 구하러 가본 적이 없어서 서울 외곽과 수도권에 사는 사람들이 이런 선택을 많이 한다. 오히려 지방에 살던 사람들이 서울과 강남을 편견 없이 바라보면서 이렇게 말한다.

"강남이 제일 좋잖아요. 강남부터 봐야죠."

사람은 식물처럼 한 곳에 뿌리박고 살아야 하는 생명체가 아니다. 사회적 동물인 사람에게 주변 환경은 절대적으로 중요할 수밖에 없다. 사람은 혼자 살아가는 존재가 아니므로 사회 속에서 한 가족이 살아가는 데 필요한 것들이 편리하게 이용할 수 있는 근거리에 있어야 한다. 다시 말해서 이런 환경이 잘 갖추어진 곳에 보금자리를 마련해야 한다. 먹고 살기 위해 직업을 갖고 사회 속에서 그 직업을 통해 일하고 돈을 벌어 가족을 먹여 살려야 한다. 그리고 아이를 키우려면 학교, 학원, 유치원, 어린이집, 병원, 보건소 등 수많은 시설이 필요하다. 벌어온 돈을 가성비 높게 사용하려면 마트, 시장, 백화점, 음식점 등이 집과 가까워야 한다. 산책하기 좋은 공원, 호수, 산, 강 등이 가까워야 하고 아이들이 안전하게 뛰어놀 수 있는 놀이터도 있어야 가족이 편하게 누리면서 살아갈 수 있다. 도서관, 체육시설 등 편의시설은 많을수록 좋다.

우선 자신이 무엇을 원하는지 우선순위를 체크하고 실제로 모든 인프라가 갖춰진 강남에 사는 사람들의 이야기를 듣는 게 가장 좋다. 임장도 미리 입지 공부를 하고 가는 게 중요하다. 아는 만큼 보이기 때문이다. 하지만 우리는 이런 것을 공교육에서 배운 적이 없고 내집마련의 중요성에 대해 아무도 이야기해 주지 않았다. 그래서 이 책을 읽는 사람들에게만 기회가 있는 것이다. 내집마련이 이미 늦었다고 생각하는 사람들이 많은데, 부동산에서 늦은 때는 없다. 지금부터라도 차분히 세상에, 그리고 사람들에게 관심을 가지면 된다. 사람들이 무엇을 좋아하는지, 무엇을 싫어하는지, 큰돈을 내고도 살 의향이 있는지, 주변 친구와 친척, 직장 동료들은 어떤 기준으로 집을 구했는지 등등 주위 사람들과의 평범한 이야기 속에서도 많은 기회와 단서를 발견할 수 있다. 부동산과 내집마련 공부는 어려운 학문이 아니라 우리네 사람 사는 이야기를 바탕으로 한다. 그러므로 사람을 관찰하고, 공감하고, '저런 상황에서 나라면 어떤 선택을 했을까?'라고 역지사지로 끊임없이 고민해 보는 과정이 필요하다.

올림픽공원

잠실 롯데월드 야간 개장

학군
한 아이를 키우려면
온 마을이 필요하다

부모에게 중요한 건 학군!

'한 아이를 키우려면 온 마을이 필요하다.'는 말이 있다. 이것은 아이를 키우는 데 온 마을이 알아서 도와준다는 말이 아니라 아이 키우기에 적합한 곳을 찾아 아이를 키워야 한다는 의미다. 앞으로 좋아질 곳이 아니라 이미 아이를 안전하고 편안하게 키울 수 있는 곳을 부모가 직접 찾아 나서야 한다(맹모삼천지교).

나 혼자 살거나 신혼일 때는 출퇴근 편리성과 신축 아파트의 여부가 중요하다. 필자도 그랬다. 그런데 아이가 생기고 나니 같은 아파트, 같은 어린이집, 같은 유치원을 다니는 아이 친구들과 친구 부모들이 중요해지기 시작했고 매일 지나는 골목길 동네 사람들도 중요해졌다. 그동안 담배 피우는 사람들이 많은 동네는 가급적 피했지만, 그렇다고 떠나야겠다는 생각은 안 했다. 하지만 아이가 생기니 달라졌다. 아이가 안전하게 살 수 있는 환경이라면 이사도 마다하지 않고 출퇴근 거리가 멀어져도 감내한다. 아이를 위해 온갖 희생을 다 할 수 있다는 생각도 든다. 필자는 누나 2명과 7명의 조카가 있는데, 조카들과 놀러 다니고 사진도 많이 찍어줘서 내 아이는 수월하게 키울 수 있을 거라고 착각했다. 조카와 자기 자식의 육아 난이도 차이는 100배 정도 된다. 부모가 되면 내 아이에 대한 모든 것을 책임져야 한다.

'한 아이를 키우려면 온 마을이 필요하다.'는 말은 정확하게 우리가 고민하는 내집마련의 핵심을 간파한 문장이다. 필자는 이 문장에 덧붙여 본다.

나와 내 가족, 그리고 아이까지 모두 평안한 삶을 살려면
온 마을이 필요하다.
- 쏘쿨

상급지에 사는 것도 교육의 연장선!

우리 인생의 첫 번째 전쟁터는 고3 때였다. 인정하기 싫지만 그렇다. 고3 때 총력전을 펼쳐서 좋은 대학교에 가서 의사, 변호사 등 전문직이 된 친구들은 좀 더 여유롭게 살아간다는 것을 어른이 되어 선명하게 알게 되었다. 이제 우리는 인생의 두 번째 전쟁터인 내집마련의 관문에 들어섰다. 인서울 인강남 내집마련 말이다. 필자는 이번 전쟁터는 첫 번째 전쟁터보다 더 힘들고 더 큰

변곡점이 될 것이라고 장담한다. 어쩌면 첫 번째 전쟁터였던 고3 때 쉬운 선택을 했던 자신을 용서할 수 있는 인생 유일의 기회이자, 당신이 써내려갈 대역전극 서사의 출발점이 될 것이다. 인서울 인강남 내집마련에 성공한 사람들의 말을 들어보면 마치 서울대 합격생들 인터뷰 같다.

> "최선을 다 했더니 결과가 만족스러워 행복합니다. 온 가족이 기뻐하니까 제가 대단한 일을 해냈다는 생각이 듭니다."

"공부가 인생의 전부는 아니지 않습니까?"라고 말하는 사람이 분명히 있으리라. 맞다! 공부가 인생의 전부는 아니지만 고3에게는 전부이다. 주어진 일에 최선을 다해본 경험이 있는 사람을 대단하게 여기지 않는 사람은 없다. 고3에게 서울대는 그런 상징적인 의미다. "사람 사는 거 다 똑같은데 꼭 서울에 살아야 하냐? 지방도 사람 사는 곳이다."라고 말하는 사람도 분명히 있으리라. 맞다. 사람 사는 거 다 똑같다. 하루 3끼 먹고, 집에서 잠자고, 일터에 일하러 간다. 그런데 미묘한 디테일이 다르단 말이다.

인간은 환경의 지배를 받는다

경기도 쪽으로 임장을 가거나 외가 친척들 결혼식이나 환갑잔치가 있어서 외곽 쪽을 가보면 전철역부터 아파트 단지, 버스정류장, 마트 등 어디나 시끄럽다. 특히 저녁에 술집을 가면 고래고래 소리 지르는 사람들을 흔히 볼 수 있다. 뭐랄까, 여유가 없다고 할까? 외부인에게 날이 선 반응을 보이고 텃세를 부리면서 경계한다. 열등감, 세상에 대한 분노, 그런 것들이 막 느껴진다.

그런 곳에서 방 3개짜리 빌라를 아주 싸게 샀다고 좋아했는데, 필자만의 착각이었다. 가격이 싼 것은 그만한 이유가 있었다. 빌런들과 함께 지옥 같은 하루하루를 살아가야 한다는 것! 그렇다면 오히려 비싼 가격이었다. 그곳의 생활은 1980년대 시절로 돌아간 듯 엔틱했다. 새벽 3시 골목길에서 쌍욕을 퍼부어대며 싸우던 부부, 허름한 빌라와 단독주택 골목에 모여 담배를 피우던 중고등학생들. 필자는 그 속에서 6년을 살았다. 직접 경험하고 나니 우리나라 안에는 정말 수많은 세상이 있다는 것을 알게 되었다. 주변 환경과 사람들이 내 삶을 결정할 거라고 생각해 본 적이 없었는데 사실이었다. 필자도 비슷하게 닮아갔다. 이건 돈의 문제가 아니라 나와 내 가족의 삶에서 존엄성에 대한 문제였다.

이번에는 필자가 자주 가는 잠실 단골 횟집에서 있었던 일화를 소개하겠다. 하루는 저녁 8시쯤 횟집에 가서 식사를 하는데, 옆옆 테이블에 나이 드신 할아버님 2분이 앉아서 회에 소주를 들고 계셨다. 테이블이 6개인 작은 가게여서 웬만한 이야기는 다 들리는데, 두 분은 너무 조용하시길래 처음에는 술만 드시는 줄 알았다. 그런데 자세히 들어보니 두 분이 아주 작은 목소리로 "아, 그래? 빌딩 팔 때는 세무사를 3명 정도 만나 먼저 상담해 봐.", "응, 알았어." 이렇게 대화하고 계셨다. 조금 있다가 다시 보니 그 어르신들은 이미 계산하고 나가신 후였다. 필자가 입구 쪽에 앉아 있었지만 너무 조용해서 그분들이 횟집을 나가신 것도 몰랐다.

강남 3구 상급지의 특징은 아파트 단지의 사람들이 조용하다는 것이다. 압구정 갤러리아백화점에 가면 클래식 음악 소리가 들리고 사람들이 조용조용 이야기한다. 처음에는 필자도 '저게 뭐야? 왜 저래?' 했는데 필자의 목소리도 점점 작아졌다. 이런 조용한 분위기를 가장 크게 느끼는 곳은 바로 술집이다. 앞에서 말한 횟집 어르신들처럼 남자들도 술집에서 조용히 이야기하면서 술을 마신다. 다 그런 건 아니겠지만, 필자의 경험으로 보면 대부분 조용하다. 다들 조용하니 필자도 점점 목소리가 작아진다. 인간은 환경의 지배를 받는다는 말이 맞다.

"다 그렇게 살아!" 이런 말은 이제 그만!

필자는 요즘 아파트 잔디밭이나 카페에서 아이들과 함께 책을 읽는 부모들이 흔한 곳에서 산다. 깨끗한 환경과 쾌적한 곳에서 열심히 공부하고 성장하는 사람들과 함께 살고 있음에 감사하다. "다 그렇게 살아!"라는 생각은 너무 안일하다. 쉬운 선택을 하게 만들고 미래를 바꿀 수 없게 하기 때문이다. 필자는 서울에서 밀려나 다시 서울로 돌아오기까지(1994~2016년까지) 총 22년이 걸렸다. 멍청하고 미련했다. 그리고 내 자신을 용서하는 데 시간이 너무 오래 걸렸다. 여러분은 필자처럼 시간을 낭비하지 않기를 바란다. 용기를 내서 자기 자신을 용서하자.

사는 집과 사는 환경은 정말 중요하다. 그것만 잊지 않으면 된다. 당신은 돈이 아니라 당신 삶이 얼마나 존엄한 가치를 가지고 있는지에 대한 이해가 부족했던 것이다. 어린 시절 필자처럼 말이다.

tip

초등학교 입학 전에 학군지로 이사 갈걸!

이 글은 필자의 '재테크 캠퍼스' 블로그(https://blog.naver.com/socool_777)에 올라온 '날 다오늘' 님의 글이다. 아이가 초등학교에 들어가면 친구들과 사귀고 주어진 환경에 적응하게 된다. 그래서 이사 갈 때 가장 큰 난관은 바로 아이이므로 가급적 아이가 초등학교에 입학하기 전에 학군지로 이사하자.

"엄마 혼자 이사 가!"

엄마라면 내 아이가 비슷한 환경에서 자란 아이들과 함께 학교와 학원을 다니면서 친해지고 모범생으로 성장하기를 바란다. 길바닥에 침을 뱉고, 말끝마다 욕을 하며, 입에 담배를 물기도 하는 아이들과 어울리기를 원하지 않는다. 내가 엄마가 되기 전에는, 아이가 초등학교에 입학하기 전에는 이런 차별을 아니꼽게 봤다. '자기들은 얼마나 잘나서 차별하는 거냐?'고 하면서 '어차피 잘하는 애들은 어디에 있든지 잘한다.'고 생각했다. 하지만 정작 아이를 낳아보니 그게 아니었다.

아이들은 주변 친구들에게 정말 영향을 많이 받을 뿐만 아니라 배우기도 금방 배운다. 친구가 한다면 자기도 꼭 하려고 한다. 친구가 학원에 간다면 자기도 보내달라고 한다. (그래서 내 아이는 친구들과 같이 다니는 줄넘기학원을 무척 좋아한다.) 내집마련을 하고 실거주해야겠다는 생각에 아이에게 슬쩍 이사 가도 되는지 물어봤다. 아이도 그냥 "이사 가지 뭐." 할 줄 알았는데 생각보다 반발이 무척 컸다.

"엄마 혼자 이사 가! 난 여기서 친구들이랑 계속 같이 학교 다닐 거야! 학교 졸업하면 그때 갈게."

아무리 아이를 설득해 봐도 소용이 없었다. 단호박 아이의 입장에서 생각해 보지 않고 그냥 물리적인 이동만 생각했다. 역지사지가 너무 부족했던 것이다. 애초에 좋은 학군지에 자리 잡지 않으면 중간에 옮기는 것은 정말 힘들다. 매일 아이의 학교생활을 불안한 시선으로 바라보게 될 것 같아 좀 더 일찍 학군지로 이사가지 못한 게 무척 후회된다.

07

학군

취사 선택할 수 있는 서울의 학군지
(ft. 대치동, 방이동, 목동, 중계동)

상급지＝학군지 부모들의 열망이 모인 곳

"야! 이 ㅅㄲ야~ 하지 마."

"내 꺼라고! ㅂㅅ아, 졸라 짜증나."

필자는 하급지 놀이터에서 남녀 중학생들이 모여서 담배를 피우고 쌍욕을 하는 모습을 보면서 그저 순간순간 피해 다닐 뿐이었다. 나와 상관없는 일이고 잃을 게 없는 부모 밑에서 자라 잃을 게 없는 아이들과 엮여봐야 좋을 게 없다고 생각했기 때문이다. 그저 잠깐 불편한 순간일 뿐 내가 이사를 가야 한다는 생각은 해 본 적이 없었다. 미혼일 때는 이 모든 것을 그냥 아무 생각 없이 보았다. 조카들이 7명이나 있고 조카들과 잘 놀아주는 삼촌이었는데도 그랬다. 이것이 바로 부모와 삼촌의 차이일 것이다. 내 아이가 생기니 세상이 참 다르게 보인다. 아빠라는 책임감. 이런 환경에서 내 아이를 제대로 키울 수 있을까? 이렇게 담배 피우고 쌍욕 하는 누나들과 형들이 있는 학교에 과연 내 아이를 보낼 수 있을까? 따뜻한 가정의 부재로 길거리에서 떠도는 아이들. 이런 아이들은 길거리에서 세상을 배운다. 우리 어른들은 더욱 잘 알지 않는가? 길거리에서 아이들이 배우는 세상이 얼마나 야생일지. 학교와 멀어진 아이들. 가정과는 더 멀어진 아이들. 필자는 이기적이게도 이런 비교육적인 환경에서 자란 아이들과 내 아이가 멀어지게 하고 싶었다.

상급지, 학군지는 부모들의 이런 교육적인 환경에 대한 열망이 모인 곳이다. 이러한 열망은 단순히 내 아이가 공부를 잘하고, 좋은 대학교에 가는 것만을 의미하지 않는다. 좋은 학군지로 이사 간 엄마들에게 물어보면 아이가 공부를 잘하고 못하고는 다음 문제라고 말하더라.

"유해시설 없고 면학 분위기 좋은 환경에서 아이 학습에 관심 많은 부모님 밑에서 행복하게 자란 아이들과 내 아이를 친구로 만들어 주면 됩니다."

내 아이가 공부를 잘하면 좋고 못해도 좋은 환경, 좋은 면학 분위기 속에서 자라는 것만으로도 만족한다. 게다가 아이가 초중고등학교를 다닐 때 집 가까이에 학교와 학원이 있어서(학주근접) 먼 거리 등하굣길에 고생하지 않았으면 하는 바람까지 모두 포함한다. 집 근처에 공공도서관과 독서실 시설이 잘되어 있어 주변 친구들과 함께 책을 많이 읽고 자연스럽게 책에 대해 이야기를 나누는 환경이 마련된다면 더할 나위 없다. 좋은 곳이 있듯이 안 좋은 곳도 있다는 것을 이제는 인정하자. 내 아이에게는 좋은 곳, 좋은 사람들, 좋은 환경만을 보여주고 싶다면 말이다.

이 모든 것이 상급지＝학군지에 이사하는 것만으로 한 번에 다 해결된다.

상급지, 학군지에서는 유해한 환경과 불량한 아이들을 피하고 교육적인 환경과 따뜻한 가정에서 자란 아이들과 함께 공부할 수 있다. 이런 면학 분위기 속에서 내 아이가 안전하게 생활할 수만 있다면 비싼 집값도 견딜 수 있고 아빠와 엄마의 직장이 좀 멀어지는 것도 문제가 되지 않는다. 이것은 미혼일 때는 절대로 이해할 수 없는 아빠와 엄마만이 갖게 되는 내 아이를 위한 희생 정신이다. 내 아이가 좀 더 좋은 환경을 누릴 수만 있다면 부모는 무슨 일이든지 감당할 수 있고 감당할 준비가 되어 있다. 아빠니까, 엄마니까, 우리의 부모님도 그랬으리라. 다만 이런 걸 배운 적이 없어서 학군지가 뭔지, 상급지가 뭔지

몰라서 못 해 주었을 뿐이다. 우리의 아빠와 엄마 마음도 지금의 나와 같았으리라. 그러니 우리는 배워야 한다. 학군지가 얼마나 더 좋은지, 상급지가 어떻게 다른지 말이다. 나의 부모님이 나에게 못 해 주었던 (또는 해 주었던) 것을 나는 내 아이에게 그 이상 해 주고 싶다.

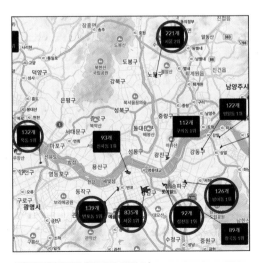

서울 지역별 학원 개수(**자료 출처: 호갱노노**)

214

1 | 대치동 – 학군지 탑티어

필자가 중고등학생 시절이었던 1980년대까지만 해도 노량진 대성학원, 한샘학원, 정진학원, 그리고 충정로의 종로학원이 대형 입시학원의 중심을 이루었다. 이들 학원은 단과반, 종합반, 재수생반 등으로 구성되어 있었고 1990년대 초반까지 노량진 학원가의 전성기를 이루었다. 학생들은 학원에 등록하기 위해 밤새 줄을 섰고 수백 명의 학생들이 한 교실에서 학교 책상의 절반만 한 고정 책상에 앉아 수업을 듣던 시절이었다. 1993년 대입을 마지막으로 학력고사가 폐지되면서 1994년부터 수능제도가 시작되었다. 그리고 1997년에 수시 전형●이 시행되면서 노량진 시대는 막을 내리고 강남 학원가가 새로운 학군지로 떠오르기 시작했다.

1970~1980년대에는 서울 사대문 안의 과밀화와 더불어 정치적인 이유로 정부 주도의 강남 개발이 시작되었다. 하지만 사대문 안의 서울 핵심지에 터를 잡고 살던 사람들이 개발중인 허허벌판 강남으로 이사하는 것은 전혀 고려할 만한 사항이 아니었다. 지금과 비교하면 서울에서 멀고 기반 시설이 전혀 없는 경기도 허허벌판에 인기 없는 다가구를 지어 놓으면 서울에서 이사 갈 사람이 있을까? (1970~1980년대 아파트는 그렇게 인기 있는 주거지가 아니었다.) 이에 정부는 강북에 있던 명문 고등학교들에게 많은 혜택을 주며 강남으로 대규모 이동하게 했다. 당시 한 집에 자녀가 3명 내외인 집에서는 아빠만 광화문 직장으로 출퇴근하는 고생을 하면 되니 많은 엄마가 명문 고등학교를 따라 강남으로

● **수시 전형(隨時銓衡)**: 대학교에서 정시 전형 이전에 내신 성적과 면접, 논술 시험 등의 결과를 중심으로 하여 입학생을 뽑는 선발 방식

이사했다. 맹모삼천지교(孟母三遷之敎)의 대한민국판 현실 버전인 것이다.

이렇게 명문고들이 강남으로 이전하면서 대규모 택지 아파트 단지로 함께 이주한 수만 명의 수요가 대치동 학원가의 시작점이 되었다. 그리고 1997년 IMF 외환 위기 이후 정부가 주도한 강남 테헤란밸리의 폭풍적인 성장과 함께 직장 업무지구마저 강남권으로 몰리면서 강남구 대치동 학원가는 우리나라 학군지 탑티어 반열에 오를 완벽한 조건을 갖추게 된 것이다.

이런 과정을 거쳐서 강남은 최상급 명문 학교와 생활 수준이 비슷한 수만 명의 수요를 모은 대규모 택지 아파트 건설, 인근 고소득 직주근접 오피스 업무지구까지 '수요'와 '공급', '자본력'이라는 3박자를 모두 갖추게 되었다. 이후 대치동 학원가에서 대규모 종합학원보다는 과목별로 특화된 소규모 학원과 영역별 전문 학원이 수능 대학 입시에 좋은 결과를 내며 전국에서 상위권 학생들이 몰려들었다. 이렇게 성적 좋은 학생들이 모이니 수준 높은 교육이 이루어지는 선순환 구조로 대치동 학원가는 지난 20여 년간 급성장했다. 한티역(수인분당선)부터 은마아파트까지 가는 길(도곡로) 양옆으로 대치동 학원가가 밀집해 있고 큰 도로부터 뒷골목까지 소규모 학원들이 자리잡고 있다. 인근에는 명문고들뿐만 아니라 높은 학업 성취도와 특목고 진학률이 높은 중학교들이 포진해 있는데, 명문 중학교인 대청중이 자리 잡은 지하철 3호선 라인의 개포우성아파트, 선경아파트, 대치미도아파트(우선미), 은마아파트까지가 이전부터 전통적인 부촌 학군지다. 이들 아파트 인근에는 단대부중, 도곡중, 역삼중, 휘문중, 숙명여중, 대명중 등이 자리 잡고 있어서 최우수 학군을 유지하며 전국에서 우수한 학생들이 끊임없이 몰려들고 있다. 대치동 학원가 인근 아파트 시세도 우리나라 탑티어 대치동 학원가답게 하락장에서는 하방경직성(수요

공급의 법칙에 따라 당연히 내려가야 하는 가격이 어떠한 이유로 가격이 내려가지 않는 성질)이 강하고 상승장에서는 가장 먼저 상승하며 우리나라 아파트 시장에서 부동의 최상급 가격을 유지하고 있다.

서초구 반포 지역은 강남구와 함께 강남 8학군에 속하면서 명실상부 우리나라 최고의 학군을 유지하고 있다. 다만 학교 수나 학원가의 규모가 대치동과는 큰 차이를 보인다. 학원가는 크게 2곳인데, 반포주공1단지아파트 상가 학원가 쪽이 재건축 중이라 지금은 사라졌고 삼호가든 사거리 일대 상가에 중소형 학원가가 형성되어 있다. 학원가 인근에는 서초구립반포도서관까지 있어서 학원가로서 손색이 없다. 하지만 다양한 학원 서비스는 대치동과 차원이 다르기에 학년이 올라갈수록 대치동 쪽을 이용하는 수요가 많아진다.

2 | 방이동 – 송파구 일대 핵심 학군지

송파구 학원가는 잠실새내역(2호선) 단지내 상가부터 레이크팰리스 앞쪽의 잠실학원 사거리까지 이어지는 잠실 학원가와 방이역(5호선) 인근에 있는 방이동 학원가 쪽, 이렇게 크게 2곳이 있다. 2008년경 잠실주공아파트를 재건축한 잠실엘스, 리센츠, 트리지움 등 대규모 아파트가 입주한 이후 잠실에는 안정적인 학원가가 자리 잡기까지 오랜 시간이 걸렸다.

강남, 서초, 송파까지 강남 3구의 아파트 가격만 보면 잠실은 서초, 강남 아파트 가격과 큰 차이가 나지 않지만, 학군 면에서는 차이가 있다. 잠실은 탄천 건너 우리나라 최고 탑티어 대치동 학군지를 옆에 두고 있어서 장단점을 함께 가지고 있다. 우선 잠실의 장점은 학원 셔틀버스와 대중교통을 이용해서 직선거리 3km 내외로 대치동 학원가를 다닐 수 있다. 그래서 학원까지 라이딩을 해도 5분 거리라 아이들을 데려다 주고 집으로 돌아와 쉬다가 하원 시간에 다시 대치동으로 넘어가면 된다. (이에 비해 경기도나 서울 외곽에서 오는 아이들은 엄마들이 아이들을 학원에 보내기 위해 1~2시간씩 라이딩을 하고 아이가 학원 수업이 끝날 때까지 차에서 몇 시간씩 기다리는 경우가 많다.) 반면 우리나라 최고 탑티어 대치동 학군지가 옆에 있어서 대치동으로 이사를 가는 가정이 많다는 것이 단점이다. 대치동이 가까우므로 진입 장벽이 낮다고 생각하여 살던 곳을 전세 주고 대치동에서 전세로 학령기에 잠깐 살다 돌아오는 경우도 있다. 이와 같이 잠실은 송파구의 우수한 자연환경과 편리한 교통, 그리고 최고 학군지인 대치동 인근에 있다는 반사 이익까지 함께 얻을 수 있어서 장단점이 공존한다.

방이동 학원가는 강북의 명문 학교인 보성중고와 창덕여고가 올림픽선수기자촌아파트 단지 안으로 이전하면서 형성되기 시작했다. 올림픽선수기자촌아파트는 이름처럼 올림픽을 위해 건설된 후 올림픽이 끝난 1989년에 일반 분양되어 입주했는데, 5,500여 세대 대부분이 30평형대 이상의 중대형 평형이어서 송파구에서도 가장 부촌을 이루었다. 이후 근방 그린벨트 지역의 빈 땅을 택지지구로 개발하여 아파트가 많이 들어왔다면 방이동 학원가와 함께 지금보다 훨씬 더 큰 학군지 모습을 갖추었겠지만, 아직 개발되지 않고 있다.

3 | 목동 – 서부 지역 최고 학군지

수박을 위에서 아래로 수직으로 자르듯이 서울을 동서로 반을 나누었을 때 서쪽은 학군지가 목동 외에 특별한 곳이 없다. 경기도 일산 쪽으로 가면 그래도 일산 후곡마을이나 백마마을 등 학원가가 조금 있지만 말이다. 일산을 제외한 경기도 서쪽 전체에서 시흥시, 김포시, 인천광역시, 그리고 서울특별시 서쪽 전체를 보아도 학령기 아이가 있는 부모가 생각하기에 학군지로 안심하고 이사할 수 있는 곳이 목동 외에는 대안이 없다. 따라서 서쪽이 직장이어서 이직이 힘든 가정의 경우 학령기 아이가 있다면 목동을 추천한다.

목동은 원래 88서울올림픽을 준비하면서 외국인에게 보여주기용(?)으로 개발이 시작되었다. 그 이전에는 외국인들이 비행기로 김포공항에 도착하면 보이는 목동의 낙후된 판자촌 모습이 서울의 첫인상이었다. 그래서 기존 판자촌을 대대적으로 개발해서 목동이 잘사는 주택가인 것처럼 보이도록 나무를 많이 심고 잘 계획하여 만들다 보니 정말 쾌적하고 잘사는 동네가 된 것이다. 목동 개발은 역사의 아이러니라고 할 수 있다.

목동도 대규모 중상류층을 대상으로 한 주택 건설과 여의도 핵심 업무지구의 고소득 직장인들을 위한 직주근접, 명문고 이전까지 대치동과 같은 패턴으로 개발이 진행되었다. 강북에 있는 명문고 2곳인 양정고(1988년)와 진명여고 (1989년)가 목동으로 이전하면서 목동 학원가까지 진용을 갖추어 나갔다. 목동도 중계동과 마찬가지로 주변 지역의 우수한 학생들을 흡수하는 블랙홀이다. 서울시 영등포구, 여의도, 마포구, 서대문구뿐만 아니라 강서구와 김포신도시까지 서쪽 전체의 모든 우수한 학생들이 계속 몰리고 있다. 노량진에 있던 전통적인 대형 입시학원이 쇠락하면서 노량진 수요까지 모두 목동으로 흡수한 모양새가 되었다. 목동은 대형 학원뿐만 아니라 오피스텔 중심의 소규모 그룹과외와 개인 지도까지 사교육 형태가 매우 다양하다.

마곡지구가 개발되면서 신규 아파트가 대규모로 입주했고 상암DMC 인근에 있는 덕은지구, 김포신도시, 검단신도시뿐만 아니라 광명시의 대규모 재개발로 인한 수만 세대의 신축 아파트가 향후 몇 년 동안 지속적으로 입주할 예정이다. 중산층 이상의 대규모 신축 아파트에 사는 거주민들은 학구열이 높아서 직선거리 5km 목동 학원가까지 충분히 접근할 수 있다. 더 나아가 목동이 신축으로 재건축할 경우 주변 수요를 빨아들이는 기폭제가 될 것이다. 따라서 다른 대안이 없는 서쪽에서는 목동이 향후 수십 년간 서쪽의 대치동으로 왕좌를 이어갈 것으로 보인다.

4 | 중계동 – 강북 학군의 자존심

중계동은 강북의 유일한 학군지라고 보면 된다. 아니 서울 강북을 넘어 경기도 의정부시, 구리시, 남양주시, 양주시까지 모두 중계동 학군지로 모여들고 있다. 중계동 학군지는 아파트 단지 한가운데에 있는 은행사거리 부근에 집중적으로 학원가가 몰려있고 전철역에서는 멀리 떨어져 있다.

가장 선호도가 높은 을지초, 을지중을 배정받는 청구3차아파트 주변이 인기가 가장 높은 지역이다. 중계동 인근에는 서울 길음뉴타운, 장위뉴타운 등 신축 아파트가 대규모 입주했고, 경기도 별내지구, 갈매지구, 다산신도시 등 수많은 중산층 학령기의 우수한 아이들이 중계동 명문 학군지로 계속 유입되고 있다. 그래서 중계동은 강북 학군의 자존심으로 강북의 대치동 역할을 하면서 오랫동안 명성을 날릴 것으로 보인다. 특히 중계동은 아파트 가격이 저렴하고 신도시 같은 깨끗한 환경이 매우 큰 장점이다. 1980~1990년대에 지어진 구축이어도 중계동 전체가 바둑판 모양의 택지지구여서 동네 분위기가 강북의 난개발 자연 발생 지역과는 전혀 다르고 신도시 느낌의 쾌적함까지 준다.

08

병원

병원이 가까울수록
돈을 버는 이유

나보다 아이가 우선! 부모 마음은 다 똑같다

한 수강생이 "강남에 들어오고 엊그제 서울아산병원에서 아들을 낳았어요!" 하더라. 득남을 축하하면서 필자의 아들도 같은 병원 출신이라고 말했더니 수강생은 힘들었던 출산 과정을 토로했다. 아이가 태어나자마자 호흡이 불안정해서 신생아 중환자실을 갔다 왔다는 것이다. 그래도 국내 최고의 의료진 덕분에 아기가 일주일 만에 건강하게 퇴원할 수 있었다고 한다. 사실 이런 경험은 해 본 사람만 안다. 아이가 아프면 아무 생각도 나지 않는다.

필자의 아들은 4살 때 집에서 뛰어놀다가 머리로 화장대를 들이받고 이마를 7바늘 꿰맨 적이 있었다. 그런데 토요일 저녁에 사고가 났던 것이다. 당시 필자는 강남역 근처에서 강의를 마치고 커피숍에서 뒤풀이를 하며 수강생들의 질문을 받던 중이었다. 이 사실을 잘 알고 있던 아내는 (필자에게 연락도 하지 않고) 바로 택시를 불러 다친 아들을 안고 집 앞에 있는 서울아산병원 '24시간 소아과 응급실'로 달려갔다. 토요일 밤 늦은 시간이었는데도 응급실에서 소아과 의사가 아들 이마의 찢어진 부위를 즉시 꿰매주었고 적절한 치료를 받을 수 있었다. (덕분에 지금도 아들은 큰 흉터 없이 잘 지내고 있다.) 그날 밤 늦게 집에 왔더니 잠든 아들의 이마에는 반창고가 붙어있었고 아내가 병원에 다녀온 이야기를 해 주었다.

국내 최고 의료진 덕분에 무사히 출산했다는 수강생과의 대화

필자는 아들이 다친 것에도 놀랐지만, 아내의 빠른 대처와 사건이 발생(?)한 지 1시간도 안 되어 모든 상황이 종결된 '아들 이마 화장대 헤딩 사건'이 훌륭한 의료 인프라 덕분이었다는 것이 무척 대단하다고 생각했다. 만약 내 가족이 지방에 살고 있었다면, 아니 경기도 외곽에서 이런 일이 벌어졌다면 어떻게 되었을까? 이번 일은 작은 사고였지만 큰 사고가 발생했다면? 생각만 해도 등골이 서늘했다.

성인 응급실은 많아도 '24시간 소아과 응급실'은 서울에서도 일부 지역에서만 운영되고 있다. 서울의 상급 종합병원 중 24시간 진료가 가능한 소아 전문 응급병원 의료센터를 운영하는 곳은 서울대학교병원, 서울아산병원, 신촌세브란스병원, 이렇게 3곳뿐이다.

한밤중에 아이가 아플 때 응급실까지는 아니더라도 아이의 진료가 필요하다면 '달빛어린이병원'을 이용할 수 있다. 달빛어린이병원은 전국에 있는 어린

서울 지역 달빛어린이병원

병원명	주소	전화번호
24시열린의원	서울시 광진구 능동로 90, 더클래식500 A동 3층(자양동)	02-455-2475
24시열린의원	서울시 양천구 목동동로 233-1, 현대드림타워 109호(목동)	02-2644-2475
24시열린의원	서울시 송파구 백제고분로 187, 잠실파크인-수 205~206호(잠실동)	02-415-2475
24시열린의원	서울시 마포구 월드컵북로 396, 누리꿈스퀘어 지하 1095호(상암동)	02-2132-2475
미즈아이프라자 산부인과의원	서울시 노원구 동일로 1669, 수락프라자(상계동)	02-933-5224
성북우리아이들병원	서울시 성북구 동소문로46길 10(하월곡동)	02-912-0100
세곡달빛의원	서울시 강남구 헌릉로569길 27, 천석빌딩 2차 201-2호, 202호(세곡동)	02-459-0119
송파365의원	서울시 송파구 송파대로 111, 파크하비오 202동 C존 162~164호(문정동)	02-448-7582
연세곰돌이 소아청소년과의원	서울시 서초구 방배로 226, 넥센강남타워 3층(방배동)	02-596-4585
연세도우리 소아청소년과의원	서울시 강남구 삼성로 14, 자이스퀘어상가 S동 216호(개포동)	02-459-2024
연세의원	서울시 강서구 화곡로 197(화곡동)	02-2601-3433
의료법인 우리아이들의료재단 우리아이들병원	서울시 구로구 새말로 15, 삼전솔하임 2~9층(구로동)	02-858-0100

이 전문 의료센터로, 2014년부터 운영 중이다. 아이가 아프면 부모는 머리가 하얗게 되고 손발이 떨리면서 같이 아프기에 이런 정보를 미리 알아두어야 유사시 덜 당황하게 된다. 달빛어린이병원에 방문하기 전에는 진료 여부를 전화로 확인하고 출발해야 한다. 상황이 급하여 이것조차 기억나지 않는다면 119에 전화하는 것이 가장 좋다. 그러면 현재 위치에서 가장 가까운 병원을 안내해 준다. 이때 병원에 소아과 전문의가 있는지도 꼭 전화로 확인해야 한다.

병원도 서울 쏠림 현상 심화

필자는 부모님이 돌아가신 후 2006년부터 혼자서 친할머니를 간병하기 시작했는데, 이때도 병원의 중요성은 익히 알고 있었다. 몇 달간 기침을 달고 사시던 친할머니를 모시고 서울대학교 보라매병원을 갔더니 폐암 말기라는 진단을 받았고 의사는 앞으로 2년 정도 더 사실 수 있다고 이야기했다. 이후 서울에 있는 여러 유명한 병원의 암센터에서 친할머니를 진료받게 하면서 암 전문의 여러 명의 의견을 들어보고 최고의 결정을 할 수 있었다. 만약 지방이었다면 이렇게 여러 명의 암 전문의의 소견을 다양하게 들어볼 생각도 못했을 것이다. 서울은 다른 모든 것처럼 병원 수요도 엄청나게 몰려든다. 강남구 SRT 수서역에서는 삼성서울병원과 강남세브란스병원 셔틀버스를 이용할 수 있고 KTX 광명역에는 주요 병원행 광역 직행버스가 운행되고 있다. 잠실나루역(2호선)에서는 서울아산병원 셔틀버스를 이용할 수 있다. 이렇게 서울 상급 종합병원으로 '상경 치료'를 하러 오는 이유는 지방 종합병원의 열악한 상황 때문이다. 이마저도 고속철도(SRT, KTX)를 이용하여 '상경 치료'를 받을 수 있는 환자들은 다행이라고 한다. 고속철도를 이용할 수 없거나, 교통이 매우 낙후된 지역과 제주도와 같은 섬 지역 주민들에게는 이것도 그림의 떡일 수밖에 없다. 게다가 전국 의과대학교에 재학중인 의대생들이 주로 서울과 강남의 주요 고등학교 출신인 경우가 많아 지방 의대를 졸업한 후에는 고향인 서울에 살기를 원하다 보니 의료 인력도 서울로 몰리는 것은 어쩌면 당연한 일이다. 이렇게 지방 의료 서비스와 병원의 낙후화와 함께 의료 인력이 서울로 유턴하는 현상도 서울 쏠림 현상의 원인으로 볼 수 있다.

서울의 주요 병원(**자료 출처**: E-GEN)

E-GEN은 유사시 필요한 병원의 위치와 정보를 한곳에 모아 놓은 어플로, 보건복지부에서 응급 의료와 관련된 정보를 국민에게 제공하기 위해서 만들었다. 달빛어린이병원 위치도 E-GEN 어플에서 위치 정보까지 확인할 수 있다.

서울시 지하철 2호선 주변에 몰려있는 슬세권

며칠 전 평일 점심시간에 여의도에 있는 IFC몰을 방문했더니 주말 백화점처럼 사람들로 붐볐다. IFC몰은 2012년 처음 개장할 때만 해도 텅텅 비어 있었는데, 주차장까지 꽉 차 있어서 신기했다. '현대백화점 더현대 서울'이 IFC몰 바로 옆에 들어와 영향을 받을까 우려했지만, 오히려 시너지 효과를 내고 있었다. 이곳은 쇼핑몰만 있는 게 아니라 호텔 1개 동과 국제금융센터 3개 동으로 구성되어 있다. 이렇게 서울에는 대형 쇼핑몰이 많은데, 대부분 지하철 2호선 근처에 몰려있다.

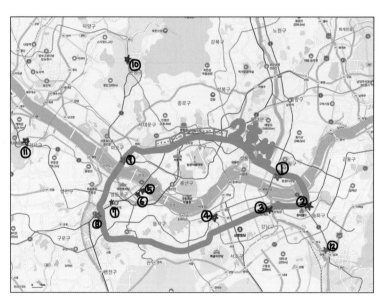

① 건대스타시티몰　　　② 잠실 롯데월드몰　　　③ 코엑스
④ 파미에스테이션　　　⑤ 현대백화점 더현대 서울　⑥ IFC몰
⑦ 신세계백화점 타임스퀘어점　⑧ 현대백화점 디큐브시티　⑨ 메세나폴리스
⑩ 롯데몰 은평점　　　⑪ 롯데몰 김포공항점　　⑫ 가든파이브

이런 대형 쇼핑몰은 쇼핑, 외식, 영화관, 서점, 키즈카페, 마트, 카페, 문화센터 역할까지 모두 하고 있다. 그리고 쇼핑몰은 실내 공간이 매우 넓고 날씨의 영향을 받지 않으므로 항상 문화행사, 전시회, 공연까지 제공할 수 있다. 사람들은 이제 쇼핑몰에서 단순히 쇼핑만 하지 않고 볼거리와 즐길 거리를 원하므로 학습과 쇼핑에 이어 여행 느낌까지 주고 있다. '현대백화점 더현대 서울'은 쇼핑몰 한가운데에 넓은 정원까지 꾸며 놓아 마치 유리로 만든 거대 식물원을 보는 느낌이다. 실내에서 밝은 야외 느낌을 낼 수 있는 거대한 공간이 있다는 것은 대단한 일이다. 이제 실내 쇼핑몰에서 이렇게 감동적인 공간을 만날 수 있다는 것이 정말 놀라웠다.

이전에는 서울에 코엑스(COEX) 외에는 특별히 큰 쇼핑몰이 없었다. 그러다가 땅값이 서울보다 저렴한 경기도 외곽에 대규모 쇼핑몰 개념의 아울렛이 들어섰다. 여주와 파주, 김포, 의왕, 시흥에는 프리미엄아울렛이, 하남과 고양에는 스타필드가, 송도에는 현대아울렛(송현아) 등이 생겼다. 하지만 여기까지 자동차로 가야 하고 주말에는 차가 많아 주차장이 넓어도 수백 미터씩 줄을 서서 주차해야 하는 상황이다. 하지만 이제는 서울에도 대형 쇼핑몰이 있으므로 멀리 갈 필요가 없다.

서울은 집이든, 상가 건물이든 고밀도로 점점 높게 짓는 추세다. 서울은 인구밀도가 높아서 홍콩처럼 주거지뿐만 아니라 상업지까지 고밀도의 높은 건물을 지어 해결책을 찾아가고 있다. 소득 수준이 높은 사람들이 많이 몰리는 서울에 대형 쇼핑몰이 진출하면서 시너지 효과로 더 많은 사람이 계속 몰리고 있다. 서울 도심 속 한가운데 대형 쇼핑몰이 들어온 지역은 동네 분위기도 함께 급상승하고 있다.

서울국제금융센터 'IFC몰'

거대한 실내 온실이 있는 '현대백화점 더현대 서울'

시세지도
창시자 쏘쿨의
아파트 가치 투자 원칙
10가지

01

원칙 1
내집마련은 사람들의 삶 그 자체다

이 사람은 왜 6년째 내집마련 공부만 하고 있을까?

내집마련에 입문하는 사람들은 부동산 투자를 생각하고 대단한 그래프나 전 세계 시장의 금리, 수많은 데이터를 보면서 마음의 위안을 얻는 경향이 있다. 필자가 아는 사람은 6년째 내집마련은 안 하고 열심히 부동산 공부만 하고 있다. 왜 아직도 내집마련을 안 하느냐고 물었더니 "아직 제가 내집마련을 하기에는 공부가 부족합니다."라고 말했다. 결국 자신의 불안을 잠재우려고 부동산을 공부하는 것이다. 큰돈이 걸린 만큼 절대로 실패하면 안 된다는 생각이 강하고 이번 투자가 꼭 큰 수익을 내야 한다면서 한 번의 내집마련으로 큰 성과를 원하는 것이다. 자기는 많이 늦었으니까 한 번에 만회해야 한다고 말하더라.

이렇게 어깨에 힘이 꽉! 들어간 상태에서 내집마련을 잘할 수 있을까? 축구 선수가 어깨에 힘이 꽉 들어간 상태로 그라운드를 뛰고 있다고 생각해 보자. 이 선수가 상대 선수들의 마음을 꿰뚫어 볼 수 있을까? 스쳐 지나가는 기회를 잡을 수 있을까? 다양한 가능성을 열어놓고 넓은 시야로 비어있는 공간을 찾아낼 수 있을까? 아니다. 어쩌면 눈앞에 있는 상대 선수와 공만 쫓아다니면서 미친 듯이 돌진만 할 것이다.

힘을 좀 빼고 천천히 호흡하면서 상식적으로 생각해 보자. 과연 내집마련의 핵심이 무엇이길래 이렇게 사람들이 관심을 가지고 많은 시간을 투자해서 공부하는 것일까? 수익률? 인플레이션 헷지? 움직이지 않는 자산? 수요와 공급? 정책? 통화량? 등등 모두 맞는 말이다. 그런데 여기서 중요한 한 가지가 빠졌다. 바로 '사람'이다!

내집마련의 핵심은 '사람'

대부분의 다른 사람들은 아파트를 떠올리면 신축 건물, 시멘트, ㄷ자 싱크대, 엔지니어링 스톤, 커뮤니티, 대리석, 조경, 학군, 전철역, 인테리어 등 외형적인 것만 생각한다. 그런데 정작 중요한 것은 그곳을 이용하는 사람들의 이야기다. 어떻게 먹고 살고, 어디서 쉬고, 어디서 즐기고, 어디서 장을 보고, 어떻게 애들을 키우는지, 이런 스토리가 내집마련의 전부이지 않을까? 왜냐하면 집은 사람을 위해 존재하기 때문이다. 아파트 건물보다 사람이 먼저다. 그래서 아파트를 구성하는 조경, 커뮤니티 시설, 조식, 인테리어보다 사람들이 아파트를 어떻게 이용하고, 소유하고, 거래하는지에 대한 이야기가 더 중요하다.

부동산은 충분히 감성적이고, 주관적이며, 스토리가 있다. 따라서 논리, 사물, 숫자에 집착하는 남성들보다 감성적이고 커뮤니케이션 능력이 뛰어난 여성들이 부동산 투자를 훨씬 잘한다. 더군다나 여성들은 남성들보다 집에서 더 많은 시간을 생활하고 이웃을 더 중요하게 생각한다. 특히 여성들은 아기가 있으면 집에 대한 애착이 더욱 강하다. 현장에 나가보면 공인중개사 사장님들도 여자분들이 훨씬 더 잘하신다. 감성 화법이 약한 분들은 좀 더 노력해야 한다. 모르는 사람을 만나 30분 정도 어떤 주제로든지 계속 이야기할 수 있을 정도로 대화하는 것을 즐겨야 한다. 꿀팁을 드리면 대화는 리스닝이 중요하다. (필자의 전작《쏘쿨의 수도권 꼬마 아파트 천기누설》에서 '아이스브레이킹' 편을 다시 보시라.)

필자는 임장을 나가면 건물 자체보다 그 건물을 이용하는 이웃 사람들 이야기와 뛰어노는 아이들 모습에 더 관심이 간다. 왜 여기서 사는지, 직장은 어디인지, 친정은 또 어디인지, 마트는 어디로 다니는지, 출근은 어떻게 하는지, 마을버스는 어디서 타는지, 애들 학원은 어디로 보내는지, 분리 수거는 어떻게 하는지 등등 삶의 스토리에 집중해서 부동산을 본다. 장 보러 나가는 유모차 부대, 단지 놀이터에 아이들을 풀어놓고 이야기하는 엄마들, 어린이집 버스를 기다리는 할머니들, 하원 도우미들, 그리고 버스가 도착하면 아빠 품에 뛰어들며 안기는 아이들, 초중고등학교 교문에서 수업 끝나고 우르르 쏟아져 나오는 학생들, 친구들과 손잡고 재잘거리며 학원으로 뛰어가는 아이들. 임장하면서 이런 모습이 눈앞에 스쳐 지나갈 때마다 마음속에 오롯이 담아둔다. 그래,

부동산은 참 좋은 것이구나! 부동산은 사람들의 삶을 풍요롭게 해 주는 필수품!

부동산은 사람들의 삶이다

한 달 반 전쯤 필자의 수강생에게서 다급한 이메일이 왔다. 필자는 기억력이 안 좋은 편이지만, 수백 명의 수강생 중 기억할 정도면 상위 5% 안에 드는 우등생인 것이다. 컴퓨터 앞에 있으면 수강생 상담 이메일에 바로 답변해 주는데, 이메일 내용을 보니 위급한 상황이라 바로 전화했다.

제목: 쏘쿨 님, ○○라고 합니다. 친척 동생이 신혼집 계약하러 간다는데 한번 봐 주시면 감사하겠습니다.

쏘쿨 님, 안녕하세요? 친척 동생이 신혼집을 구하고 있는데, 어제 통화하며 이야기를 들어보니 내일 계약하러 간다길래 여쭈어봅니다. 신랑 직장은 ○○역(경의중앙선) 부근이고 동생은 지금 일을 잠시 쉬고 있습니다. 경의중앙선 ○○역 부근 신축 빌라를 분양받을 예정이고 가계약금까지 건 상태라고 합니다. 제가 직접 해당 신축 빌라를 분양하는 사람에게 전화해 보니 분양 평수는 38평이고 실평수 28평이라고 합니다. 아파트로 치면 36평 정도로 생각하면 된다고 하는데, 평형을 어떻게 생각해야 하는지 감이 잘 잡히지 않습니다.

그리고 저에게 말한 분양가(1억 9,400만 원, 4층)와 동생에게 말한 분양가(2억 2,900만 원, 2층)가 다릅니다. 층에 따라 분양가가 다르냐고 물어보니 차이는 없다고 했습니다.

같은 집을 이렇게 가격이 다르게 분양할 것 같지는 않고 무척 혼란스럽습니다. 인터넷으로 찾아보니 분양하는 사람이 이야기했던 면적과 다른데, 이 경우 평단가를 어떻게 계산해야 하는 걸까요? 주변 아파트나 빌라와 비교 평가해 보고 싶은데 평단가부터 막히네요. 제곱미터로 면적을 알려달라고 하니 답답하다는 듯 그게 중요한 게 아니라면서 분양 평수는 38평, 실평수는 28평이고 들어갔을 때 아파트 36평 정도의 느낌이라고만 말합니다. 전세가 아니라 매매라 더 신중해야 해서 급하게 질문드립니다.

1. 경기도 ○○○에 아파트가 아니라 신축 빌라를 분양받는 것에 대해 어떻게 생각하시는지요?
2. 이 물건의 경우 평단가를 어떻게 계산하여 비교 평가를 해야 하는지요?
3. 만약 분양받는다면 계약서를 쓸 때 특별히 유의해야 할 사항이 있는지요?

주소는 경기도 고양시 ○○동 ○○○−○○동 201호라고 합니다. 답변 주시면 감사하겠습니다. ^^

필자는 네이버 지도와 다음 지도에서 메일에 나와 있는 주소를 찍고 로드뷰로 현장을 둘러보았다. 경기도 고양시는 필자의 외갓집 동네인데다 직접 살아 보았기에 잘 아는 곳이다. 수강생이 질문한 빌라 위치는 상당히 외진 지역이었고 곳곳에 공장지대와 공터가 난무했다. 30분 정도 인터넷으로 해당 빌라가 있는 지역의 최신 정보를 조사하고 빌라 시세와 아파트 시세까지 모두 확인한 후 바로 수강생에게 전화했다.

- "밤 10시 이후에 야간 임장을 가보세요. 사람이 안 다니는 외진 지역입니다. 등에 휘발유 통을 짊어지고 불구덩이 속으로 들어가는 겁니다. 친한 친척 동생이면 말리고 아니면 신경 끄세요. 신축 빌라 업자들이 땅값 싼 곳에 신축 빌라를 짓고 파는 겁니다. 옆을 보니 산을 깎아서 만들었네요. 옹벽도 높아 보이고 그것 때문에 햇빛도 안 들어오겠어요. 제가 이 지역 근처에서 10년 넘게 살았었는데, 여기는 지역 원주민들도 잘 안 가는 곳입니다."

- "가계약금을 벌써 50만 원 걸었다나 봐요."

- "그거 포기하세요. 한 번 들어가면 이 지역은 못 빠져나오는 개미지옥입니다. 겉은 번지르르하게 신축 빌라 인테리어를 해놨겠지만 3~4개월 만에 날림 공사로 지은 건물입니다. 이 가격이면 근처에 같은 크기의 아파트도 살 수 있어요. 주변 시세지도를 그리고 전화 임장부터 하세요."

- "쏘쿨 님이 추천 좀 해 주세요."

- "(이분은 물에 빠진 사람 살려줬더니 보따리를 내놓으라고 하네. 참나~) ○○동 ○○단지, □□동 □□단지 아파트도 둘러보라고 하세요. 신랑 직장이 ○○역이라고 했으니 ○○단지가 더 낫겠어요. 우선 부동산 발품 팔면서 찾아보라고 하세요. 아니, 배운 사람이 왜 아파트하고 똑같은 가격에 신축 빌라를 사게 해요? 난 또 계약금 10% 건 줄 알고 깜짝 놀랐네. 가계약금은 포기하고 그 대신 추천해 준 아파트를 50만 원 깎아서 사세요."

수강생이 문의한 빌라는 지도 한가운데에 있는 외진 신축 빌라였다.

이렇게 전화를 끊었는데, 며칠이 지난 후 두 번째 이메일이 도착했다.

제목: 쏘쿨 님, 정말 감사합니다.

쏘쿨 님, 안녕하세요? 빌라 분양건은 덕분에 잘 해결되었습니다. 친척 동생과 저는 어릴 때부터 친자매처럼 지냈습니다. 저도 아버지께서 일찍 돌아가시고 경제적으로 어렵게 자랐지만, 다행히 어머니께서 끝까지 지켜주셔서 대학교도 가고, 직장도 잡고, 결혼도 했어요. 하지만 친척 동생은 사생아로 태어나서 아기 때부터 외할머니께서 키워주셨습니다. 이모가 돈 문제로 여러 차례 사고를 치셔서 빚쟁이들이 친척 동생의 학교와 직장까지 찾아오는 등 숱한 치욕을 당하면서 자랐어요. 수도와 전기도 끊겨 촛불 켜고 공부하면서도 참 착하게 자랐습니다. 하지만 아직도 이모가 계속 문제를 일으켜서 동생은 지금까지도 고통받으며 살고 있어요. 외할머니 간병을 하느라 주중에는 일하고 주말에는 할머니가 계신 여수로 왔다 갔다 하면서 결혼도 안 하고 있다가 작년에 할머니 돌아가시고 올해 결혼했습니다.

오늘이 할머니 첫 번째 기일이네요. 어릴 때는 친자매처럼 지냈는데, 자라면서 자주 연락도 못하고 지냈습니다. 이번에 신혼집 구할 때 조금이라도 도움이 되고 싶어서 꼭 함께 상의하고 같이 보러 다니자고 했지만, 친척 동생은 저에게 폐를 끼치기 싫어서 혼자 다닌 것 같아요. 그런데 정말 하늘이 도왔는지 빌라 계약 전날 연락을 하게 되고 쏘쿨 님의 도움으로 좋은 집을 구하게 되어 마음이 무척 뿌듯합니다.

저는 노원구에 있는 영구 임대아파트에 살았습니다. 놀이터에는 깨진 소주병들이 나뒹굴고 술 마시는 노인들, 경찰차, 성폭행, 칼부림 등 아파트 주변에 범죄가 가득했습니다. 아버지는 제가 5살 때 돌아가셨어요. 작은아버지는 좀 여유가 있으셔서 제가 대학교 졸업할 때까지 매달 30만 원을 보내주셨습니다. 저희 친가는 작은아버지께 도움 한 번 안 받은 사람이 없을 정도로 부자였는데, 지난달에는 금전적인 문제로 작은아버지께서 자살하셨습니다. 자세히는 모르지만 부동산 사기였던 것 같습니다.

저희 어머니도, 제 친척 동생도 참 열심히 살았는데 무지도 죄가 되네요. 친척 동생도 그렇고, 저희 작은아버지도 그렇고 뭐든지 혼자서 고민하고 떠안으려고 하다 보면 더 힘든 상황에 빠지는 것 같습니다. 창피한 집안 이야기지만 이렇게 말씀드리는 이유는 쏘쿨 님께서 정말 좋은 일 하신 거라는 것을 알려드리고 싶어서요. 솔직히 쏘쿨 님께서 답이 없으셨으면 저도 적극적으로 친척 동생을 막지는 못했을 것입니다. 누구에게나 돈은 소중하겠지만 제 친척 동생네 8,000만 원은 참 피 같은 돈입니다. 쏘쿨 님, 정말 감사해요.

이메일을 읽는 내내 눈시울이 뜨거워지며 눈물이 고였고 가슴이 먹먹했다. 필자는 잊고 있었던 것이다. 30분 정도 시간을 투자해서 도와주면 한 사람의 인생이 바뀐다는 것을. 이렇게 열심히 살고 예의 바른 분의 이메일을 처음에는 귀찮은 하소연으로 생각했다는 것이 부끄러웠다.

'이렇게 말씀드리는 이유는 쏘쿨 님께서 정말 좋은 일 하신 거라는 것을 알려드리고 싶어서요.'

메일을 읽다가 이 문장에서 숨이 멎었다. '그래, 나는 정말 좋은 일을 하고 있는 것이었구나!' 이왕 상담해 주기로 했으니 제대로 가르쳐 주자고 마음 먹은 필자 자신이 참 잘했다는 생각이 들었다. 한 달 후 이 수강생의 이야기가 생각나서 전화기를 들었다. 잘 해결되었냐고 물었더니 반갑게 인사를 하면서 말했다.

- "쏘쿨 님 연락받고 신축 빌라 가계약은 취소했어요. 그리고 다음 날 바로 추천해 주신 ○○마을 아파트 급매가 나와 동생 부부가 사서 인테리어 공사하고 어제 입주했어요. 동생 부부가 정말 좋아하네요. 빌라와 같은 금액으로 아파트를 마련했다고요."
- "잘하셨네요. 축하드린다고 전해 주세요. 본인들 복이지 뭐. 좋은 사촌 언니 둔 복!"
- "참! 가계약금 50만 원도 돌려받았답니다."
- "어, 그래요? 착한 빌라업자들이네."

가계약금을 돌려주다니 착한 빌라 업자들이다. 그네들도 이 동생 부부의 눈빛을 보고 느낌이 왔나? 필자는 오늘 또 '부동산은 사람들의 삶'이라는 큰 깨달음을 얻었다. 세상에서, 사람들 사이에서 서로 이야기하고, 듣고, 같이 고민하고, 같이 울고, 같이 웃고, 서로 이해하고, 감사해하고, 미안해하면서 삶을 살아간다.

부동산은 사람들의 삶이다.

02

원칙 2
닥치고 현장 조사부터 나가라

현장 속 부동산 VS 모니터 속 부동산은 천지 차이!

어설프게라도 시세지도 한 장 들고 임장을 나가보면 안다. 책상에 앉아 책으로 수영을 배울 수 없는 것처럼 부동산도 마찬가지다. 인터넷 모니터에 담을 수 없는 수많은 이야기가 현장에 있다. 등잔 밑이 어둡다고 서울 사람도 모르는 서울 이야기, 강남 사람도 모르는 강남 이야기가 임장에서 펼쳐진다.

필자는 임장을 다니다가 마음에 드는 관심 단지를 발견하면 집중과 끈기로 계속 파고든다. 지역을 완전히 파악한 후 부동산 중개소 사장님과 아파트 집 구경을 다니면 또 다른 모습이 보인다. 한꺼풀 벗겨진 속살을 보는 것 같다. 거실에 책상을 가져다 놓고 아이가 공부하는 집도 보고, 샤방샤방한 신혼살림을 꾸며놓은 신혼부부 집도 보고, 강아지들이 반갑다고 꼬리치면서 현관에 모여드는 집도 본다. 임장은 힘들지만 같은 아파트, 같은 평수 안에서 현관문이 열릴 때마다 전혀 다른 세상이 펼쳐진다. 그래서 임장은 재미있는 여행이다.

이런 임장을 몇 달간 지속하면 지역 입지와 단지별로 아파트 전체 가격이 내려다보이고 그 아파트 단지 위에 적정 가격이 선명하게 뜨는 신기한 경험을 하게 된다. 발이 지역을 기억하면서 동시에 그 지역 아파트 시장의 큰 흐름에 대한 감이 잡힌다. 마치 그 동네 부동산 사장님에게 빙의해서 시세 파악이 끝난 것처럼 상태가 레벨업되는 것이다. 이런 레벨까지 오면 가격과 지역의 흐름이 내 손 안에서 노는 느낌이 든다. 부동산 사장님이 "급매 나왔어! 103동 702호 동향 물건이고 9억이야."라고 말해도 "에이, 사장님! 지금 남향 물건 12층이 9억인데 무슨 소리세요."가 0.3초 안에 내 입에서 나온다. 이 정도의 경지에 올라야 당신이 원하는 관심 지역 타깃 단지에 가계약금을 입금할 수 있고 내집마련 수행길(?)의 완수자가 되어 하산해도 되는 것이다.

발품 판 만큼 번다!
전화 몇 통화로 몇천만 원을 벌 수 있을까?

우선 철저한 '사전 조사'를 통해 효과적으로 발품 경험을 축적해야 지역을 보는 깊은 안목이 생긴다. 앞으로는 '발품 판 만큼 번다'는 말을 많이 들을 것이다. 미리 철저하게 사전 조사를 해서 지역을 파악하고 발품을 팔아야 효과가 높다. 아는 만큼 보인다. 관심 지역, 관심 단지들을 3개월 이상 쭉 나열한 후 해외여행을 가듯이 지속적으로 임장을 다니면 된다.

현장 조사야말로 시간이 정말 많이 든다. 보통 현장에 임한다는 의미로 '임장(臨場)'이라고 한다. 임장할 때 가장 힘든 부분 중 하나는 비가 오나 눈이 오나 외근직 영업사원처럼 밖으로 돌아다녀야 한다는 것이다. 지역을 걸어서 돌아다니다가 부동산 중개소 사장님과 몇 시간씩 이야기해야 하고 몇 시간씩 걸려 집도 여러 채 구경해야 한다. 이러한 현장 답사를 최소 3개월 이상 해야 확신이 든다. 1년 이상 임장하는 경우도 많고 살고 있는 지역에서 갈아타기 하는 경우에는 살면서 5년, 10년 이상 자연스럽게 임장할 수도 있다. 그래서 전세로라도 상급지에 미리 이사해서 2년을 살아보면 유리하다는 것이다. 어느 단지가 좋은지 정도가 아니라 몇 동, 몇 호 라인부터 몇 호 라인까지가 좋은지, 몇 층부터 몇 층까지가 좋은지 디테일하게 알 수 있다. 왜냐하면 밤낮으로 매일 관심 단지와 관심 동들을 출퇴근길과 산책길, 마트 가는 길에 계속 눈여겨보기 때문이다. '난 널 계속 지켜보고 있단 말이다.' 이러면서.

현장 조사가 너무 힘들어서 집 몇 채 구경하고 며칠 만에 대충 구입을 결정하는 초보자들은 대부분 크게 후회한다. 왜냐하면 이런 초보 호구들에게 매도자나 여우 같은 부동산 사장님들이 안 좋은 가격에 팔기 때문이다. (안 좋은 물건이라고 하지 않았다.) 매도자뿐만 아니라 부동산 사장님도 진실을 다 이야기하지 않으므로 내 눈으로 꼼꼼히 모든 것을 체크하는 것이 중요하다.

'왜 이 가격일까?'

이런 궁금증이 입지를 구분하는 비교 평가의 시작이다. 지역을 익히고 지역 안에서도 입지별, 평형별 가격대를 확인한 후 미리 사전 조사한 게 맞는지 현장 조사에서 다시 한번 '크로스 체크'해야 한다. 인터넷에 나온 자료와 현장이 다른 경우도 많다. 그러므로 시세지도를 반복해서 손으로 그리고 계속 자신에게 질문을 던져야 한다.

"여기가 이 가격이 맞는가?"

"이 정도 언덕을 감수할 수 있을까?"

"지금 시장에서 전고점 가격에 사도 될까?"

그리고 지난주에 보고 온 지역과 이번 주에 본 지역의 아파트 단지를 계속 비교해야 한다. 많이 보는 만큼, 많이 경험하는 만큼, 많이 발품을 판 만큼 내가 갈 수 있는 급지가 한 급씩 올라간다. 이것은 대학교 수능시험과 같다. 더 많이 공부하고, 고민하고, 노력한 아이가 더 좋은 대학교에 가는 것이다. 그런데 생각해 보면 더 좋은 집을 구하는 것은 꼭 돈 문제만은 아닐 수도 있다. 점수는 같지만, 더 좋은 대학교에 입학하는 아이가 있다는 것을 명시하자.

사전 조사 후 임장을 갔을 때 사람들이 선호하는 입지와 선호하지 않는 입지의 차이는 무엇일까? 이러한 차이는 발로 느껴보아야 하고, 눈으로 느껴야 하며, 냄새와 소리로 느껴야 한다. 그래서 '오감임장(五感臨場)'이라고 한다. 지역 맛집을 들려서 미각으로까지 느끼면 완벽한 '오감임장'이 마무리된다.

지하철역에서 가까운 입지의 아파트는 왜 항상 더 비쌀까? 직접 걸어보고 편안함을 느껴보자. 지하철역에서 멀어지면 왜 싼지 느껴보고 지하철역에서 도로를 건널 때마다 아파트 가격이 크게 달라질 만큼 불편한지 직접 느껴야 한다. '이 정도 거리는 괜찮은데 왜 1억이나 가격 차이가 나지?'라고 생각했다면 1분이 소중한 아침 출근 시간을 생각하면서 공감해 보아야 한다. '왜 사람들은 횡단보도 건너는 걸 싫어할까?', '초등학교가 인접한 아파트 단지 입지를 왜 더 선호할까?' 이런 기본적인 의문이 입지 구분의 시작이다.

입지는 '장소'가 아니라 '지역 전체'를 말한다. 입지는 하나의 점이 아니라 그 주변 전체를 의미하기 때문이다. 하나는 전체를 의미하고 전체는 하나를 의미한다. '아, 여기는 평지구나?', '여기는 언덕이 심하네.', '여기는 지하철역 인근으로 연결되는구나. 2호선 근처라서 출퇴근이 편하겠네.', '아, 여기는 지하철도 없고 버스 배차 간격도 길어서 드문드문 다니는구나. 아까 본 지역보다 외졌네.' 등등 지역에 대한 큰 느낌을 가슴으로 느껴야 한다. 입지의 외형적인 면과 물리적인 면을 넘어서 임장은 한 단계 더 깊숙이 들어가야 한다. 바로 '사람'을 관찰하는 것이다. 필자는 강의 때 항상 이런 말을 한다.

"임장 지역에 있는 백화점 식당가와 마트 푸드코트를 다녀보세요. 동네 민도가 느껴질 겁니다."

하급지에서는 싸우듯이 말하는 어른들이 많고 아이들도 거칠다. 반면 상급지에서는 나이 든 할머니들이 곱게 차려입고 흰머리도 단정하게 올림머리하고 고상하게 앉아서 식사를 하신다. 허리도 꼿꼿하시고 목소리도 나긋나긋하시다. (확률상 그렇다는 것이다.)

이전에 없었던 것은 아니지만 이제야 보이고
이전에 없었던 소리는 아니지만 이제야 들린다.

임장, 즐겁게 해야 오래 한다

임장은 숨 쉬듯이 자주 해야 한다. 필자가 이전에 3년 동안 살던 곳도 몇 년 만에 다시 가보면 모든 것이 바뀌어져 있다. 가격도, 가치도 바뀌어 있고 도로도 새로 나 있다. 필자가 태어나고 자란 영등포구에 가보면 뉴타운 사업 때문에 새로 뚫린 길이 많아서 20년 동안이나 살았던 원주민인 필자도 길을 헤맨다. 사람들도 변해있고 새로운 건물과 상가도 많이 들어와 있다. 허허벌판이던 곳은 빌딩숲이 되어 기업이 잔뜩 들어와 있고 시끌벅적하던 상권은 몇 년 만에 죽어서 1층 텅 빈 공실 상가 유리창에 상가 주인 핸드폰 번호와 '임대'라는 문구가 붙어있다. 현장은 변화무쌍하게 계속 바뀌고 있다. 이런 흐름을 단 몇 주만 쉬어도 살아있는 필드의 그 '감정 라인'을 놓치기 시작한다. 그렇다고 지속성이 중요한 현장 임장을 일로 생각하면 안 되고 아파트 단지와 동네를 구경하는 것이 나의 취미이고, 맛집 여행이며, 휴식이라고 생각해야 한다. 그래야 임장을 오래 할 수 있다.

임장을 두려워하는 사람들이 많다. 임장을 제대로 할 줄 모르는 사람은 더 많다. 건물만 보고, 인테리어만 보고, 겉껍데기만 보고 '임장 보고서'를 쓴다. 그리고 호재를 본다. 필자도 처음에는 그랬다. 하지만 임장은 그렇게 하는 게 아니다. 임장을 20년 넘게 다녀보면 그냥 스스로 느낄 것이다. 임장은 눈으로 하는 것이 아니라 마음으로 하는 것이다. 임장은 사람들의 꿈을, 욕망을 찾아 다니는 게임이다. 밤낮으로 임장을 가자. 힘들어서 자주 못간다고 변명하지 마라. 임장은 끊임없이 반복해서 다니는 것이다.

책도 목숨 걸고 읽어라. 임장 전에 사전 조사도 눈에 불을 켜고 해라. 하지만 마지막 완성은 현장 임장에서 결정된다. '네이버 부동산'에 안 올라온 물건도 현장에 가면 있다. 전화 몇 통화로 쉽게 몇천만 원을 벌 수 있다고 생각하지 마라. 세상이 그렇게 쉬운가? 아니던데? 하나를 얻으려면 나의 소중한 하나를 내주어야 한다. 무엇을 얻으려고만 하지 말고, 무엇을 희생할지 먼저 생각해야 한다. 이런 생각조차 안 했다면 당신은 '세상'이라는 학교에 아직 입학할 준비도 안 된 코흘리개 유치원생일 뿐이다. 청약 줍줍 당첨만 되면 몇천만 원에서 몇억은 쉽게 벌 수 있다고 분양권을 쫓아다니던 사람들은 다 어디로 갔나? 지방 아파트 갭투자가 돈이 된다고 기차 타고 다니던 사람들은 다 어디서 무엇을 하고 있을까? 실패 사례가 천지인 부동산 게임에서 왜 아무도 실패 사례를 이야기하지 않나? 필자는 실패 사례부터 공부한다.

필자도 큰 실패를 했다. 그 실패의 상처는 아직도 필자의 가슴에 큰 흉터로 남아있다. 하지만 감사하게도 필자는 서울, 수도권 폭락 지옥(2008년~2013년)에서 살아남았고 가슴에 생긴 깊은 흉터를 보면서 오늘도 반성하며 임장을 다닌다. 잃은 종잣돈 3억을 생각하며 마음으로 울면서 임장을 다닌다. 다시는 그런 상처와 막대한 손해를 보지 않으려고 임장 현장에 절박하게 매달린다. 필자는 다시는 현장을 무시하는 실수를 하지 않을 것이다. 오늘은 쉬자고 유혹하는 내 안에 있는 악마의 유혹을 뿌리칠 것이다. 모든 실패의 시작인 나의 교만뿐만 아니라 게으름과 싸우며 운동화 끈을 바짝 묶고 집을 나선다. 이불밖은 위험하다. 그러니 아무도 이불 밖으로 안 나가고 입으로만 떠드는 것이다. 꿈만 이야기하고 그 꿈을 이루는 하루하루의 땀에 대해서는 이야기하지 못하는 것이다. 땀을 흘리기 싫으면 얻을 생각도 말아라. 운 좋게 얻었어도 필자처럼 교만해질 것이다. 그리고 그 교만이 당신을 지옥으로 이끌 것이다.

성공에서 나는 교만을 얻었고
실패에서 나는 교훈을 얻었다.
그리고 그 둘 다에서 나는 배움을 얻었다.
책상에서 그랬을까?
아니다.
현장에서 말이다.
닥치고 임장!
- 쏘쿨

세상을 움직이려면
너 자신을 먼저 움직여야 한다.
- 소크라테스(Socrates)

03

원칙 3
'가격'과 '가치'를 구분해라

내집마련 안목 = 좋은 물건을 싸게 사는 것
···

코트 한 벌 살 때를 생각해 보자. 백화점도 가보고, 인터넷 쇼핑몰도 뒤져보고, 아울렛도 가보면서 비교해 보고 사지 않는가? 집을 사는 것도 마찬가지다. 모바일 부동산 앱을 활용해 수시로 정보를 살펴보고 때로는 발품도 팔면서 많은 매물을 비교하다 보면 자연히 사려는 물건에 대해 준전문가가 되는데, 바로 그때 사야 한다. 물건을 판단할 안목이 없으면 쇼핑은 실패할 확률이 높고 당신이 호갱이 될 확률도 매우 높아진다. 이전에 필자의 유치원생 조카가 이런 말을 했다.

"삼촌, 난 500원짜리 동전이 좋아! 난 천 원짜리, 만 원짜리 종이돈은 별로야.

동전이 더 좋아! 예쁘잖아!"

하지만 돈은 예쁜 겉모습이 아니라 돈에 써 있는 숫자로 가치가 평가된다. 아파트도 겉모습이 아니라 사람들 마음에 쓰여있는 가치로 평가된다.

처음에는 부동산을 겉모습만 보고 판단한다. 사실 부동산의 가치는 눈에 잘 보이지 않는다. 내집마련은 좋은 물건이 아니라 좋은 가격을 고르는 게임이다. 정확히 말하면 물건 대비 가격이다. 가격(시세: 일정한 시기의 물건값)을 정확하게 보려면 눈을 감고 보는 게 더 잘 보일 때가 많다. 이때의 가격은 단순히 부동산 중개인이 말하는 시세이고 감정평가사가 평가해 주는 감정 평가 가격이 아니다.

부동산의 진정한 시세＝가격＜가치

이것을 알아내서 가치보다 싼 가격에 사는 것이 현명한 내집마련 방법이다. (이것은 물건이나 서비스를 사는 모든 곳에 적용되는 삶의 지혜다.) 똑같은 물건도 가치보다 비싸면 투자로서 의미가 없다. 비싼 돈을 지불한다는 것은 물건을 사는 사람이 내 물건(서비스)이 비싼 돈을 지불할 정도로 마음에 들었다는 이야기다. 그러니까 자신의 소중하고 피 같은 돈을 지불하면서 물건을 구매하는 것이다. **'싸게 사는 게 시작이자 끝'**이라는 이야기다.

'싸다'는 기준은 무엇일까?

그런데 '싸다'는 것의 기준은 무엇일까? 무엇보다 싸야 할까? 시세? 그러면 그 시세는 어떻게 파악해야 하나? 매주 바뀌는 아파트 시세를 아파트 평수별, 단지별, 향별, 동별, 1층, 탑층, 사이드 물건별로 모두 그 어느 누가 정확하게 각각의 가격이 얼마라고 자신 있게 말할 수 있을까? 그 아파트 단지 앞에서 20년 넘게 부동산 중개소를 한 사장님도 그 아파트 단지의 향별, 층별로 미묘하게 다른 오늘 시세를 자신 있게 "703호는 10억이다."라고 말하지 못한다. 아파트는 정가가 없다. 부동산 중개소 사장님도 이러한데, 처음 방문해서 제대로 알지도 못하는 동네에 있는 아파트의 시세를 어떻게 파악할 것인가? 시세를 파악하고 내집마련을 위해 매수해야 하는데, 어떻게 해야 하나? 그럼에도 불구하고 내집마련을 위해 시세를 파악하고 가격과 가치까지 파악해서 계약금을 쏴야 하는 매수자들의 마음은 복잡하기만 하다.

그러나 방법은 있다! Good News! (필자는 가끔 복음을 전하는 '전도사' 같은 느낌이 든다.) 이 물건이 좋은지, 나쁜지, 그리고 가격이 얼마인지에 대한 질문은 물건 하나만 놓고는 정확히 알 수 없다. 하지만 이 물건이 저 물건보다 좋은지, 나쁜지, 그리고 이 중에서 어느 것이 제일 좋은지는 비교할 수 있다. 키가 218cm

인 씨름 선수이자 이종격투기 선수인 최홍만을 떠올려보자. 최홍만이 혼자 있을 때는 그의 키가 큰지, 작은지 모른다. 하지만 러시아 이종격투기 선수인 키 183cm의 표도르가 옆에 있으면 최홍만은 엄청 커 보일 것이며 심지어 표도르는 작은 키가 아닌데도 귀여워 보인다. 이렇게 비교 평가는 누구나 쉽게 할 수 있다.

비교 평가의 중요성 – 많이 볼수록, 많이 비교할수록 좋다

역세권 대단지 아파트가 비역세권 나홀로 아파트보다 가치 있는 것은 쉽게 보일 것이다. 제대로 비교 평가를 하려면 머릿속에 비교 평가군이 많이 있어야 한다. 부지런히 돌아다니면서 많은 물건을 보고 시세지도나 노트에 임장을 통해 얻은 정보를 기록한 후 수시로 보면서 비교 평가를 해야 한다.

'비역세권 나홀로 아파트를 9억 주고 살 바에는 역세권 대단지 아파트를 9억 주고 사는 게 낫지.'
'하급지를 10억 주고 살 바에는 상급지 조금 작은 평수를 10억 주고 사는 게 낫지.'

이렇게 수많은 물건을 놓고 비교 평가해 보는 것이다. 그러면 정확한 시세는 파악하지 못해도 시세 구간은 파악할 수 있다. 일반인들도 일상적으로 마트나 시장에서 물건을 살 때 같은 방법을 쓰지 않는가?

'이 마트에서는 8,000원이네?'

'쿠팡 무료 로켓배송은 7,000원이네. 이 정도 가격인가 보군.'

일반인도 상품을 살 때 매번 이렇게 가격과 가치를 비교하고 시세 구간을 눈에 익힌다. 하물며 내집마련을 공부한다면 아파트 가격에 대해, 아파트가 가지고 있는 가치에 대해 비교 평가하고 아주 많이 민감해져야 한다. 마트에서 사는 물건은 바가지 써봤자 몇만 원이지만, 부동산은 그 수천 배를 바가지 쓰니 말이다.

쉽게 말해서 추상적인 개념인 가치를 수치화하는 것은 '가격'이다. 여기서 '수치화(數値化)'라고 했는데, 수치화는 숫자로 표현한다는 말이다. '숫자＝돈'으로 표현하기 전에 그 가치는 저마다 주관적이다. 그러면 숫자화하는 기준이 있어야 하는데, 무엇을 기준으로 해야 할까? 점점 어려워진다.

- **가격(價格):** 명사 물건이 가지고 있는 가치를 돈으로 나타낸 것. price
- **가치(價値):** 명사 ① 사물이 가지고 있는 쓸모 ② 대상이 인간과의 관계에 의해 갖게 되는 중요성. value, worth

다행히 매일 부동산의 가치를 수치화하기 위해 연구하는 사람이 있는데, 바로 감정평가사이다. 은행에서 물건의 담보 가치를 따지거나 경매 물건을 감정할 때 감정평가사가 물건의 가치를 평가해서 가격을 결정한다. 이때 감정평가사는 ① 비교 방식, ② 원가 방식, ③ 수익 방식, 이렇게 3가지 방식을 이용해서 감정한다.

감정평가사가 사용하는 3가지 감정 방식

① **거래 사례 비교법**: 비슷한 물건의 거래 사례와 비교하여 가격을 산정하는 방법

② **원가 방식**: 건물값+땅값－감가상각(부동산일 때)

③ **수익 환원법**: 수익률 역산법

    예 1억을 투자했을 때 연 120만 원 수익이 발생하면 수익률은 1.2%이다.

'감정평가서'를 보면 주거용 부동산의 경우에는 대부분 ① 거래 사례 비교법을 이용한다. 즉 감정평가사도 실제로 거래되는 가격을 중요시한다는 것이다. 그렇다면 나도 우리 동네 시세를 잘 모르는데 감정평가사는 어떻게 알까? 실거래 가격이 있지만, 과거 실거래 가격만 가지고 현재 가격을 정확히 측정할 수 있을까? 물론 간단한 방법이 있다. 부동산 중개소에 가서 물어보는 것이다. 실제로 감정평가사도 부동산 중개소에 가서 시세를 많이 물어본다. 그런데 부동산 사장님들도 거래 사례가 없어서 잘 모른다면? 이런 경우에는 본 건 근처 물건들의 과거 실거래가와 비교하는 수밖에 없다. 어쨌든 감정평가사도 사람이고 부동산 중개소 사장님도 사람이다 보니 가격이 딱 맞아떨어질 수는 없고 조금씩 편차가 있을 수밖에 없다.

① 가격=가치 → 올바르게 평가될 때도 있고

② 가격>가치 → 고평가될 때도 있으며

③ **가격<가치 → 저평가될 때도 있다.**

당연히 우리는 ③을 추구하면서 좋은 물건을 싸게 사야 한다. 이렇게 하려면 앞에서 배운 시세지도를 통해 관심 단지 주변의 전체 시세를 파악한 후 감정평가사처럼 거래 사례를 분석하고 가격과 가치를 비교 평가해서 판단해야 한다. 그리고 가치가 보존되는 서울 땅, 강남 땅을 기준으로 인플레이션 때문에 가치가 떨어지는 화폐와 비교 평가하는 것이다. 점점 가치가 떨어지는 화폐를 전 국민이 원하는 서울 땅, 강남 땅 밑에 묻어서 영원히 가치를 보존시키는 것이다.

훌륭한 기회는
뛰어난 기업이 주가를 왜곡시키는
비정상적인 상황에 처한 경우에 다가온다.

– 워런 버핏(Warren Buffett)

04

원칙 4
좋은 물건을 싼 가격에 사라

원픽을 정하고 끊임없이 물건을 비교 평가하자

좋은 물건 하나만 보고 사랑에 빠지지 말고 서열로 줄 세워서 비교해 본 후 자신의 가용 자금을 명확하게 판단해야 한다. 가용 자금 위아래로 버퍼를 넉넉히 두고 지속적으로 나오는 물건을 집중적으로 끈기 있게 트래킹하는 사람만 좋은 물건을 좋은 가격에 내집마련할 수 있다. 내 집을 마련하기 위해 '네이버 부동산'에서 아파트 물건을 검색할 때 '서울 아파트는 어차피 안 되잖아!', '강남 아파트는 어차피 살 수 있는 돈이 없잖아.', '강남은 어차피 못 들어가잖아.'라고 자포자기하면서 '쉬운 선택'을 하는 사람들이 있다. 본인 자금 계획도 제대로 세울 줄 모르고 대출에 대해 무지하면서 무조건 안 된다고 인생을 미리 결정해 버리는 사람들이 너무 많다.

미래를 미리 예측하지 말아라. 본인 관심 단지보다 더 상급지도 가보고 더 하급지도 가보자. 관심 단지 가격과 같은 더 상급지의 작은 평수 아파트 물건도 보고 더 하급지의 넓은 평수 아파트 물건도 보면서 끊임없이 비교 평가해야 내가 보는 물건의 폭이 넓어지고 안목도 깊어진다.

임장은 내가 사전에 조사한 것이 맞는지, 선택이 맞는지 여러 방면에서 재차 확인하는 과정이다. 그래서 마음속에 한 가지 원픽을 기준점으로 정하고 끊임없이 다른 물건, 다른 입지, 다른 가격을 비교 평가해야 한다. 그러다가 **'내 마음속 원픽을 이 가격에 사면 입지 대비 정말 싼 것이라는 확신이 200% 드는 순간'**이 온다. 비교 평가를 할 때는 ① 이 물건이 '정말 좋은 물건'인지, ② 이 좋은 물건이 '정말 좋은 가격'인지 이 2가지를 잘 체크해야 한다. 나의 원픽이 비교 우위인지를 분명하게 외칠 수 있을 때 계약금을 쏘면 된다.

최소 3달간 50채 정도의 집을 보고 매매를 결정하자

처음 내 집을 마련하는 초보자들은 뭐가 그렇게 급한지 대부분 집을 몇 채 보지도 않고 조급하게 계약한다. 여러 관심 지역을 조사하고 꼼꼼하게 비교 및 평가한 후 의사 결정하는 초보자는 드물다. 이런 실수만 안 해도 좋은 집을 구할 수 있을 텐데 말이다.

내집마련은 큰 자금이 들어간다. 그리고 한번 결정하면 최소 몇 년은 바꾸기 어려울 만큼 중요하므로 철저하게 준비해야 한다. 사전 조사도 필요하고,

직접 현장에도 가봐야 하며, 다양한 후보지를 비교 평가해야 하고, 자금도 마련해야 한다. 그런데 상담하다 보면 보통 내집마련과 그에 따른 준비가 중요하다는 것은 모두 알면서도 일정을 급하게 잡고 바쁘다는 핑계로 대충 결정하는 초보자가 대부분이다. 내집마련을 할 때는 최소 3달 이상 넉넉한 시간을 가지고 집중적으로 임장을 다녀야 한다. 주말마다 집을 보러 다니거나 시간이 안 날 때는 휴가를 내서라도 마음에 드는 매물을 찾아다녀야 한다. 최소 3달간 50채 정도의 집을 보기 전에는 계약을 결정해서는 안 된다. 비교 평가 과정이 필수이기 때문이다. 살면서 100만 원짜리 물건을 살 때 10일 고민한다면 1억짜리 물건을 살 때는 1,000일 고민해야 하고 10억짜리는 그 10배의 시간 동안 고민하고 준비하는 게 맞다. 일을 조급하게 진행하다가 후회해 본 경험이 모두 있을 것이다. 그런데 부동산으로 하는 실수는 항상 큰돈이 날아가서 가장 큰 후회 중 하나로 쓰라리게 남으니 제발 철저히 준비하자.

내집마련을 할 때는 내 가족에게 꼭 필요한 필수 요소를 가지고 있는 집인지 비교 평가해야 한다. 맞벌이 부부의 출퇴근 시간을 아껴줄 수 있는 집인지, 아이들 등하교는 혼자서 가능한 곳인지, 채광은 충분한지, 생활 편의시설(공원, 은행, 마트, 병원 등)은 잘 갖춰진 곳인지 꼼꼼히 살펴보고 차분하게 비교 평가해야 한다. 절대로 조급하게 결정하면 안 된다.

집을 구하러 다니다 보면 초보자들은 한 번도 경험해 보지 못한 가격에 놀라곤 한다. 몇억은 기본이고 10억 넘는 가격까지 난생 처음 듣게 된다. 1억도 현찰로 본 적이 없는데 몇억이라는 너무도 비현실적인 가격 때문에 어느 순간

무감각해진다. 그리고는 가격을 잊은 채 좋은 집, 예쁜 집, 전망 좋은 집만 찾게 된다. 가격 자체에 대한 감각이 무뎌지면서 제값의 집을 보는 생각이 사라지고 '비싸게 사니까 나중에 비싸게 팔아야지.'라는 황당한 생각을 하는 초보자들도 많다. 초보자들이 가장 많이 하는 실수는 '좋은 집을 나쁜 가격에 사는 것'이다. 좋은 집을 좋은 가격에 사는 것이 가장 좋다는 것은 누구든지 알고 있다. 처음 경험하는 부동산 중개소 모습과 거래 풍경, 그리고 심리전에서 초보자들은 정신 줄을 놓는다. 그래서 현장에서 매도자와 여우 같은 부동산 사장님의 좋은 먹잇감이 된다.

좋은 물건은 없다. 좋은 가격만 있을 뿐!
나쁜 물건은 없다. 나쁜 가격만 있을 뿐!

좋아질 집보다 현재 좋은 집을 사라!
호재는 계산에서 빼는 게 안전하다

뉴스에 나오는 전철 노선 발표 호재를 보고 내집마련을 결정하는 초보자가 많다. 필자의 경험상 호재는 일반적으로 완성되는 데 오랜 시간이 필요하다. 특히 전철 호재가 그렇다. 전철 노선 개발 계획이 발표되고 착공하는 데만 10년 이상 걸리는 경우가 많다. 언제 완공할 거라는 뉴스를 그대로 믿어서는 곤란하다. 공사 도중 공사비가 없어서 중단하기도 하고 태풍으로 지하 공사 구간이 무너지는 경우도 있다. 호재가 되면 좋고 안 되어도 상관없는 지역을 보아야 한다. 함부로 호재를 보고, 예측하고, 미래를 미리 계산하지 말자. 호재는 덤으로 생각하고 계산에서 빼는 것이 안전하다.

좋아질 집이 아니라 좋은 집을 사야 한다. 현재 좋은 집이어야 한다. 호재가 완성되면 좋아질 집은 살아생전에 호재가 완성되는 것을 못 볼 수도 있으니 주의해야 한다. 호재는 그냥 덤으로 생각하자.

05

원칙 5
교집합 투자를 해라
(ft. 교통, 환경, 학군)

여행에서 두려움을 극복하며 얻은 교훈

필자는 해외여행을 싫어했다. 낯선 외국에서 말도 안 통하는데 여행을 다니는 게 영 내키지 않았다가 10여 년 전부터 해외 자유여행을 다니기 시작했다. 모르는 길은 번역기 어플을 사용하면 되었고 이것도 여의치 않으면 손짓발짓하면서 물었다. 택시도 타고, 전철도 타고, 식당에 들어가 밥도 먹고, 그렇게 여러 번 다니다 보니 해외여행에 대한 거부감이 많이 없어졌다. 사실 그 거부감은 실체 없는 두려움 때문이었다. 국내 여행도 처음 방문하는 곳은 두렵고 힘들 수 있는데, 해외라는 이유로 미리 겁부터 과도하게 먹은 것이다. 조금 용기를 내어 그 두려움을 극복했더니 새로운 세상이 열렸다. 더 넓은 세상을 경험하고 나니 '내 생각이 좁았구나. 우물 안 개구리였구나.' 하는 생각이 들었다. 물론 장시간 비행기를 타야 하고, 시차에 적응해야 하며, 낯선 음식은 여전히 힘들지만, 이러한 불편함을 뛰어넘을 만큼 새로운 세상에 대한 감동이 기다리고 있지 않는가?

좋은 집을 구하는 과정도 해외여행과 똑같다. 좋은 집을 찾아 여기저기 새로운 곳을 많이 구경 다니는 것만으로도 공부와 자극이 된다. 필자는 지금도 시간 나는 대로 새로운 동네, 새로 지은 아파트 단지를 구경 다닌다. 당일치기 국내 여행 겸 생생한 부동산 공부인 셈이다. 이 여행을 갈 때는 간단하게 계획도 짠다. 우선 둘러볼 아파트 단지를 정하고, 동선을 점검하고, 부동산 중개사무소에 전화해 약속을 잡고, 그 동네 맛집도 인터넷으로 검색한다. 처음 가보는 동네에서 밥을 먹고, 시장도 가보고, 공원도 둘러보다가 지나다니는 사람에게 이것저것 물어보기도 한다. "혹시 여기 오래 사셨나요? 집 좀 구하려고 왔는데, 불편한 점은 없으신가요?" 하고 궁금한 걸 물어보면 의외로 거부감 없이 실제 거주민들이 다양한 이야기를 잘해주는 경우가 많다. 그러면 거주민들과 즐겁게 대화를 나누고 감사하다고 인사한다.

필자가 해외여행에서 해 보고 싶었던 것을 지금은 이 '당일치기 국내 여행'을 통해서 하고 있다. 새로운 동네를 볼 때 아파트 단지의 형태나 주변 시설뿐만 아니라 동네 사람들이 어디서 일하고, 어떻게 출근하는지, 주변 학교나 학원은 어디에 있는지, 주말은 어떻게 보내는지 등 그 동네 거주민의 평범한 삶을 보려고 노력한다. 그들의 삶과 필자의 삶을 비교하면서 그들이 가진 것과 필자가 가진 것을 생각해 보고 반대로 필자가 가지지 못한 것과 그들이 가지지 못한 것도 함께 생각해 본다. 전철과 멀리 떨어져 있는 동네를 가보고 다시 필자의 삶으로 돌아오면 편리한 지하철 역세권에 감사한 마음이 생긴다. 모든 것이 그렇다. 익숙해서 놓치고 있던 것을 감사하며 돌아보는 시간을 통해 이런 감사함이 겹치고 또 겹치는 동네가 있고, 아쉬움이 겹치고 또 겹치는 동네가 있다.

좋은 것이 다 모여있는 교집합 동네 찾기

이렇게 임장을 다니다 보면 신기한 것이 있다. 바로 상급지와 하급지 양쪽에 사는 사람들 모두 이게 얼마나 편리한지, 얼마나 불편한지 모른다는 사실이다. 여행하는 필자만 알게 되는 묘한 쾌감, '당신들은 내가 아는 걸 모르지?' 하는 우월감까지 말이다. 또한 양쪽 다 "이 동네가 살기는 좋아."라고 똑같이 말하는 사람들이 많다는 것도 꿀잼이다. 비교 평가를 많이 하다 보면 새로운 곳을 가도 '어라? 어디 하고 비슷한데?', '이건 저쪽하고 다르네.' 이런 생각도 든다. 많은 곳을 보니 좋은 곳과 안 좋은 곳을 구분하게 되면서 결국 가장 좋은 곳을 찾을 수 있게 된다. 비교하고 또 비교해서 가장 좋은 곳 찾기, 모든 것이 갖추어진 동네 찾기, 즉 임장은 교집합 찾기 여행인 셈이다.

내가 원하는 집인가? VS 사람들이 원하는 집인가?

집은 매매를 하든, 전세를 구하든 수요가 많은 지역을 고르는 것이 중요하다. '서울 3대 중심업무지구'처럼 수도권 직장인들이 많이 몰리는 근방은 집을 구하려는 수요가 많다.

'그냥 우리 부부 직장 근처면 될 것 같은데. 아니, 다른 사람들 직장이 많은 업무 지구가 나랑 무슨 상관이지?'

이런 생각을 하는 초보자들이 많다. 내 가족을 위한 집인데 수요가 많은 지역이 왜 중요할까? 답은 간단하다. 수요가 많은 곳은 집 가치가 지속적으로 상승하고 가격이 올라가기 때문이다. 그래야 집을 사면서 받은 대출도 연장되고, 더 넓은 평수로 갈아타기 쉬우며, 마음도 편안해진다.

반대로 수요가 없어서 집값이 하락하면 어떻게 될까? 만기 때 은행에서 대출 상환 압박이 들어오고, 다른 곳으로 이사 가고 싶어도 갈아타기 힘들며, 밤잠을 설치게 된다. 서민에게 내 집 한 채는 전 재산이 거의 다 들어간 재산 목록 1호이다. 부자들이야 집값이 안 올라도 그러려니 하겠지만, 평범한 서민일수록 실거주로 사는 집의 가치가 올라야 최소한 인플레이션을 방어할 수 있다. 또한 집의 가치가 올라야 아이가 커서 방이 1개 더 필요하거나 욕실 2개가 필요할 때 근처의 더 넓은 평수로 수월하게 이사할 수 있다. 제대로 마련한 내 집 1채는 인플레이션 위험성을 줄이고 새로운 기회를 얻게 해 주는 디딤돌이 된다. 그러려면 다른 사람들이 좋아하는 집을 사야 한다. 내가 원하는 것과 다른 사람들이 원하는 교집합을 찾아야 한다는 말이다.

예를 들어 필자는 노란색을 좋아하지만, 노란색 차를 사지는 않는다. 왜냐하면 노란색 차는 중고차 시장에서 헐값에 팔리기 때문이다. 대신 필자는 무조건 흰색 차를 산다. 흰색 차는 중고차 시세도 좋고 무난하기 때문이다. 좋아하는 것과 내가 직접 돈을 주고 사는 것은 다르다. 이것을 빨리 깨달은 사람일수록 내집마련에서 많은 투자 가치를 발견할 수 있다. 집도 그렇다. 세상 사람들이 가장 중요하게 생각하는 요소를 가진 집을 사야 한다. 결국 내가 좋아하는 집이 아니라 세상 사람들이 좋아하는 집을 사야 한다는 것이 핵심이다. 서울 사람들은 대부분 지하철 2호선을 중요하게 생각한다. 그러니까 내가 지하철을 별로 좋아하지 않아도 우선 2호선 근처의 집을 보아야 한다. 이런 세상 사람들의 마음을 이해하는 역지사지의 접근 방법이 성공적인 내집마련에 많은 도움이 된다. 이렇게 해서 내집마련에 성공하면 어떤 결과가 생길까? 첫 번째는 당신도 그곳을 좋아하게 될 확률이 높고 그게 아니어도 두 번째는 당신의 자산 잔고 통장이 좀 더 넉넉해질 것이다.

인간은 타인의 욕망을 욕망한다.

- 자크 라캉(Jacques Lacan)

자녀 계획이 있거나 이미 아이가 있는 가정이라면 더욱 세심하게 주변 환경을 미리 체크해야 한다. 아이의 의견은 중요하지만, 아이는 자기 생각을 정확하게 말할 수 없으므로 반영하기가 쉽지 않다. 부모라면 아이가 싫어할 부분에 대해 세심하게 미리 살펴야 한다. 간혹 당장 고려할 사항이 아니라고 판단해서 자녀가 다닐 학교가 없는 곳에 집을 구하는 사람들이 있다. 이런 사람들을 상담할 때마다 이 가정의 자녀들이 느낄 불편함이 미리 걱정된다. 부모가 출근하는 시간에 아이가 먼 거리를 통학하려면 아이 혼자 걸어가거나 버스 등 대중교통을 타야 한다. 또한 누군가 매일 등하교를 해 주어야 하는데, 이런 문제는 아이뿐만 아니라 부모에게도 너무 힘든 일이다.

내집마련 교집합 3대 요소 – 교통, 환경, 학군

내집마련할 때는 교통, 환경, 학군, 이 3가지 요소를 특히 기억해야 한다. 그런데 이 3가지 요소를 모두 만족하는 교집합 입지를 찾기가 쉽지 않다.

1. 교통

아빠, 엄마가 걸어서 출퇴근할 수 있을 만큼 직장과 가까운 아파트에 살면 좋지만, 그러기는 쉽지 않다. 그렇다면 그다음에는 이용하는 교통수단으로 쉽게 접근할 수 있는 곳을 생각해야 한다. 전철을 이용한다면 전철역과의 거리가, 자동차를 이용한다면 출근 시간에 막히지 않는 도로가 매우 중요하다.

2. 환경

환경은 보통 한 가족이 생활하는 데 불편함이 없는 편의시설을 말한다. 내집마련할 때는 공원, 은행, 마트, 재래시장, 백화점, 편의점, 우체국, 보건소, 병원, 카페, 작은 상점, 도서관 등 대중들이 가장 선호하는 다양한 편의시설이 있는지 살펴보아야 한다.

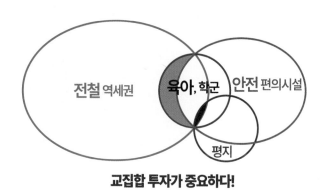

교집합 투자가 중요하다!

3. 학군

학군은 초중고등학교의 위치나 학원가를 의미한다. 특히 초등학교가 아파트 단지 안에 있으면 '초품아(초등학교를 품은 아파트)'라고 하여 가장 선호한다. 어린 초등학생들이 차도를 건너지 않고 안전하게 통학하기를 원하는 부모가 많기 때문이다. 이 외에도 진학률이 높은 중고등학교와 학원가가 잘 갖추어져 있는 아파트는 학군 수요가 많아 그만큼 시세도 높다.

관심 아파트를 선정할 때 사람들이 선호하는 입지, 즉 수요가 넘치는 지역의 아파트를 가장 먼저 고려해야 한다. 수요가 계속 몰리는 입지는 웬만해서는 가치가 떨어지지 않는다. 가용 예산 범위 안에서 더 많은 사람이 원하는 입지를 선별해야 한다. 수능 점수로 갈 수 있는 최고 대학교를 선별하는 것과 같다. 왜 그래야 할까? 대학교라고 다 똑같은 대학교가 아니고 서울 아파트라고 다 똑같은 서울 아파트가 아니기 때문이다. 입지가 중요하지만, 꼭 입지에 한정되는 이야기는 아니다.

사람들의 마음속에는 몇억이라는 큰돈을 내고서라도 꼭 갖고 싶은 집이 있다. 그 집이 역세권의 대단지 아파트일 수도 있고, 앞마당이 있는 단독주택일 수도 있으며, 학군 좋은 곳의 신축 아파트일 수도 있다. 그것이 무엇이든지 시대에 따라 내집마련을 하려는 사람들의 마음속을 들여다보고 이해할 수 있는 깊은 안목이 필요하다. 나도 좋아야 하지만 다른 사람들이 좋아해야 한다. 또한 다른 사람들을 들여다보고 그들의 꿈과 삶을 이해하면서 문화와 사회 현상에도 깊이 공감해야 한다. 그래서 부동산은 사람을 공부해야 하는 인문학이다.

06

원칙 6
팔 물건은 아예 사지 마라

당신의 투자 원칙은 무엇인가?

"쏘쿨 님! 요즘 사람들이 서울에 내집마련해서 돈을 엄청 버는데, 저도 빨리 무언가를 사야겠어요. 아무것도 안 하고 있으니 불안해서 못 살겠어요. 뭘 사야 할까요? 어딜 가야 할까요?"('사자마자 바로 폭등하는 거 찍어줘요!'=마음의 소리)

필자는 이런 이야기를 들으면 템플스테이를 추천한다. 십수 년 전 필자의 초보 시절이 떠올랐다. 폭등 시절에 몇 채 사서 돈 좀 벌었다고 아무거나 막 사던 시절이 있었다. 하지만 지금은 조급한 마음이 가슴 속에서 일렁일 때는 우선 경계한다. '과연 내가 내 불안함과 조급함을 없애려고 투자하는 것인가? 아니면 냉철한 판단력으로 투자하는 것인가?' 이렇게 생각하면서 마음을 진정한다. 투자는 감정적으로 하면 안 된다. 정확히 말해서 불안한 감정을 풀기 위해 아무거나 사면 안 된다. 남들에게 보여주기 위해, 자랑하기 위해, 경쟁에서 뒤처지지 않기 위해 투자하는 게 내집마련이 아니다.

'배고픈 채로 마트에 가지 말라.'는 말이 있다. 배고파서 닥치는 대로 사고 나중에 후회하기 때문이다. 밥을 먹고 마트에 가자. 원칙대로만 움직이면 되는 것이다. 기준점이 없는 마음은 팔랑귀의 날갯짓에 공중으로 붕붕 하늘을 떠돌아다닐 것이다. 그럴 때마다 나의 투자 원칙과 투자 철학은 무엇인지 생각해 보자. 필자는 투자 고수 워런 버핏(Warren Buffett)의 책에서 매우 공감했던 문장이 있다.

Forever is a good holding period.
(영원히 투자할 각오로 주식을 사라.)

이 말은 팔 주식은 단 한순간도 들고 있지 않는다는 의미인데, 이것을 부동산으로 바꿔서 생각하면 다음과 같다.

팔 부동산은 사지 않는다.

그러면 초보자들은 다시 질문을 한다.

"쏘쿨 님도 팔잖아요?"

아! 안 판다는 의미가 아니라 팔려고 사는 게 아니라는 말이다! (이게 헷갈리는구나! 생초보들은~)

좋은 집은 나와 가족의 인생을 송두리째 바꾼다

1980년대 산 코카콜라 주식을 40년째 보유중인 워런 버핏은 지금까지 매번 코카콜라를 마시는 것도 부족해서 코카콜라 광고까지 찍었다. 투자는 이 정도 엉덩이 싸움이어야 하지 않을까? 워런 버핏의 말을 다시 한번 더 기억하자.

"팔 물건은 사지 않는다."

자본주의의 근본 원리는 숫자로 표시되는 돈이라고 생각하는 사람들이 많다. 그래서 엑셀을 꺼내서 계산부터 한다. 이걸 사서 팔면 나중에 시세 차익이 얼마나 예상되고 등등 말이다. '누구나 처맞기 전까지는 다 계획이 있다.'(마이클 타이슨) 2022년 tvN에서 방영된 《작은 아씨들》 드라마에서 부자 고모(김미숙 분)가 조카(김고은 분)에게 자본주의에 대해 개인 지도해 주는 내용이 있었다.

"좋은 집에 살면 성공할 확률이 높아져. 웬만한 일은 집에 오면 다 극복이 되니까."
"정말 그럴 거 같아요!"

일대일로 개인과외 중인 우등생 조카가 크게 공감하면서 대답했다. 결국 그냥 좋은 집에 실거주하라는 명확한 이야기다. 좋은 환경, 좋은 인프라는 엑셀에 나오는 숫자가 아니라 좋은 집에 사는 욕망의 만족이 전부라는 이야기다. 좋은 입지에 내집마련한 아파트 말이다. 서울 한강변 핵심지에 살면 직주근접이 가능하고, 서울 3대 중심업무지구로 역방향 출퇴근하므로 출퇴근길에 생기는 스트레스가 없어진다. 그래서 퇴근 후에는 자유 시간이 많아져서 하고 싶은 것을 하거나 서울 고퀄리티 문화 인프라를 매일 365일 누릴 수 있다. 그러니 퇴근 후 웬만한 회사생활 스트레스는 다 극복되는 게 당연하다.

외곽에서 서울로 출퇴근하며 도로 길바닥, 전철 바닥, 광역버스에 찌그러져서 인생을 낭비하지 말라는 이야기다. 지옥의 출퇴근길 때문에 매일매일 몸이 지치니까 마음도 힘든 것이다. 몸과 마음은 하나여서 좋은 입지, 좋은 서울집으로 바꾸면 삶이 달라진다. 당신과 배우자, 아이까지 모두 좋은 환경 때문에 삶의 질이 수직 상승한다. 사는 곳이 변변찮은데 아침마다 상급지로 일하러 다니면서 뭔가 잘못된 것 같은 느낌이 들면 그게 맞는 것이다.

자기 자신을 용서해야 한다. 첫 선택은 배운 적이 없었으니 서울 밖으로 나간 것이다. 서울 '탈출'이 아니고 서울에서 '탈락'한 것이다. 하지만 이제는 목표를 서울 상급지로 생각해야 한다. 그래야 나와 내 가족이 편안한 삶, 안정된 삶, 상급지의 고급스러운 삶을 누리면서 안정에 대한 근본 욕구를 해결할 수 있다. 돈이 많은 것보다 좋은 집이 더 중요하다. 정말로 돈이 없으면 전월세라도 좋은 곳에 살아라. 그러면 알게 된다. 상급지의 삶이 어떤지 말이다. 현재 삶의 질을 낮춰야만 미래가 보장되는 것은 아니다. 경기도나 외곽에 살고 있다면 과감하게 인서울 핵심지 인강남 내집마련을 고려해 보자. 정말 안 되면 전월세라도 인서울 인강남에 들어와서 살아보자. 그러면 두려웠던 상급지의 삶을 해외여행처럼 즐기게 될 것이다.

딸 2명 워킹맘의 성남에서 강남 내집마련 후기

경기도 성남시에서 강남구에 내집마련한 '강남' 님이 얼마 전 필자의 수강생들 모임인 '재테크 캠퍼스' 블로그(https://blog.naver.com/socool_777)에 후기를 올리셨다. '강남' 님은 남편, 딸 2명과 함께 강남에 입성한 후 변화된 본인과 가족의 삶, 환경, 생각에 대해 잔잔하게 이야기해 주셨다.

쏘쿨 님, 안녕하세요?
덕분에 강남에 잘 입성해서 생활하고 있습니다. 얼마 전 초등학교 6학년 큰딸이 심각한 표정으로 이야기했습니다.

"엄마, 나 서울대 의대에 갈 수 있을까? 거기 공부 엄청 잘해야 하잖아."
"서울대 의대?"

딸아이는 집 앞에 있는 고등학교에 붙은 플래카드를 보고 자신의 미래에 대해 고민했나 봅니다.

"그럼! 네가 열심히 공부하고 있으니 충분히 갈 수 있지."

라고 대답해 주었습니다. 우리 동네는 아이의 꿈을 크게 갖게 해 줍니다. 이전까지 '학군지' 하면 '공부로 아이들을 힘들게 하는 곳'이란 편견이 있었습니다. 하지만 학군지에 와서 살아보니 생각이 달라집니다. 아이들이 잘 커갈 수 있도록 좋은 환경이 조성된 곳이고 모든 사람이 아이를 위하는 마음이 크다는 것을 점점 더 많이 느낍니다. 아이들을 배려해 주고 잘 크기 바라는 마음을 가진 사람들이 정말 많습니다. 이렇게 이야기하다 보니 저에게 이전 삶과 매우 다른 비현실적인 생활이 펼쳐지고 있다는 생각이 듭니다.

좋은 곳에 오니 좋은 일이 가득합니다. 이 좋은 일은 살아봐야 느낄 수 있는 것들이었습니다. 이렇게 좋은 일과 감정을 세세하게 하나하나 표현할 수 있으면 좋겠지만, 제 글솜씨로는 모두 담을 수가 없습니다. '여기에 사는 사람들은 이전부터 계속 좋은 것들을 보고, 느끼고, 받으면서 살고 있었구나!'라는 생각이 듭니다. 지금이라도 와서 이렇게 좋은 것을 보고, 느끼고, 받으면서 살 수 있다는 것이 큰 행운이라고 생각합니다. 쏘쿨 님, 저희 아이들의 인생을 바꿔주셔서 정말 감사합니다.　　　　　　－ 강남 올림

07

원칙 7
스노볼 효과를 줄 물건을 사라

10년에 2배 오를 현물 자산을 찾아라

워런 버핏의 스노볼 효과(snowball effect)는 돈을 투자해서 초기 자본을 늘리고 그 수익을 재투자해서 더 큰 이익을 창출하는 현상을 말한다. 스노볼 효과의 핵심은 시간을 내 편으로 만드는 것이다. 이게 무슨 말일까? 시간이 지날수록 나에게 유리해지는 원리를 이용해 최대한 빨리 '시간의 언덕'에 내가 만든 자산을 굴리라는 의미로, '복리의 마법'이라고 생각할 수도 있다. 복리는 100에 이자가 10% 붙을 경우 110, 121, 133.1과 같은 방식으로 이자에 이자까지 붙는 방식이다.

실제로 우리가 사는 세상의 물가는 10년에 2배씩 오르고 있다. 최저 임금도 2배, 물가도 신기하게 2배씩 오른다. 지난 코로나19 팬데믹 때 불어닥친 경제 위기 상황 속에서 시중에 돈이 많이 풀리자 물가 오르는 속도가 더 빨라졌다. 이렇게 통화량이 급속도로 팽창하는 상황에서 돈의 가치는 점점 낮아지므로 우리는 돈의 가치를 보존해 줄 안전 장치인 현물이 필요하다. 통화량을 다 흡수해서 10년에 2배 이상 오를 현물 말이다. 하늘에서 쏟아지는 함박눈 같은 통화량을 모두 내 자산에 달라붙게 할 현물 자산 눈 덩어리 말이다. 그렇다면 금덩어리가 이런 역할을 할 수 있을까? 물론 금덩어리를 살 수도 있지만, 수억 원어치씩 사놓는 사람이 많을까?

월급쟁이라면 서울땅, 강남땅의 실거주 아파트를 노리자

월급쟁이라면 든든한 곳에 종잣돈을 묻어야 하는데, 그게 서울에서는 강남땅이고 부산에서는 해운대땅이다. 변하지 않는 가치를 지닌 불변의 것을 찾아보자. 그 동네 최고 입지의 땅을 품고 있는 아파트를 한 채 사서 내 가족이 행복하게 실거주하면서 살아가는 것, 이것은 평범한 서민이 할 수 있는 최대치다. 또한 인플레이션을 방어할 수 있는 최고의 투자이면서 최상급 삶을 누릴 수 있는 든든한 베이스캠프 역할도 한다. '시멘트 덩어리'라고 표현하는 아파트가 사실은 내 자산의 교환 가치를 인플레이션으로부터 지켜주는 단단한 철근 시멘트 금고인 셈이다. 이 금고에만 넣어놓으면 자산이 10년마다 2배가 되어서 돌아온다. 기뻐만 할 일은 아니다. 10년마다 통화량이 2배가 되어 모든 물건의 가격도 2배가 되어 있을 테니 말이다. 반대로 손에 쥔 현금은 그대로인데 모든 물건 가격(집값 포함)이 10년마다 2배씩, 20년마다 4배씩, 30년마다 8배

씩 오른다면 대성통곡할 만큼 슬퍼할 일이다.

서울땅, 강남땅에 있는 아파트는 한국은행에서 자동으로 10년에 2배씩 따박따박 가치를 올려주는 '신비한 시멘트 금고'이다. 하이새시 창문이 달려있고, ㄷ자 싱크대가 있으며, 최상급지에 자리 잡은 '시멘트 금고'. 오늘도 우리는 철근 콘크리트 내력벽의 '시멘트 금고' 안에서 편안하게 잠자리에 든다. 10년에 2배, 20년에 4배, 30년에 8배씩 오르는 꿈을 꾸고 흐뭇해하면서 말이다. 10년이 너무 길다고 생각하는가? 그렇다면 지난 당신의 10년 인생이 긴 시간이었나? 그럼 지난 20년 인생은 길었나? 5학년 할아버지인 필자 입장에서는 지난 50년도 금방 지나가더라.

돈을 모아서 집을 사는 게 아니라 집을 먼저 사고 돈을 모으는 것이다. 항상 우선순위가 중요하다. 담보대출통장 요정이 되어 회사생활을 열심히 하다 보면 인플레이션이 집값을 끌어올려 주고 대출을 줄여줄 것이다. 우리가 할 수 있는 것은 지금 이 순간 나와 내 가족을 위해 최선을 다하는 것뿐이다. 세상에 공짜는 없으므로 대가를 치러야 한다. 워런 버핏(Warren Buffett)의 말처럼 잠자는 동안에도 저절로 자산이 상승하는 (최상급) 자산을 가지지 못한다면 당신은 죽을 때까지 일해야만 한다.

08

원칙 8

실거주 한 채가 가장 큰 투자다

큰 태양 만들기 – 총력을 다해 가장 좋은 집을 사야 하는 이유

우리는 첫째마당에서 집의 3가지 가치인 '사용 가치', '투자 가치', '연금 가치'에 대해 배웠다. 자신의 수능 점수로 갈 수 있는 최고의 대학교를 선택하듯이 자신이 피땀 흘려 번 돈으로 최고의 입지에 최고의 집을 사야 한다. 그곳이 서울이면 강남일 것이고, 부산이면 해운대, 대구이면 수성구, 광주이면 봉선동일 것이다. 실제로 수강생 중 서울 사람들은 강남 3구에, 대구 사람들은 수성구에, 부산 사람들은 해운대구에 큰 태양 내집마련을 하고 실거주 입주해서 행복하게들 산다.

필자는 고등학생 자녀를 둔 지방 사람들에게 자녀의 인서울 대학교 진학을 염두에 두고 실거주 큰 태양 내집마련 이후 가급적 인강남에 전세 끼고 미리 집을 사놓으라고 조언한다. 실제로 많은 사람이 이것을 실행에 옮겼는데, 이들은 노후를 서울에서 보내고 싶다면서 대형 병원이 많은 강남 3구(강남구, 서초구, 송파구) 근처의 집을 매수했다. 최상급지 매수는 본인의 사정에 따라 다르다. 회사를 지금 당장 서울이나 강남으로 옮길 수 있는 사람들도 있고 2년 뒤, 5년 뒤, 10년 뒤에 이사 올 수 있는 사람들도 있다. 현재 상황이 서로 달라도 본인이 살고 있는, 또는 앞으로 살아가야 할 지역에서 가장 좋은 큰 태양을 먼저 만들어야 한다.

투자는 큰 태양 내집마련한 다음에 해도 늦지 않다. 이유는 간단하다. 최상급지 최고의 아파트 단지는 내 가족이 실거주할 수 있어 사용 가치로 충분하고, 동시에 모든 사람이 원하는 물건이므로 최고의 투자 가치가 있기 때문이다. 게다가 노후에는 주택연금으로도 이용할 수 있다. 여기에 한 가지 더 추가한다면 바로 리스크를 방어하는 가치까지 있다.

사용 가치, 투자 가치, 연금 가치, 방어 가치까지 1석4조!

큰 태양을 먼저 만들면 최근 전세 사기처럼 내 집이 없어서 임차인으로 겪게 되는 불안한 문제를 미리 차단하고 방어할 수 있다. 반대로 당신이 내집마련하는 대신 주식, 지방 아파트, 코인 등 자잘한 투자에 잔돈을 뿌리면 본인의 실거주 물건이 하향화되면서 수많은 위험 요소에 노출된다. 안 좋은 집에서 겪게 될 추위, 더위, 벌레, 냄새 등 내부 요인뿐만 아니라 가성비 입지, 가성비 이웃(?)인 빌런들의 쌩라이브까지 마주해야 한다. 당신이 없을 때 당신의 가족이 겪게 되는 생활, 그것도 매일 말이다. 하지만 최상급지 아파트에 살면 이 모든 문제가 해결된다. 쾌적한 생활뿐만 아니라 보안도 철저하다. 젊은 경비원들이 유니폼을 입고 인사하는 모습에서 여러분도 안정감을 느낄 것이다.

큰 태양을 만들면 또 어떤 리스크를 방어할 수 있을까? 우선 월급쟁이가 회사를 그만두고 소득이 끊겨도 무언가를 해 볼 수 있는 비빌 언덕이 되어 준다. 최상급지 집이라면 시세가 적어도 15억 이상이고 대출이 5억 정도 남아있다면 후순위 담보대출을 몇억 더 받아서 작은 커피숍이나 치킨집이라도 차릴 수 있다. 물론 은퇴 전 최소 몇 년 동안은 커피나 치킨에 대해 충분히 공부해야 하겠지만, 큰 태양을 만들어두면 퇴직에 대해 방어할 수 있다. 국민연금이 나오는 65세까지 50대 은퇴 후 10여 년의 공백기를 우리가 살고 있는 상급지에서 실거주하면서 큰 태양의 도움을 받을 수 있다는 말이다. 자녀가 좋은 사립대나 의대를 가서 등록금이 많이 필요한 경우에도 든든한 우리 집이 도움을 줄 것이다. 또한 투자하고 싶으면 최상급지 강남에 안착해서 큰 태양을 만들고 난 후 태양계를 꾸려도 되는데, 아주 작은 금액대의 아파트에 투자해 볼 수도 있다. 이렇게 작게 투자했을 때 발생하는 역전세와 공실 리스크도 앞에서 이야기한 방식으로 방어할 수 있다.

태양이 있고 지구가 있는 것이다. 우리 눈에는 태양이 움직이는 것처럼 보이지만, 태양계의 중심은 태양이라는 것을 잊지 말자. 태양은 항성이며 더 오래전부터 있었고, 지구는 태양에 비하면 귀여운 부스러기일 뿐이다. 강력한 태양을 만들어 놓은 안정된 상태라면 작은 태양계를 만들어도 되고 안 만들어도 상관없다. 태양이 중심에 딱 버티고 있으니 내 가족의 인생은 안전하다는 말이다.

사용 가치, 투자 가치, 연금 가치, 방어 가치, 이 4가지 가치(사투연방)를 모두 만족하는 큰 태양을 만들자. 큰 태양을 가슴에 품고 오늘도 임장을 나가자.

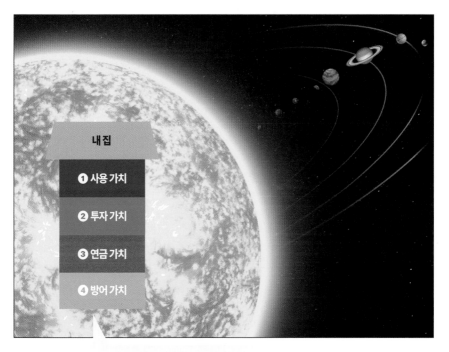

4가지 가치를 모두 만족하는 큰 태양 만들기!

09

원칙 9

오를 물건이 아니라
떨어지지 않을 물건을 사라

가족을 위해 집을 샀을 뿐인데 오르더라?

전국 방방곡곡 떠돌아다니면서 오를 물건을 찾다가 결국 포기하고 서울에 가족과 실거주할 집을 샀더니 엄청 올랐다는 이야기를 많이 한다. 가격이 오를 물건을 산 게 아니라 내 가족이 편안하게 살 수 있는 전철역 인근, 학군지, 백화점, 마트, 공원 근처에 있는 물건을 샀더니 가격이 많이 올랐다는 것이다. 왜 이런 사례가 많을까? 오를 물건이 아니라 떨어지지 않을 물건을 샀기 때문이다. 물론 내 가족이 살아갈 집이니 꼼꼼하게 고르는 것도 있다. 아이가 학교에 다닐 때 횡단보도를 안 건너는 아파트 단지를 찾고 남편이 자차로 출퇴근하니까 큰 도로가 있는 곳을 고르는 등 내집마련을 하는 동안 세심하게 주의를 기울이는 것이다.

그러다 보니 자연스럽게 투기 마인드로 접근하기보다는 동네를 믿고 투자하게 된다. 반대로 투기 마인드였다면 지역을 안 믿어도 매수하게 된다. 왜냐하면 샀다가 팔고 나올 거니까! 그 동네가 좋든 나쁘든 상관없다. 어차피 내가 그 집에서 가족하고 살 건 아니니까 말이다. 공장 지대도, 시골 허허벌판이어도, 인구가 줄어들어도, 노인과 바다가 연상되는 곳이어도 상관없다. 지금 폭등하는 곳이기만 하면 된다. 데이터를 좋아하는 사람들이 주로 이런 투자를 하는데, 내집마련은 절대로 이렇게 안 하면서 말이다. 간혹 자기 딴에는 가성비 투자를 한다고 정신 승리하는데 글쎄다. 사서 오르면 팔고 떠난다고 생각하는 것은 가성비 투자가 아니라 냄비 근성이다. 당신도 안 믿는 것을 누가 믿겠는가? 호구는 바로 거울 속에 있다.

역지사지 – 다른 사람도 이사 오고 싶은 집을 사자

자, 가슴이 뛰는 내집마련을 하자! 내 아이가 뛰어놀 공원과 놀이터, 안전하게 등하교할 학교와 학원, 퇴근길에 들릴 마트, 집 근처에서 가까운 재래시장과 백화점, 평지, 유해시설이 없는 깨끗한 환경 등 그런 곳에 있는 집을 사자. 오를 물건이 아니라 떨어지지 않을 물건, 아니 떨어져도 상관없는 물건 말이다. 그러려면 그 동네를 진심으로 믿어야 한다. 나와 내 가족이 마음 편히 안전하게 행복하게 살 수 있는 곳이라면 다른 사람도 똑같기 때문이다. 역지사지해라. 집을 투기 품목으로만 보지 말고 내 가족뿐만 아니라 다른 사람의 가족 모두를 생각하면 사용 가치의 진정한 깊은 의미를 이해할 수 있을 것이다. 그러면 절대로 하급지에서 오를 물건을 고르지 않을 것이다.

"서울에 내집마련부터 든든하게 하고 투자를 시작하자."

"강남에 내집마련부터 보수적으로 하고 투자해도 늦지 않다."

"안 올라도 좋다. 떨어지지 않을 투자를 하자!"

"투자로 돈 벌 생각하지 말고 마음 편한 투자를 하자!"

필자는 24년간 투자하면서 욕을 참 많이 먹었다. 이렇게 외치면 무슨 뚱딴지같은 소리로 생각하는 사람들이 많다.

"쏘쿨 님 투자는 '아줌마 투자' 같아요."

"노인네 투자 같아요. 너무 '보수적'이세요. 다른 사람들은 여러 채 사서 여러 채로 돈 버는데 1채만 하라니요."

이런 비난도 필자는 괜찮다. 지옥에서 시간을 보내는 것보다 놀림을 당하는 게 훨씬 편하기 때문이다. 필자는 생초보 시절 아파트 폭등장을 만나 쉽게 돈을 벌고 이게 필자의 실력인 줄 알고 교만하다가 심하게 고생한 적이 있다. 아파트를 무슨 주식처럼 투기 종목으로 보았다가 크게 당해서 쫄보가 되었다. 그래서 지금은 보수적으로 안전 장치를 수없이 많이 하고 또 한다. 절대로 무너지지 않을 자산, 내 가족을 방어해 줄 자산만 보수적인 관점에서 사고 있다. 정확히 말해서 무너져도 버틸 수 있는 것만 한다. 왜냐하면 필자는 생지옥을 눈앞에서 보고 왔기 때문이다. 283쪽의 〈tip〉을 읽으면 필자가 무슨 이야기를 하는지 이해할 것이다.

자기 자신을 용서하세요!

– 2022년 12월 24일 쏘쿨 칼럼

저도 욕심을 부리다가 지옥을 경험한 사연이 있습니다.

부동산 상승장으로 큰돈을 번 걸 제 실력으로 착각했죠. 맞습니다. 교만했습니다. 상승장이 지나고 하락장이 오니 공실, 역전세가 나면서 가슴에 돌덩어리 맷돌이 한 덩어리, 두 덩어리, 세 덩어리…… 아파트 수만큼 쌓이더군요. 밤에 잘 때 숨통이 조여와서 가위에 눌리고 숨을 쉴 수가 없었습니다. 지금도 많은 사람이 이전의 저처럼 고통 속에서 헤매고 있다는 것을 강의 후 뒤풀이 때나 수많은 이메일 상담을 통해 전해 듣고 있습니다. 사실 이런 이야기를 들을 때마다 이전의 고통이 생각나서 힘듭니다. 그때의 트라우마로 아직도 '목폴라'를 못 입습니다. 그때처럼 제 숨통을 조이는 것 같아서 말입니다. 하지만 이 길을 먼저 걸어본 투자계의 선배로서 말씀드리면

'이제라도 자기 자신을 용서하세요.'

그 돈 다 날렸어도 살아집디다. 그 몇억 날렸다고 생을 포기하지 마세요. 가족만 생각하세요. 이제 그만 자기 고집을 내려놓고 가족의 이야기를 귀담아 들으면서 종이에 받아쓰기를 해 보세요. 가족이 하는 말을 무시하지 말고 써보세요. 한 글자 한 글자 연필로 꾹꾹 종이 위에 써내려가 보세요. 인생에서 중요한 게 무엇인지 찾아보세요. 이제 엑셀을 끄고, 노트북을 끄고, 배우자와 아이와 부모님과 눈을 맞추고 가족이 하는 말에 귀 기울여 보세요. 가족이 부동산 지식은 더 적을 수 있어도 누구보다 더 당신을 사랑한답니다.

그리고 자신을 용서하세요. 성공을 인정하는 건 어린아이도 합니다. 실패를 인정하는 것이 진정한 용기입니다. 삶을 살아내세요. 포기하지 마세요. 얼마 전 지방 아파트 투자 실패로 대출 이자를 메우기 위해 퇴근 후 식당에서 설거지 알바하는 초등학교 교사 수강생에게 제 실패담 리얼 버전을 아주 자세히 이야기했습니다. 그리고 둘이서 함께 펑펑 울었죠.

지금 부모님과 함께 사는 캥거루족인가요? 당신은 지금 비빌 언덕인 부모님이라도 살아계시죠? 전 아파트 3채 투자해서 2채 역전세 맞고 1채 공실 났을 때 옥상에 올라갔습니다. 그러다

제 아파트에 살고 있는 세입자 앞에서 무릎 꿇고 살려달라고 했습니다. 그 당시 전 고아였습니다. 심지어 폐암 말기 시한부 판정받은 친할머니를 제가 모시고 있었습니다. 일주일에 3번씩 친할머니를 병원에 모시고 다니면서 진찰과 치료를 받으시게 했습니다. 독박 간병 5년 동안 말이죠. 그런 저도 이렇게 살아서 여러분 앞에 있습니다.

이 글을 읽은 후 한 분이라도 용기를 얻고 자기를 용서한다면, 가족을 생각해서 살아낸다면 이 글의 가치는 충분하다고 생각합니다. 절대 포기하지 마세요. 가족은 당신이 살아있는 것만으로도 감사해합니다. 자식이 있는 분들은 알 겁니다. 자식의 존재 이유만으로도 감사하다는 것을요. 저처럼 아파트 옥상에 올라가지 마세요. (아마 문이 잠겨 있을 겁니다. 헛수고하지 마세요.) 자신을 용서하는 것을 포기하지 말고 외면하지 마세요. 항상 문제의 본질을 정면으로 마주해야 헤쳐나갈 수 있답니다.

전 상주만 3번 해 보았습니다. 아버님이 먼저 돌아가시고, 어머님이 돌아가시고, 병든 할머니도 모시다가 결국 보내드렸습니다. 이런 상황에서 역전세, 공실을 두들겨 맞았죠. 여러분보다 더 최악의 상황이었던 저도 그 어렵다는 자기 자신을 용서하고 지옥에서 여기까지 올라왔습니다. 하루하루 힘들었지만 살아냈습니다. 남은 가족만 생각했습니다. 제가 무너지면 남은 가족이 다 끝장이었죠. 그래서 이 악물고 버텼습니다. 그랬더니 십수 년이 지난 오늘 따뜻한 아파트에서 눈 내리는 크리스마스이브에 제 옛날이야기를 들려줄 수 있는 시간이 오네요.

가장 어두운 터널 한가운데 있다고 생각하세요. 조금만 더 가면 멀리서 광명이 비출 겁니다. 누군가는 '고통 끝에 성장'이라고 하더군요. 더 지혜로워지고 더 행복해진답니다. 왜냐고요? 이제 고통이 무엇인지 알았고 행복이 무엇인지도 명확해졌을 테니 말입니다. 가족과 행복한 공간에서 행복한 시간을 가지세요. 시간이 모든 걸 해결해 줍니다. 정말이냐고요? 네, 정말입니다. 그냥 믿으세요. (머리 굴리지 마시고. 머리도 별로 좋지 않으시면서 …….^^)

10

원칙 10
인테리어는 기적이다

무조건 신축 아파트가 좋다? – 신축아파트증후군

내집마련하는 사람들과 상담하다 보면 요즘 이상한 모습을 자주 보게 된다. 이전과 다르게 아파트 입지보다 신축 아파트를 고집하는 경향이 아주 강해진 것이다. 입지에는 별로 관심이 없고 오로지 신축 아파트의 외관과 내부 인테리어에만 관심이 있는데, 처음 집을 구하는 사람들일수록 이런 경향이 더 심하다. 일반적으로 널리 알려진 '새집증후군'과는 달리 필자는 이 증상을 '신축아파트증후군'이라고 명명했다.

신축아파트증후군은 새 아파트를 보면 모든 생각이 정지되는 증상을 말한다. 아파트 모델하우스에 가서 ㄷ자 싱크대와 ㄷ자 드레스룸, 넓은 ㄷ자 팬트리를 보면 신축아파트증후군이 악화되어 이성을 잃고 무조건 분양받는 상황이 발생한다. 아파트가 지어지는 현장 입지와 주변 시세, 학교, 편의시설, 교통 등의 여건은 눈에 들어오지 않는다. 모델하우스를 다니며 공짜 커피를 마시고는 새 아파트에서의 환상적인 삶을 설명하는 예쁜 도우미들의 멘트에 유혹된다.

거실은 얼마나 더 확장되는지, 신발장은 큰지, 싱크대 수납장은 넉넉한지가 주요 관심사이다. 다양한 빌트인 서비스 품목을 보며 흡족해하고, 욕실 구조가 잘 빠진 것에만 관심을 보인다. 근처에 전철역과 학교가 없는 것은 관심 밖이다. 그런 건 나중에 차근차근 들어올 거라는 도우미 언니의 설명에 쉽게 안심한다. 신축아파트증후군의 피해는 완전히 수분양자의 몫이다. 금방 들어온다던 전철과 학교, 공원 편의시설은 10년 넘게 방치되고 선거 때마다 정치인들의 선전도구가 될 뿐이다.

구축 아파트를 신축처럼 변신시키는 인테리어의 힘!

허허벌판 신축 아파트로 이사하면 서울 핵심지와 다른 세상을 경험하게 된다. 집 앞에는 아무것도 없어서 '미쿡' 스타일로 어디든지 차를 끌고 나가야 한다. 약국도 차로 가야 한다. 가족 수만큼 차를 사고 차량 운행비, 유지비, 보험, 주차장 요금까지 2배 이상 들지만, 교통 낙후 지역이어서 차 없이는 움직일 수 없다. 필자도 이런 경기도 신축 아파트에 살았지만, 지금은 외곽 신축 아파트에 사는 수강생들이 서울 핵심지 구축 아파트에 내집마련하는 것을 도와주고 있다. 물론 서울 신축 아파트를 사면 좋겠지만 세상이 당신 마음대로 되지는 않는다. 서울 구축 아파트를 구입한 후 예쁘게 인테리어 공사해서 신축 아파트로 만들면 꽤 괜찮다는 말이다. **구축 아파트에 특올수리 공사를 하는 것은 가성비와 가심비 면에서 최고의 선택이다.** 내 가족이 따뜻하고 쾌적한 집에서 살기 위해서는 인테리어할 때 가장 중요한 것 2가지만 기억하면 된다. 바로 **단열과 수납 공간**이다!

서울, 강남 입지 좋은 곳의 낡은 아파트는 가성비 면에서 최고인데, 1990년대에 지어진 낡은 아파트가 많다. 이 시기에 아파트를 많이 지었기 때문인데, 근처에서 잘 찾아보면 새 아파트의 반값인 곳도 있다. 낡은 아파트를 사서 인테리어 공사를 한다는 것이 말처럼 쉬운 일은 아니다. 인테리어 계획이 있으면 인터넷에 있는 인테리어 경험담을 보면서 자재, 시공 방법, 최신 유행, 가격 등 다양한 분야를 공부하면 좋다. 그래야 시공하는 인테리어 사장님들과 원활하게 소통할 수 있기 때문이다. 인테리어 공사를 하다 보면 생각지도 못했던 일이 생기므로 공사 기간에는 현장에 자주 가서 시공 과정에서 발생하는 상황에 바로바로 대처하는 것이 좋다.

다음은 25년 이상 된 구축 아파트를 인테리어한 사진으로, 공사 전후 사진을 볼 때마다 필자도 매번 감동한다. 필자는 인서울 인강남 내집마련 수강생들의 인테리어 공사 현장을 시간이 날 때마다 자주 방문한다. 인테리어는 항상 특수 분장술이고 기적이라고 생각한다. 주차장이나 커뮤니티 시설 등은 바꿀 수 없지만, 이런 마음만 조금 내려놓는다면 입지 좋은 구축 아파트를 인테리어로 변신시켜서 신축 아파트 같은 내집마련을 할 수 있다.

가심비+가성비까지 OK!

인테리어에 신경을 많이 쓰고 비용도 많이 들여서 현관문 안쪽을 신축 아파트로 만들면 내 가족만 살기 좋고 '가심비'만 좋아진다고 생각할 수 있다. 하지만 나중에 갈아타기 할 때도 잘 팔리므로 결국 '가성비'까지 좋아지게 된다. 실제로 인테리어가 잘된 집은 쉽게 거래되는 경우가 많다. 필자는 구축 아파트를 거래할 때 인테리어의 중요성이 거의 80%라고 생각한다. 24년 차 투자자인 필자도 인테리어 특올수리 공사를 한 집이나 고급 신축 아파트를 보면 설레는데, 일반인들이야 어떻겠는가? 구축이라고 해도 현관문 안쪽 인테리어를 보고 결정하므로 인테리어는 정말 중요하다. 아울러 인스타그램에 자랑할 수 있을 정도로 특올수리 인테리어해야 한다는 것을 꼭 기억하자.

자, 여러분도 최상급지 구축 아파트를 매수한 후 특올수리를 하고 가족과 신축 아파트로 변한 이곳에서 살자. 구축 아파트에 특올수리 인테리어를 안 하는 사람이 없는 세상을 만들자. 그래야 하락장에도 잘 팔리는 물건이 되어 최상급지로 쉽게 갈아탈 수 있다. 앞서간 선배들의 특올수리 감성 인테리어 노하우를 통해 좋은 입지, 좋은 집에 대한 큰 수익까지 볼 수 있는 롤모델을 만들어 보자.

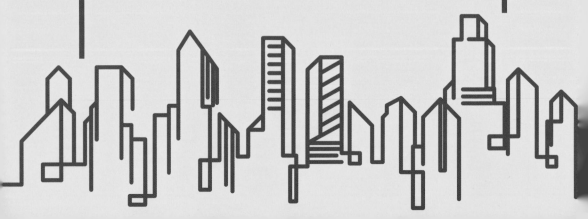

쏘쿨 Pick!
서울시
초소형 아파트
Top 13
(ft. 1인 가구와 딩크족)

쏘쿨 Pick! 서울시 아파트를 소개하기 전에

❶ 입지가 좋은 곳을 먼저 방문하자.

필자는 연어와 추어탕을 싫어했다. 둘 다 비린내가 심해서 못 먹었는데 찐맛집에 가서 먹으니 비린내도 안 나고 정말 맛있더라. 싱싱한 고급 연어를 숙성해 비린내를 잡았다고 했다. 추어탕은 신선한 미꾸라지를 매일 새벽에 직접 공수 해서 전날부터 가마솥에서 푹 고아 냈다고 하더라. 이후 필 자는 연어와 추어탕을 좋아하게 되었고 조금 맛이 떨어지

는 추어탕집을 방문하면 여기는 무엇이 부족한지 알게 되었다. 미꾸라지의 신선도가 떨어지는 지, 잔가시는 어떻게 처리했는지, 우거지 품질이 떨어지는지 등등 좋은 것을 먼저 먹어봐야 진 가를 알 수 있듯이 집도 마찬가지다. 입지가 좋은 집을 먼저 보자. 교통, 환경, 학군까지 괜찮은 곳을 먼저 보고 나서 조금씩 외곽으로 가면 부족한 게 보인다. 핵심지에서 멀어질수록 부족한 게 점점 더 많이 보일 것이다.

❷ 이전에 몰랐던 것은 아니지만 이제야 보이는 것을 인정하자.

초보자들은 "인서울 좋은 거 알아요. 인강남 좋은 거 누가 몰라요?"라고 한다. 자기가 안다고 착각하는 경우가 많은데, 송파구에서 9년 동안 살고 있는 필자도 송파구에 대해 잘 모른다. 대 략 50년 전부터 서울 수도권에서 살고 있는 필자도 서울 수도권에 대해 잘 모른다. 수박 겉핥기 식으로 조금 알 뿐이다. 외곽에 살고 있지만, 서울과 강남을 잘 안다는 사람도 막상 물어보면 모 르는 게 많다. 왜냐하면 정말로 서울과 강남을 제대로 알고 있다면 외곽에 살 수 없을 테니 말이 다. 한 가족의 삶의 터전이 인생에서 얼마나 중요하고 어디에서 기회의 문이 열리는지 정말로 이해한다면 안다고 못할 텐데 말이다. 치기 어린 성난 목소리로 반박만 하는 사람들을 보면 무 척 안타깝다.

내집마련 수업 과제로 반포에 있는 고속터미널 주변 아파트를 돌아보라고 하면 "저는 고속터 미널 근처에 있는 회사에 10년 동안 다녀서 잘 알아요. 고터 복잡해요."라고 말하는 사람이 100여 명의 수강생 중 꼭 한 명씩 있다. 이런 사람에게 "부동산 사장님과 약속 잡고 반포 아파트 단지에 들어가서 조경도 보고 커뮤니티도 직접 보고 오세요."라고 말하면 다 아는 걸 번거롭게 시킨다는 뾰로통한 표정으로 툴툴거리며 과제를 한다. 1~2주 정도 지난 후 "어때요? 본인이 알던 반포 맞던가요?"라고 물어보면 "아뇨! 왜 아파트 안에 호수가 있죠? 왜 단지 안에 있는 조경도 공원급이죠? 그런데도 왜 이분들은 저녁 먹고 반포 한강공원에 슬리퍼 끌고 산책을 가죠?"라면서 황망해 한다.

서울은 계속 변하고 강남은 더욱 빨리 변하고 있다. 필자가 태어나고 20년 가까이 산 영등포구에도 새 건물이 엄청 많이 들어왔고, 도로도 더 많이 뚫렸으며, 여의도에는 현대백화점 더현대 서울도 들어왔다. 그래서 지금 필자가 영등포에 가면 원주민이어도 고향에서 길을 헤매고 다닌다.

혼자만의 세계에 빠져있는 사람은 객관적인 눈을 키우기 위해 서울과 강남 구석구석을 돌아다니면서 다양한 사람과 이야기해 봐야 한다. 물론 무섭다. 필자도 처음에 강남 아파트 앞에 있는 부동산에 들어갈 때 손이 덜덜 떨렸다. 초보자도 아닌데 '강남'이라는 마음속에 있는 장벽 때문에 강남 아파트를 온몸으로 거부했다. 서울을 처음 접하는 경기도와 지방 사람들도 필자와 마찬가지리라. 마음 속 공포에서 벗어나려면 자주 부딪쳐서 익숙해지는 방법밖에 없다.

❸ 왕초보를 위해 제시한 기준점을 잘 익히자.

우선 자주 서울 강남 지역을 임장해야 한다. 이때 기준점을 가지고 움직여야 하는데 전혀 방향을 못 잡겠다는 초보자들을 위해서, 그리고 1인 가구나 딩크족을 위해서 서울시 초소형 아파트 단지 13곳을 소개한다. 여기가 좋으니 투자하라는 말이 아니라 이 정도 금액대의 이 정도 입지라면 서울 안에 있는 주요 업무지구로 출퇴근할 수 있어서 제시해 본다.

"어디부터 가봐야 할지 꼭 찍어주세요!"라고 《쏘쿨의 수도권 꼬마 아파트 천기누설》을 함께 낸 출판사 편집장님도 말씀하시더라. 이번 책에서도 참고하시라고 《쏘쿨의 수도권 꼬마 아파트 천기누설》에서 다루지 않은 지역 위주로 찍어드렸다. 물론 필자가 찍은 지역보다 입지가 훨씬 더 좋은 아파트도 많다. 하지만 초보자들을 위해 이번에 소개하는 지역부터 방문해서 주변 입지를 둘러보기를 추천한다. 서초구와 강남구처럼 핵심 지역도 있고 노원구, 동작구와 같은 중급지도 포함했는데, 아무래도 핵심지는 비싸고 외곽은 저렴하다. 각 지역마다 가격 경쟁력의 장단점이 있으니 많은 지역을 둘러보고 비교 평가하면서 부동산에 대한 안목을 키우자.

01

노원구 공릉동

공릉2단지라이프아파트
(ft. 3~5억 대)

공릉역과 하계역 사이 초품아
3억 대부터 시작하는 역세권 가성비 아파트

노원구 공릉동에 위치한 공릉2단지라이프아파트는 1994년에 준공된 660세대 아파트로, 14평형, 16평형, 20평형의 소형 평수로 이루어졌다. 지하철 공릉역(7호선)과 하계역(7호선) 사이에 있고 광운대역(1호선)에서 출발하는 전철이 있어서 광운대역을 이용할 경우 앉아서 갈 수 있다. 단지 앞에는 용원초등학교(초품아)가, 뒤쪽에는 경춘선 숲길과 중랑천이 있고 산책길과 자전거 도로가 잘되어 있다. 중랑천에 기존 철도 교량을 인도교로 만들어 놓아서 건너편에 있는 이마트 월계점과 트레이더스에서 장보기가 편하다.

예쁜 나무와 꽃이 많은 경춘선 숲길과 이어지는 공리단길에는 맛집과 분위기 좋은 카페가 많아 강북의 핫플레이스이다. 아파트 근처에는 서울과학기술대학교와 을지대학교병원 및 원자력병원 등 대형 병원이 많다. 공릉2단지라이프는 서울 역세권에 있는 대단지 꼬마 아파트로, 3억 초반 가격대가 드물기에 1인 가구나 사회 초년생은 눈여겨보아야 한다. 하계역에 있는 세이브존, 홈플러스, 뉴코아아울렛, 중계근린공원, 등나무근린공원 등 인근 인프라를 함께 누리는 역세권 가성비 아파트이고, 유해시설이 드물며, 평지라는 장점이 있다. 노원구 전체가 불암산, 수락산, 중랑천으로 둘러싸여 있어서 자연 친화적이고 서울에서 공기 좋은 대규모 아파트 단지 중 대표적인 곳이다.

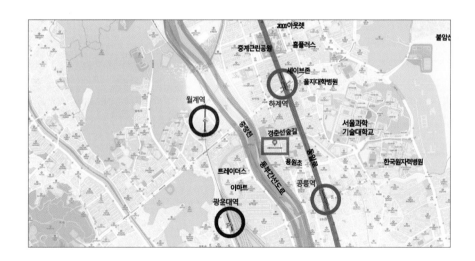

공릉2단지라이프아파트 핵심 정보

단지명	공릉2단지라이프		입주 연월	1994년 12월
면적(m²)	[46.57/34.44], [53.54/39.60], [66.93/49.50]			
주소	지번 주소	서울시 노원구 공릉동 707		
	도로명 주소	서울시 노원구 동일로198가길 149		
총 세대수	660세대		총 동수	4개 동
최고 층수	15층		최저 층수	15층
난방 방식	지역난방		난방 연료	열병합
총 주차대수	257대(세대당 0.38대)		건설업체	라이프주택개발
관리사무소	02-978-3998			

46.57/34.44m² 매매가　　　(단위: 만 원)

하위 평균가	일반 평균가	상위 평균가
30,000	31,500	32,500

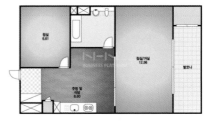

53.54/39.60m² 매매가　　　(단위: 만 원)

하위 평균가	일반 평균가	상위 평균가
33,500	35,000	36,000

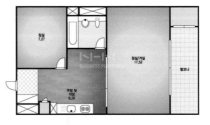

66.93/49.50m² 매매가　　　(단위: 만 원)

하위 평균가	일반 평균가	상위 평균가
44,000	48,000	50,000

자료 출처: 네이버 부동산(2024. 8. 9 기준)

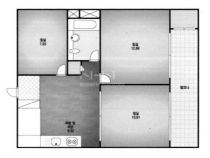

공릉2단지라이프아파트 실거래가

(단위: 만 원)

46.57/34.44m²

계약	일	정보	가격↓	타입	거래동	층
24.06	02		매매 2억 8,500	34	203동	3층
24.05	29	등기	매매 3억	34	203동	13층
24.03	28	등기	매매 3억	34	203동	11층
	06	등기	매매 3억 1,500	34	203동	10층
24.01	20	등기	매매 3억	34	203동	4층
	20	등기	매매 2억 9,100	34	203동	1층
23.12	13	등기	매매 3억	34	203동	4층
23.11	10	등기	[최저가] 매매 3억 5,000	34	203동	14층
23.04	01	등기	매매 3억 4,800	34	203동	6층
22.05	31		매매 4억 3,800	34	203동	15층
22.03	19		매매 4억 4,000	34	203동	9층
	09		매매 4억 4,000	34	203동	13층
	04		매매 3억 8,000	34	203동	4층
21.10	28		[최고가] 매매 4억 6,900	34	203동	14층
	04		매매 4억 5,000	34	203동	8층
21.09	11		매매 4억 2,500	34	203동	2층

53.54/39.60m²

계약	일	정보	가격↓	타입	거래동	층
24.07	23		매매 2억 9,000	39	201동	1층
24.06	11		매매 3억 2,000	39	202동	1층
24.05	25	등기	매매 3억 4,500	39	202동	9층
	24	등기	매매 3억 4,800	39	202동	4층
	14		매매 3억 5,500	39	201동	7층
24.02	28		매매 3억 3,600	39	202동	11층
23.11	11	등기	매매 3억 3,100	39	202동	3층
23.10	16	등기	매매 3억 4,000	39	202동	15층
	12	등기	매매 3억 5,100	39	202동	12층
23.09	10	취소	매매 3억 5,100	39	202동	13층
23.08	05	등기	매매 3억 1,500	39	201동	1층
22.05	20		매매 3억 9,600	39	201동	6층
22.04	27		매매 4억 9,000	39	201동	9층
21.09	28		매매 4억 9,000	39	201동	1층
	02		매매 5억	39	202동	10층
	01		[최고가] 매매 5억 4,800	39	202동	7층

66.93/49.50m²

계약	일	정보	가격↓	타입	거래동	층
24.07	25		매매 4억 7,000	49	204동	8층
23.05	17	등기	매매 4억 4,000	49	201동	12층
22.06	08		매매 6억 2,500	49	204동	8층
21.10	01		[최고가] 매매 6억 3,800	49	204동	6층
21.08	12		매매 5억 9,500	49	204동	2층
21.06	14		매매 5억 8,000	49	204동	15층
	12		매매 5억 8,000	49	201동	4층
	02		매매 5억 5,500	49	204동	4층
21.05	19		매매 5억 4,700	49	204동	15층
	18		매매 5억 5,300	49	204동	4층
21.01	30		매매 5억 2,000	49	204동	14층
	29		매매 5억 3,000	49	201동	8층
20.12	03		매매 4억 9,700	49	204동	6층
20.10	24		매매 4억 6,400	49	201동	15층
20.08	13		매매 4억 4,500	49	201동	14층
20.07	11		매매 4억 1,000	49	201동	9층

자료 출처: 아실(https://asil.kr)

02

공릉3단지라이프아파트
(ft. 3~5억 대)

공릉2단지라이프와 인접, 고층은 중랑천뷰 확보

노원구 공릉동에 위치한 공릉3단지라이프아파트는 공릉2단지라이프와 인접해 있어서 비슷한 인프라를 함께 누리고 있다. 이 아파트는 지하철 공릉역(7호선) 역세권으로, 840세대이다. 중랑천이 가까이 접해 있어서 고층인 경우 중랑천뷰가 나오는 세대가 많아 풍광이 좋고 중랑천에서 산책하거나 자전거 타기 편하다. 서울과학기술대학교 학생들이 많이 이용하는 공릉역을 중심으로 스타벅스, 은행, 의원 등 다양한 상가 인프라가 형성되어 있다. 공릉역 주변은 유동 인구가 많아서 편의시설도 잘 갖추어져 있다.

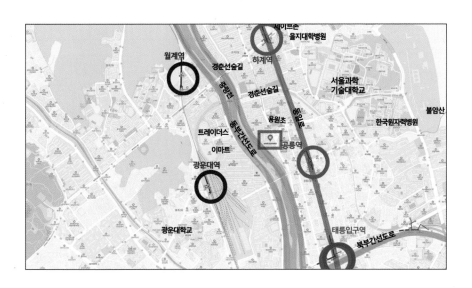

공릉3단지라이프아파트 핵심 정보

단지명	공릉3단지라이프		입주 연월	1994년 12월
면적(m²)	[44.84/34.44], [51.55/39.60], [64.44/49.50]			
주소	지번 주소	서울시 노원구 공릉동 715		
	도로명 주소	서울시 노원구 섬밭로 123		
총 세대수	840세대		총 동수	4개 동
최고 층수	15층		최저 층수	15층
난방 방식	지역난방		난방 연료	열병합
총 주차대수	272대(세대당 0.32대)		건설업체	라이프주택개발
관리사무소	02-971-1395			

44.84/34.44m² 매매가　　　(단위: 만 원)

하위 평균가	일반 평균가	상위 평균가
31,250	32,750	33,750

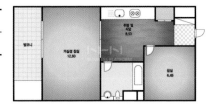

51.55/39.60m² 매매가　　　(단위: 만 원)

하위 평균가	일반 평균가	상위 평균가
36,500	38,500	40,000

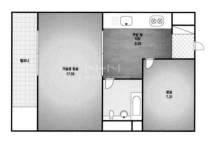

64.44/49.50m² 매매가　　　(단위: 만 원)

하위 평균가	일반 평균가	상위 평균가
48,000	50,500	52,000

자료 출처: 네이버 부동산(2024. 8. 9 기준)

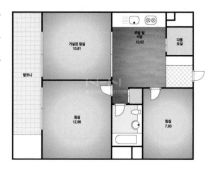

공릉3단지라이프아파트 실거래가　　　(단위: 만 원)

44.84/34.44m²

계약	일	정보	가격	타입	거래동	층
24.07	20	매매	3억 2,000	34	304동	2층
	12	매매	3억 1,000	34	304동	13층
24.06	08	매매	3억	34	303동	3층
	04	등기	매매 3억 3,000	34	304동	11층
24.03	25	등기	매매 3억 1,200	34	304동	2층
24.02	20	등기	매매 3억 2,500	34	304동	10층
24.01	27	등기	매매 3억 2,000	34	303동	14층
23.12	20	등기	매매 3억 2,000	34	304동	3층
	07	등기	매매 3억	34	304동	14층
23.10	07	등기	매매 3억 2,500	34	304동	13층
23.09	04	등기	매매 3억 2,000	34	304동	11층
23.07	06	직거래 매매 3억	34	303동	15층
23.04	18	등기	매매 3억 3,000	34	304동	7층
	13	등기	매매 3억 2,500	34	304동	2층
22.12	08	직거래 매매 3억 6,300	34	304동	2층

51.55/39.60m²

계약	일	정보	가격	타입	거래동	층
24.07	23	매매	3억 5,800	39	301동	11층
	22	매매	3억 3,500	39	301동	6층
	06	매매	3억 6,000	39	301동	6층
24.06	11	매매	3억 5,800	39	301동	4층
24.05	31	등기	매매 3억 5,200	39	301동	4층
24.01	18	매매	3억 9,900	39	302동	8층
	13	등기	매매 3억 3,000	39	301동	15층
23.12	19	등기	매매 3억 7,750	39	301동	6층
23.11	24	등기	매매 3억 9,800	39	301동	8층
	02	등기	매매 3억 6,000	39	301동	4층
23.10	13	등기	매매 3억 4,500	39	302동	7층
23.08	28	등기	매매 3억 9,500	39	301동	11층
23.07	29	매매	3억 7,000	39	302동	11층
23.06	17	매매	3억 8,700	39	301동	14층
23.03	22	등기	매매 4억	39	302동	8층
22.03	24	매매	4억 9,000	39	302동	12층

64.44/49.50m²

계약	일	정보	가격	타입	거래동	층
23.09	02	등기	매매 5억 1,000	49	302동	6층
23.08	02	등기	매매 4억 7,900	49	303동	7층
23.07	23	등기	매매 4억 3,000	49	304동	3층
23.06	24	매매	5억	49	303동	8층
22.04	13	최고가 매매 6억 4,000	49	303동	10층
	01	매매	5억 8,500	49	302동	1층
21.09	04	매매	6억 3,000	49	303동	2층
21.07	17	매매	6억 2,500	49	302동	13층
	15	매매	5억 9,000	49	303동	11층
	01	매매	6억 1,000	49	303동	2층
21.06	19	매매	6억 500	49	303동	8층
21.05	04	매매	5억 5,500	49	304동	14층
21.03	11	매매	5억 4,000	49	303동	14층
	13	매매	5억 5,500	49	303동	5층
21.01	16	매매	4억 8,000	49	304동	15층
	10	매매	5억 1,400	49	304동	8층

자료 출처: 아실(https://asil.kr)

노원구 공릉동

태강아파트
(ft. 4~5억 대)

태릉입구역과 화랑대역 이용 가능
초품아 + 병세권, 강남권과 종로권 출퇴근 수월

노원구 공릉동에 위치한 태강아파트는 지하철 태릉입구역 더블 역세권(6호선, 7호선)으로, 특히 화랑대역(6호선)과는 도보 4분(240m) 거리의 초역세권이다. 신혼부부라면 7호선(강남권)과 6호선(동대문, 종로 업무지구)을 각자 이용하여 출퇴근할 수 있는 가성비 최적의 아파트로, 1,676세대이고 20평형과 25평형으로 이루어졌다.

초품아(초등학교를 품은 아파트)이고 단지 앞에 태릉초등학교, 공릉중학교, 태릉초병설유치원, 화랑도서관, 공릉청소년문화센터 등 교육 시설이 모두 모여 있어서 학령기 자녀를 키우기에 너무 편리하다. 원자력병원이 가까이에 있어 병원 직원들이 많이 거주하고 기존 철도길을 공원화한 공리단길 인근이어서 예쁜 카페와 레스토랑이 많아 강북의 핫플레이스를 즐길 수 있다. 단지 옆의 불암산 산책길은 서울둘레길 3코스(불암산 코스)여서 주변 아파트들은 강원도 펜션 같은 쾌적한 분위기를 내고 대학가(서울과학기술대학교, 서울여대) 인근이어서 젊은이들이 많다. 태강아파트 옆에는 신축 대단지 아파트인 태릉효성해링턴플레이스와 서울공릉지구 신혼희망타운(공공분양)이 있다. 이 밖에도 주변에 신축 아파트가 계속 입주 중이라 젊은 층 수요가 더 많아지고 있다. 아파트 후문 앞에는 수영장과 실내 체육관을 갖춘 공릉주민체육센터가 2025년 개관 예정으로 공사중이다.

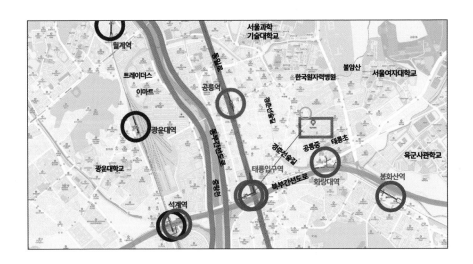

태강아파트 핵심 정보

단지명	태강	입주 연월	1999년 7월
면적(m²)	[69.32/49.60], [82.99/59.34], [83.04/59.38]		
주소	지번 주소	서울시 노원구 공릉동 81	
	도로명 주소	서울시 노원구 공릉로34길 62	
총 세대수	1,676세대	총 동수	21개 동
최고 층수	15층	최저 층수	10층
난방 방식	지역난방	난방 연료	열병합
총 주차대수	1,239대(세대당 0.73대)	건설업체	현대산업개발, 한국중공업, 삼환카뮤
관리사무소	02-979-8050		

69.32/49.60m² 매매가   (단위: 만 원)

하위 평균가	일반 평균가	상위 평균가
43,750	48,000	50,250

82.99/59.34m² 매매가   (단위: 만 원)

하위 평균가	일반 평균가	상위 평균가
55,000	59,000	61,500

83.04/59.38m² 매매가 　　　　　　　　(단위: 만 원)

하위 평균가	일반 평균가	상위 평균가
55,000	59,000	61,500

자료 출처: 네이버 부동산(2024. 8. 9 기준)

태강아파트 실거래가 　　　　　　　　　　　　　　　　　　(단위: 만 원)

69.32/49.60m²

계약	일	정보	가격↓	타입	거래동	층
24.07	27	매매	4억 9,000	49		4층
	27	매매	5억 1,000	49		9층
	18	매매	4억 8,850	49		8층
	18	취소	매매 4억 8,850	49		8층
	17	매매	4억 4,000	49		2층
	13	매매	4억 8,000	49		9층
	08	매매	4억 8,900	49		5층
	08	취소	매매 4억 8,900	49		5층
	03	매매	4억 8,400	49		9층
	01	매매	4억 8,000	49		2층
24.06	29	매매	4억 9,800	49		12층
	22	등기	매매 4억 7,800	49	1006동	11층
	20	매매	4억 7,800	49		11층
	11	매매	4억 6,500	49		6층
	08	매매	4억 7,600	49		13층
	03	매매	4억 8,000	49		2층

82.99/59.34m²

계약	일	정보	가격↓	타입	거래동	층
24.07	20	매매	6억	59A	1001동	11층
	16	매매	5억 8,000	59A	1020동	1층
	15	등기	매매 5억 8,000	59A	1020동	4층
	14	매매	6억 1,300	59A	1001동	8층
	09	매매	6억 4,500	59A	1002동	13층
24.06	24	등기	매매 5억 9,700	59A	1001동	12층
	08	등기	매매 5억 6,900	59A	1019동	3층
	08	매매	5억 9,700	59A	1002동	7층
	08	취소	매매 5억 9,700	59A	1002동	7층
	01	매매	5억 8,000	59A	1002동	6층
24.05	13	등기	매매 5억 8,400	59A	1020동	12층
24.04	23	매매	5억 9,000	59A	1020동	12층
24.03	21	등기	매매 5억 6,000	59A	1021동	12층
24.02	24	등기	매매 5억 4,000	59A	1002동	4층
24.01	30	등기	매매 5억 3,500	59A	1019동	1층
22.06	21	매매	7억 500	59A	1001동	4층

83.04/59.38m²

계약	일	정보	가격↓	타입	거래동	층
24.07	20	매매	5억 8,500	59B	1010동	11층
	13	매매	5억 9,700	59B	1012동	15층
	10	매매	6억	59B	1015동	3층
24.06	12	매매	5억 5,000	59B	1010동	15층
	10	매매	5억 6,500	59B	1011동	4층
	09	매매	5억 6,500	59B	1012동	5층
23.11	04	등기	매매 5억 8,000	59B	1011동	14층
23.10	14	등기	매매 6억	59B	1012동	5층
	07	등기	매매 6억	59B	1012동	9층
23.09	18	등기	매매 5억 6,000	59B	1012동	5층
23.07	04	등기	매매 5억 9,000	59B	1008동	1층
23.06	29	매매	5억 7,000	59B	1015동	15층
	19	등기	매매 6억 500	59B	1011동	9층
23.05	20	등기	매매 5억 4,500	59B	1008동	1층
21.08	25	매매	6억 8,000	59B	1015동	11층
	21	최고가 매매 7억	59B	1015동	6층

자료 출처: 아실(https://asil.kr)

04

천연뜨란채아파트
(ft. 4~8억 대)

충정로역과 독립문역 도보 가능
인왕산 숲세권, 광화문과 여의도 출퇴근지로 적합

서대문구 천연동에 위치한 천연뜨란채아파트는 더블 역세권인 지하철 충정로역(2호선, 5호선)과 독립문역(3호선) 인근에 있는 아파트이다. 직선거리로 서울시청역(2호선)과는 1.4km이고 경복궁의 오른쪽에 있는 안산과 인왕산 사이에 아파트 단지가 위치해서 숲세권의 이점을 누릴 수 있고, 조용하며, 쾌적하다. 지대가 높아 경사가 있는 점이 아쉽지만, 이를 보완하기 위해 엘리베이터와 계단이 잘 설치되어 있다. 서울 도심 한복판에 있는 사대문 인근의 몇 안 되는 대단지 아파트로, 총 1,008세대가 거주하고 있고 12평형, 22평형, 30평형, 34평형 등 평형대가 다양하다.

직장이 서울시청이나 광화문, 여의도라면 5호선으로 출퇴근이 편리하고 광화문광장, 서울시청광장, 청계천, 덕수궁, 경희궁까지 산책 삼아 다녀올 수 있다. 인근 영천시장에서 장을 보고 강북삼성병원과 독립문문화공원을 편리하게 이용할 수 있다. 다만 아파트 단지가 전철역에서 조금 거리가 있고, 언덕에 위치해 접근성이 떨어지며, 대형 마트는 서울역(1호선, 4호선, 공항철도, 경의중앙선)이나 신촌역(2호선)까지 가야 한다. 도심지에 위치하므로 주변에 고속화도로가 없어서 차량을 이용할 때 조금 답답할 수 있다.

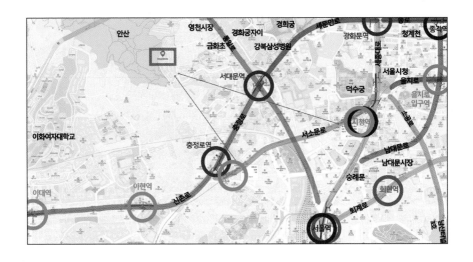

천연뜨란채아파트 핵심 정보

단지명	천연뜨란채	입주 연월	2006년 3월
면적(m²)	[40.44/30.17], [74.97/55.82], [75.24/56.02], [75.01/55.85], [75.32/56.08], [77.60/57.78], [79.87/59.47], [101.81/75.80], [101.47/75.55], [101.30/75.42], [113.81/84.74], [114.10/84.95]		
주소	지번 주소	서울시 서대문구 천연동 145	
	도로명 주소	서울시 서대문구 독립문로8길 54	
총 세대수	1,008세대	총 동수	15개 동
최고 층수	18층	최저 층수	2층
난방 방식	개별난방	난방 연료	도시가스
총 주차대수	1,161대(세대당 1.15대)	건설업체	JR종합건설
관리사무소	02-6382-2800		

40.44/30.17m² 매매가　　　　(단위: 만 원)

하위 평균가	일반 평균가	상위 평균가
47,500	51,000	56,000

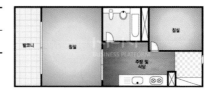

74.97/55.82m² 매매가　　　　(단위: 만 원)

하위 평균가	일반 평균가	상위 평균가
74,500	80,000	83,000

75.24/56.02m² 매매가   (단위: 만 원)

하위 평균가	일반 평균가	상위 평균가
74,000	79,000	82,000

자료 출처: 네이버 부동산(2024. 8. 9 기준)

천연뜨란채아파트 실거래가   (단위: 만 원)

40.44/30.17m²

계약	일	정보	가격↓	타입	거래동	층
24.07	09		매매 4억 9,000	30	102동	7층
24.06	18		매매 5억	30	102동	8층
23.02	19	등기	매매 4억 1,400	30	102동	11층
22.05	04		최고가 매매 6억	30	102동	11층
21.06	11		매매 5억 8,000	30	102동	9층
21.02	27		매매 5억 3,000	30	102동	6층
	06		매매 5억 3,000	30	102동	3층
21.01	31		매매 5억 3,000	30	102동	7층
20.11	12		매매 5억 2,000	30	102동	12층
20.06	23		매매 4억 9,000	30	102동	12층
20.03	14		매매 4억 4,800	30	102동	9층
20.02	04		매매 4억 1,500	30	102동	5층
20.01	18		매매 4억 3,000	30	102동	12층
19.12	13		매매 4억 3,400	30	102동	8층
19.11	25		매매 4억 2,000	30	102동	7층
19.10	31		매매 4억 1,900	30	102동	7층

74.97/55.82m²

계약	일	정보	가격↓	타입	거래동	층
24.08	02		매매 8억 5,700	55D	105동	12층
24.07	25		직거래 매매 6억 8,160	55D		7층
	25		매매 8억 3,500	55D	105동	11층
24.04	21	등기	매매 7억 2,500	55D	109동	8층
23.12	23	취소	매매 7억 2,500	55D	105동	3층
	20	등기	매매 7억 2,500	55D	105동	3층
23.08	18	등기	매매 7억 2,900	55D	107동	9층
23.07	22	등기	매매 8억	55D	107동	15층
22.03	26		최고가 매매 9억 8,000	55D	105동	18층
21.08	21		매매 9억 1,500	55D	105동	15층
	07		매매 8억 3,000	55D	107동	12층
21.06	21		매매 8억 5,000	55D	105동	18층
21.01	30		매매 8억 2,500	55D	109동	5층
	23		매매 7억 8,000	55D	109동	14층
	20		매매 8억	55D	105동	15층

75.24/56.02m²

계약	일	정보	가격↓	타입	거래동	층
24.08	07		매매 8억 4,000	56B	110동	10층
24.06	22		최고가 매매 8억 7,300	56B	110동	15층
	15		매매 7억 8,300	56B	110동	8층
	14		매매 8억	56B	111동	13층
24.03	19	등기	매매 7억 6,000	56B	104동	10층
23.08	27	등기	매매 7억 4,500	56B	112동	12층
	05	등기	매매 7억 4,000	56B	110동	4층
	04	등기	매매 7억 9,800	56B	111동	16층
23.04	21		매매 7억 3,000	56B	110동	3층
23.03	24	등기	매매 7억 5,000	56B	111동	16층
21.08	09		매매 8억 3,000	56B	111동	6층
21.06	26		매매 8억 4,000	56B	112동	3층
	22		매매 8억 5,500	56B	104동	9층
	19		매매 8억 4,300	56B	111동	7층
21.04	20		매매 7억 9,000	56B	110동	5층
20.11	29		매매 7억 8,000	56B	111동	11층

자료 출처: 아실(https://asil.kr)

05

오금현대백조아파트
(ft. 5~6억 대)

방이역 초역세권, 학원가와 올림픽공원 인근
강남, 종로, 여의도까지 전방위 출퇴근 가능

송파구 오금동에 위치한 오금현대백조아파트는 지하철 방이역(5호선) 초역세권(150m) 단지로, 한 정거장만 이동하면 오금역(3호선)과 올림픽공원역(9호선)을 이용할 수 있다. 3호선을 이용해 강남을 지나 명동, 을지로, 종로까지 한 번에 갈 수 있고 9호선 급행을 이용하면 반포, 여의도, 김포공항까지 환승하지 않고 출퇴근할 수 있다.

단지 근처에는 송파구 방이동 학원가, 올림픽공원, 성내천 등이 있다. 올림픽공원의 장미광장과 들꽃마루가 단지와 무척 가깝고 88잔디마당에서는 뮤직 페스티벌을 자주 하므로 산책하면서 유명 뮤지션의 음악을 라이브로 들을 수 있다. 인근에는 잠실역(2호선)도 있어서(직선거리 2.4km) 잠실역의 다양한 인프라를 누리기도 좋다. 2개 동, 438세대로 이루어졌고 이 중 1개 동이 초소형 꼬마 아파트로 이루어져 있다. 양재대로, 올림픽로, 오금로, 위례성대로 등 주변에 대로가 많아 자차 운전자도 출퇴근이 수월하고 맛집이 많아서 유명한 카페나 베이커리를 쉽게 찾아볼 수 있다. 아파트 주변은 대부분 30평형 이상의 대단지여서 마트와 학원, 스포츠센터, 병원 등 가족 단위 인프라가 잘 갖추어져 있다.

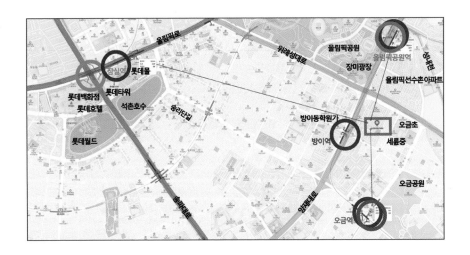

오금현대백조아파트 핵심 정보

단지명	오금현대백조	입주 연월	1997년 1월
면적(m²)	[44.51/31.00], [102.27/78.59], [102.00/78.39], [104.42/80.25], [110.51/84.92], [140.43/114.36]		
주소	**지번 주소** 서울시 송파구 오금동 11		
	도로명 주소 서울시 송파구 양재대로72길 15		
총 세대수	438세대	총 동수	2개 동
최고 층수	19층	최저 층수	8층
난방 방식	중앙난방	난방 연료	도시가스
총 주차대수	438대(세대당 1대)	건설업체	현대건설
관리사무소	02-401-1896		

44.51/31.00m² 매매가   (단위: 만 원)

하위 평균가	일반 평균가	상위 평균가
55,000	59,000	63,000

자료 출처: 네이버 부동산(2024. 8. 9 기준)

오금현대백조아파트 실거래가 (단위: 만 원)

44.51/31.00m²

계약	일	정보	가격 ↓	타입	거래동	층
24.06	08	최고가 매매 6억 3,500		31		8층
24.05	13		매매 5억 9,900	31	102동	6층
24.04	12	등기	매매 5억 4,000	31	102동	2층
23.12	16	등기	매매 6억	31	102동	8층
23.11	25	등기	매매 6억	31	102동	5층
	10	등기	매매 5억 9,000	31	102동	7층
23.05	30	등기	매매 5억 5,500	31	102동	3층
	16	등기	매매 5억 7,000	31	102동	10층
23.04	26	등기	매매 5억 6,000	31	102동	4층
	13	등기	매매 5억 6,700	31	102동	8층
	10	등기	매매 5억 5,500	31	102동	8층
23.02	05	등기	매매 5억 7,000	31	102동	7층

자료 출처: 아실(https://asil.kr)

06

동작구 상도동

건영아파트
(ft. 5~9억 대)

노들역과 상도역 사이 대단지 아파트
중앙대병원과 여의도 출퇴근자 다수 거주

동작구 상도동에 위치한 건영아파트는 지하철 노들역(9호선)과 상도역(7호선) 사이에 있고 인근에 노량진역(1호선, 9호선)이 있어서 서울 어디든지 접근성이 좋다. 1,376세대 대단지 아파트이고 14평형, 23평형, 32평형, 42평형으로 이루어졌다. 아파트 근처에는 중앙대학교와 중앙대학교병원이 있어서 관련 직종 근무자들과 여의도 업무지구로 출퇴근하는 직장인들이 많이 살고 있다. 특히 주변에 노량진 학원가(재수생, 공무원)와 대학가(숭실대, 중앙대)가 있어서 젊은 층이 많다. 인근 상도터널 위쪽에 있는 고구동산공원(노량진근린공원)에는 산책이나 운동하기 편하도록 코스가 잘 갖추어져 있고 사육신역사공원, 노들나루공원, 용봉정 근린공원 등 한강변 공원들이 잘 관리되어 전망 코스로 좋다.

아파트 단지 자체가 언덕에 있어서 오르막길이 불편하지만, 출근길 내리막길은 편할 수 있다. 인근에 있는 서울 한강 노들섬에는 서울시에서 공중정원을 만들 계획으로, '노들섬 글로벌 예술섬' 공모에 유명한 영국 건축가 토마스 헤더윅(Thomas Heatherwick)의 설계작 '소리풍경(Soundscape)'이 최종 선정되었다. 서울의 산세를 형상화한 콘셉트를 바탕으로 설계되었고 완공되면 서울 한강의 멋진 랜드마크로 많은 사랑을 받을 것으로 예상된다. 한강변이어서 대로가 잘 갖춰져 있어 강변북로, 88올림픽대로, 노들길 등 차량을 편리하게 이용할 수 있다.

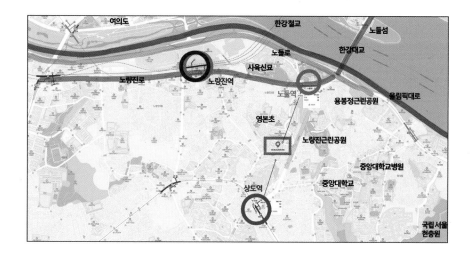

'노들 글로벌 예술섬' 공모 당선작 – 토마스 헤더윅의 소리풍경(Soundscape), **자료 출처**: 서울시 유튜브

건영아파트 핵심 정보

단지명	건영		입주 연월	1997년 9월
면적(m²)	[48.73/32.80], [77.46/59.83], [109.02/84.94], [141.84/114.96]			
주소	지번 주소	서울시 동작구 상도동 414		
	도로명 주소	서울시 동작구 만양로 26		
총 세대수	1,376세대		총 동수	8개 동
최고 층수	18층		최저 층수	18층
난방 방식	중앙난방		난방 연료	도시가스
총 주차대수	1,060대(세대당 0.77대)		건설업체	건영
관리사무소	02-813-6445			

48.73/32.80m² 매매가   (단위: 만 원)

하위 평균가	일반 평균가	상위 평균가
55,000	56,750	59,000

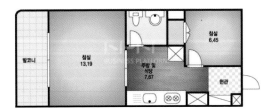

77.46/59.83m² 매매가

（단위: 만 원）

하위 평균가	일반 평균가	상위 평균가
84,500	88,750	91,000

109.02/84.94m² 매매가

（단위: 만 원）

하위 평균가	일반 평균가	상위 평균가
89,000	93,500	98,000

자료 출처: 네이버 부동산(2024. 8. 9 기준)

건영아파트 실거래가

（단위: 만 원）

48.73/32.80m²

계약	일	정보	가격↓	타입	거래동	층
24.07	22	매매	5억 7,500	32	102동	17층
	20	매매	5억 7,200	32	102동	10층
24.04	14	등기	5억 3,700	32	102동	15층
	08	등기	매매 5억 4,500	32	102동	12층
24.01	27	등기	매매 5억 6,000	32	102동	17층
	22	등기	매매 5억 6,000	32	102동	16층
23.11	25	등기	매매 5억 6,000	32	102동	16층
23.10	28	취소	5억 6,800	32	102동	15층
	09	등기	5억 7,000	32	102동	4층
23.09	23	등기	5억 4,000	32	102동	16층
23.07	29	등기	5억 2,200	32	102동	8층
22.09	30		매매 5억 7,000	32	102동	7층
22.05	16		매매 6억 1,500	32	102동	12층
22.03	09		매매 6억 1,800	32	102동	5층

77.46/59.83m²

계약	일	정보	가격↓	타입	거래동	층
24.05	01	매매 최고가 8억 7,000		59	103동	11층
22.10	15	매매	8억 5,000	59	103동	11층
20.12	12	매매	8억 6,500	59	103동	7층
20.07	17	매매	8억 500	59	103동	13층
17.10	28	매매	4억 9,500	59	103동	11층
17.06	18	매매	4억 5,800	59	103동	6층
17.05	22	매매	4억 4,100	59	103동	13층
17.03	28	매매	3억 9,000	59	103동	10층
17.02	25	매매	4억 5,000	59	103동	11층
16.09	03	매매	4억 1,700	59	103동	3층
16.02	24	매매	3억 7,900	59	103동	2층
15.10	26	매매	4억 200	59	103동	12층
	19	매매	3억 8,500	59	103동	7층
15.09	10	매매	3억 8,000	59	103동	16층
15.07	24	매매	4억	59	103동	12층

109.02/84.94m²

계약	일	정보	가격↓	타입	거래동	층
24.08	03	매매	9억 9,600	84	105동	14층
24.07	17	매매	9억 4,500	84	106동	7층
	08	매매	10억	84	105동	10층
	08	매매	9억 7,500	84	106동	6층
	05	매매	9억 5,500	84	106동	11층
24.04	24	등기	9억 4,000	84	105동	6층
24.03	13	등기	9억 500	84	105동	4층
24.02	22	등기	9억	84	105동	3층
	14	등기	매매 9억 6,000	84	106동	13층
	04	등기	매매 9억 2,500	84	106동	3층
23.09	23	등기	매매 9억 1,000	84	106동	9층
23.07	01		매매 9억 7,000	84	106동	12층
23.06	24		매매 8억 9,000	84	105동	5층
23.05	13	등기	매매 8억 6,900	84	106동	4층

자료 출처: 아실(https://asil.kr)

07

서초구 잠원동

킴스빌리지
(ft. 6~12억 대)

반포 입지 장점만 골라 누려 가성비 최고
고속터미널역 트리플 역세권 혜택도 장점

　서초구 잠원동에 위치한 킴스빌리지는 지하철 고속터미널역(3호선, 7호선, 9호선)을 도보로 이용할 수 있는 트리플 역세권 단지다. 서초구에 위치한 꼬마 아파트는 흔치 않지만, 킴스빌리지는 1동으로 구성된 160세대의 소규모 아파트이다. 반원초등학교와 경원중학교가 가깝고 2026년 3월에는 단지 근처에 있는 잠원스포츠파크 부지에 청담고등학교가 이전할 예정이다. 반포 한강공원을 쉽게 이용할 수 있고, 서래섬에서 계절별로 꽃구경하는 등 볼거리가 많으며, 밤에는 반포대교 야경과 무지개 분수뿐만 아니라 세빛섬의 야경이 일품이다. 반포대교 아래에 있는 잠수교는 행사 때마다 차량을 통제하고 사람들만 이용할 수 있도록 인도교로 만드는데, 노을이 매우 일품이고 한강 다리 위에서만 보던 한강을 바로 아래에서 내려다볼 수 있어 좋다.

단지 주변에는 고속터미널 지하상가, 신세계백화점, 쇼핑몰 파미에스테이션이 거대한 지하 세계로 연결되어 있어 쇼핑객들이 많고, 서울에서 활성화된 지하상가 중 가장 크다. 킴스빌리지 바로 앞에 있는 뉴코아아울렛과 킴스클럽은 품질 좋은 식재료와 고급 명품 의류를 할인가로 팔기로 유명해서 강남 물가가 비싸지 않다고 느낄 정도이다. 맛집도 많아서 쇼핑과 외식, 장보기를 한 번에 할 수 있는 실거주자들의 성지다. 잠원 한강공원에는 선상 스타벅스와 수영장이 있는데, 겨울에는 눈썰매장으로 바뀐다. 서울시에서 저렴한 입장료로 운영해서 아이들과 함께 즐기기 좋다.

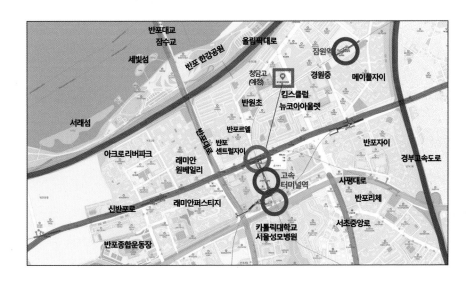

킴스빌리지 핵심 정보

단지명	킴스빌리지		입주 연월	1996년 12월
면적(m²)	[34.79/23.70], [44.28/30.18], [45.35/30.90], [50.25/34.23], [54.89/37.38], [55.09/37.58]			
주소	지번 주소	서울시 서초구 잠원동 71-12		
	도로명 주소	서울시 서초구 잠원로3길 6		
총 세대수	160세대		총 동수	1개 동
최고 층수	15층		최저 층수	14층
난방 방식	개별난방		난방 연료	도시가스
총 주차대수	138대(세대당 0.86대)		건설업체	시대종합건설
관리사무소	02-591-7591			

34.79/23.70m² 매매가　　　　　(단위: 만 원)

하위 평균가	일반 평균가	상위 평균가
64,500	69,000	71,500

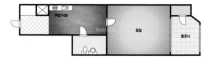

44.28/30.18m² 매매가　　　　　(단위: 만 원)

하위 평균가	일반 평균가	상위 평균가
85,000	90,000	95,000

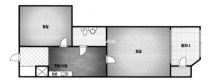

45.35/30.90m² 매매가　　　　　(단위: 만 원)

하위 평균가	일반 평균가	상위 평균가
112,500	120,000	125,000

50.25/34.23m² 매매가　　　　　(단위: 만 원)

하위 평균가	일반 평균가	상위 평균가
107,500	115,500	120,000

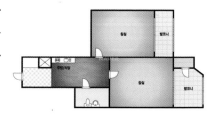

54.89/37.38m² 매매가

(단위: 만 원)

하위 평균가	일반 평균가	상위 평균가
112,500	120,000	125,000

자료 출처: 네이버 부동산(2024. 8. 9 기준)

킴스빌리지 실거래가

(단위: 만 원)

34.79/23.70m²

계약일		정보	가격↓	타입	거래동	층
24.03	13	등기	매매 6억 800	23	101동	10층
24.01	29	등기	매매 6억	23	101동	14층
	02	등기	매매 5억 3,800	23	101동	2층
23.08	25	등기	매매 6억 5,500	23	101동	3층
22.06	29		매매 8억 900	23	101동	12층
21.10	16	최고가 매매 8억 2,000		23	101동	10층
21.08	26		매매 7억 7,500	23	101동	9층
21.05	31		매매 6억 9,800	23	101동	7층
	28		매매 6억 5,000	23	101동	8층
21.04	18		매매 6억 5,500	23	101동	7층
21.02	21		매매 7억	23	101동	14층
20.12	04		매매 7억	23	101동	9층

44.28/30.18m²

계약일		정보	가격↓	타입	거래동	층
24.04	27	등기	매매 9억 2,000	308	101동	11층
24.02	24	등기	매매 9억	308	101동	12층
23.12	26	등기	매매 8억 3,000	308	101동	2층
23.01	10	등기	매매 8억 5,000	308	101동	8층
22.04	16		매매 11억 5,000	308	101동	14층
	04	취소	매매 11억 8,000	308	101동	12층
	04	최고가 매매 11억 8,000		308	101동	12층
21.07	01		매매 8억 6,800	308	101동	6층
21.03	20		매매 8억 1,900	308	101동	4층
21.02	20		매매 8억 3,000	308	101동	4층
21.01	20		매매 8억 2,000	308	101동	10층
20.12	01		매매 8억 3,000	308	101동	12층

45.35/30.90m²

계약일		정보	가격↓	타입	거래동	층
22.05	27	최고가 매매 11억 5,000		30A	101동	10층
21.04	06		매매 8억 1,000	30A	101동	14층
21.02	22		매매 8억 1,300	30A	101동	5층
	03		매매 8억 5,000	30A	101동	4층
20.06	18		매매 7억 5,000	30A	101동	12층
	18		매매 7억 2,000	30A	101동	12층
19.10	26		매매 7억	30A	101동	13층
18.07	24		매매 5억 4,000	30A	101동	11층
	11		매매 5억 6,000	30A	101동	12층
18.03	29		매매 5억 6,700	30A	101동	10층
17.11	15		매매 5억 4,000	30A	101동	9층
17.07	17		매매 5억 2,900	30A	101동	11층

50.25/34.23m²

계약일		정보	가격↓	타입	거래동	층
24.06	13	최고가 매매 11억 3,000		34		3층
21.04	13		매매 10억	34	101동	3층
21.01	07		매매 9억 5,500	34	101동	12층
19.10	30		매매 8억 3,000	34	101동	14층
15.01	29		매매 4억 500	34	101동	6층
14.08	26		매매 3억 8,000	34	101동	5층
13.06	10		매매 3억 2,000	34	101동	7층
13.03	06		매매 3억 8,000	34	101동	6층
06.11	30		매매 2억 2,100	34	101동	9층
	08		매매 2억 3,000	34	101동	4층
06.10	28		매매 2억 2,100	34	101동	9층
	02		매매 2억 1,000	34	101동	6층

54.89/37.38m²

계약일		정보	가격↓	타입	거래동	층
24.06	20	최고가 매매 10억 9,000		37A		2층
23.09	14	등기	매매 9억 9,000	37A	101동	7층
21.04	16		매매 9억 9,000	37A	101동	7층
20.11	14		매매 9억 3,000	37A	101동	2층
20.07	17		매매 9억 2,000	37A	101동	15층
20.05	31		매매 8억 1,800	37A	101동	9층
20.03	11		매매 8억 5,500	37A	101동	9층
19.10	30		매매 8억 6,000	37A	101동	10층
18.07	02		매매 6억 8,000	37A	101동	14층
18.02	13		매매 6억 9,300	37A	101동	9층
17.11	03		매매 6억 5,500	37A	101동	10층
17.05	26		매매 6억 1,000	37A	101동	10층

자료 출처: 아실(https://asil.kr)

08

동작구 사당동

사당우성2단지아파트
(ft. 7~10억 대)

총신대입구역 더블 역세권 대단지, 다양한 평형대 장점
재래시장이 가까운 초품아 + 공세권 아파트

동작구 사당동에 위치한 사당우성2단지아파트는 지하철 더블 역세권인 총신대입구(이수)역(4호선, 7호선)을 도보로 이용할 수 있다. 1,080세대 대단지 아파트로, 18평형, 23평형, 33평형, 38평형, 41평형으로 이루어졌다. 단지 부근에는 삼일공원과 현충근린공원 등 녹지가 많고 바로 앞에 삼일초등학교가 인접해 있다. 총신대입구역 인근에 있는 남성사계시장은 서울 재래시장 중 활성화된 곳 중 하나로, 시장의 규모는 작지만 지하철역 입구부터 아파트까지 이어져 있어서 퇴근길에 장보기가 편리해 주민들이 많이 이용한다. 다만 단지가 언덕에 위치해서 입구 부분부터 경사가 있고 다랭이논처럼 층이 형성되어 유모차를 가지고 이동할 때 불편하다. 인근에 강변북로, 88올림픽대로, 동작대로, 서초대로, 사당로, 강남순환도시고속도로, 동작대교 등 큰 대로가 많아 차량으로 편리하게 이동할 수 있다.

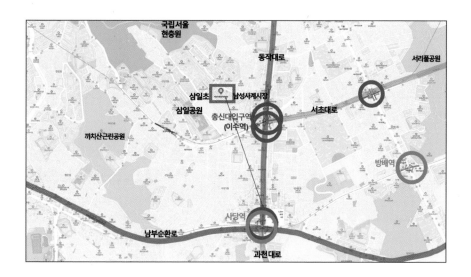

사당우성2단지아파트 핵심 정보

단지명	사당우성2단지	입주 연월	1993년 12월
면적(m²)	[60.21/46.75], [76.91/59.89], [111.96/84.66], [128.16/108.08], [137.20/118.25]		
주소	지번 주소	서울시 동작구 사당동 105	
	도로명 주소	서울시 동작구 동작대로29길 91	
총 세대수	1,080세대	총 동수	8개 동
최고 층수	15층	최저 층수	15층
난방 방식	중앙난방	난방 연료	도시가스
총 주차대수	1,299대(세대당 1.2대)	건설업체	우성건설
관리사무소	02-537-1786		

60.21/46.25m² 매매가

(단위: 만 원)

하위 평균가	일반 평균가	상위 평균가
78,500	81,500	83,000

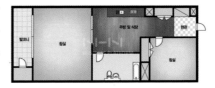

76.91/59.89m² 매매가

(단위: 만 원)

하위 평균가	일반 평균가	상위 평균가
100,500	105,000	107,000

자료 출처: 네이버 부동산(2024. 8. 9 기준)

사당우성2단지아파트 실거래가

(단위: 만 원)

60.21/46.25m²

계약	일	정보	가격↓	타입	거래동	층
24.02	19	등기	매매 7억 5,000	46	207동	3층
23.08	19	등기	매매 7억 9,000	46	207동	14층
	15	등기	매매 7억 6,500	46	207동	12층
23.04	29	등기	매매 7억	46	207동	10층
	23	등기	매매 7억 9,000	46	207동	15층
21.09	27	최고가 매매 9억 1,000	46	207동	13층
21.07	24		매매 8억 7,000	46	207동	11층
	14	최고가 매매 9억 1,000	46	207동	6층
	07		매매 8억 9,900	46	207동	9층
21.06	26		매매 8억 9,500	46	207동	10층
21.05	14		매매 9억	46	207동	5층
21.04	18		매매 8억 5,000	46	207동	11층
21.03	24		매매 8억 6,000	46	207동	11층
21.01	23		매매 8억 4,700	46	207동	2층
20.12	29		매매 8억 2,000	46	207동	6층

76.91/59.89m²

계약	일	정보	가격↓	타입	거래동	층
24.07	27		매매 10억 9,000	59	208동	14층
	07		매매 10억	59	207동	14층
24.06	29		매매 10억 5,000	59	208동	5층
	25		매매 9억 9,500	59	207동	7층
24.05	02	등기	직거래 매매 6억 7,000	59	208동	11층
24.04	24	등기	매매 10억 2,500	59	207동	4층
	13	등기	매매 10억 3,000	59	208동	15층
24.03	04	등기	매매 9억 6,730	59	207동	11층
23.10	24	등기	매매 9억 5,000	59	207동	9층
	07	등기	매매 10억 4,900	59	208동	15층
23.09	20	등기	매매 9억 4,500	59	207동	2층
23.07	26	등기	매매 10억	59	208동	11층
	05	등기	매매 8억 9,500	59	207동	1층
23.05	20	등기	매매 9억 7,400	59	208동	11층
23.04	17	등기	매매 10억 4,000	59	207동	14층

자료 출처: 아실(https://asil.kr)

09

상아2차아파트
(ft. 7~9억 대)

개롱역 출구 앞 초품아 평지 아파트
···
리모델링 추진 중, 향후 투자 가치 기대
···

송파구 오금동에 위치한 상아2차아파트는 지하철 개롱역(5호선) 출구 바로 앞에 있고 오금역(3호선, 5호선) 더블 역세권과 한 정거장 거리여서 지하철을 편리하게 이용할 수 있다. 1988년에 준공된 아파트로, 단지 바로 옆에 개롱초등학교(초품아), 보인중학교와 보인고등학교가 있다. 단지 바로 앞에는 송파도서관이 있어 아이들이 공부하기 좋은 환경이고 바로 옆에 있는 서울곰두리체육센터에서는 수영, 필라테스, 헬스, 골프, 미술, 영어 회화 등 다양한 프로그램을 운영중이다. 인근에 오금오름공원, 성내천, 남한산성 등산로 등 주변 공원과 산책로가 잘되어 있어서 생활하기 좋다.

잠실역(2호선, 8호선)에서 직선거리로 3.3km에 위치해 아파트 앞에서 승차할 수 있는 버스 노선 7개 중 6개가 잠실역 경유 노선이고 배차 간격도 짧다(잠실역까지 8정거장, 약 20분 소요). 오는 버스는 아무거나 타도 금방 잠실역이라고 한다. 단지 맞은편 상가에는 스타벅스, 병원, 학원뿐만 아니라 각종 체인점이 입점해서 편의시설을 편리하게 이용할 수 있고 조용한 평지 대단지로 리모델링을 추진 중이라 향후 투자 가치도 기대된다. 자차를 이용할 경우 오금로, 송파대로, 양재대로 등 도로가 넓어 출퇴근이 편한 것도 장점이다.

상아2차아파트 핵심 정보

단지명	상아2차		입주 연월	1988년 11월
면적(m²)	[64.11/45.77], [70.82/50.72], [82.26/60.00], [104.82/84.98]			
주소	지번 주소	서울시 송파구 오금동 165		
	도로명 주소	서울시 송파구 오금로 407		
총 세대수	750세대		총 동수	6개 동
최고 층수	14층		최저 층수	13층
난방 방식	지역난방		난방 연료	열병합
관리사무소	02-408-6508		건설업체	동성건설

64.11/45.77m² 매매가   (단위: 만 원)

하위 평균가	일반 평균가	상위 평균가
75,000	78,000	80,500

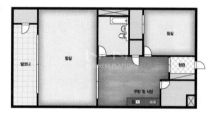

70.82/50.72m² 매매가   (단위: 만 원)

하위 평균가	일반 평균가	상위 평균가
82,000	87,000	90,000

82.26/60.00m² 매매가　　　　(단위: 만 원)

하위 평균가	일반 평균가	상위 평균가
94,000	97,000	99,500

자료 출처: 네이버 부동산(2024. 8. 9 기준)

상아2차아파트 실거래가　　　　(단위: 만 원)

64.11/45.77m²

계약	일	정보	가격↓	타입	거래동	층
24.07	23	매매	7억 8,200	45	9동	4층
	20	매매	7억 9,000	45	9동	11층
	20	매매	7억 9,000	45	6동	7층
	18	매매	7억 6,900	45	9동	4층
	10	매매	7억 8,000	45	9동	11층
24.06	25	등기 매매	7억 7,000	45	6동	2층
24.05	04	등기 매매	7억 9,500	45	9동	9층
24.01	11	등기 매매	8억 500	45	6동	9층
23.12	19	등기 매매	7억 9,000	45	6동	4층
23.11	06	등기 매매	7억 8,000	45	6동	14층
23.09	08	등기 매매	7억 7,800	45	9동	5층
23.08	19	등기 매매	8억 3,000	45	9동	14층
23.07	07	등기 매매	7억	45	9동	5층
23.06	27	등기 매매	7억 2,800	45	9동	3층
	26	등기 매매	7억 2,000	45	6동	6층

70.82/50.72m²

계약	일	정보	가격↓	타입	거래동	층
24.06	29	매매	8억 4,500	50	9동	12층
	06	매매	9억 1,500	50	6동	4층
24.05	11	매매	8억 2,000	50	9동	1층
24.02	03	등기 매매	9억	50	9동	13층
23.10	05	매매	9억	50	6동	12층
23.08	26	등기 매매	8억 5,000	50	6동	14층
23.07	15	등기 매매	9억 2,400	50	6동	8층
23.05	27	등기 매매	8억	50	9동	3층
23.04	24	등기 매매	8억 3,000	50	9동	12층
22.01	20	매매	9억 9,000	50	9동	13층
	10	매매	9억 9,000	50	9동	10층
21.11	10	최고가 매매	10억 4,500	50	6동	8층
21.09	28	매매	8억 3,600	50	9동	9층
20.10	17	매매	8억 8,000	50	9동	14층
20.06	19	매매	7억 7,000	50	9동	2층

82.26/60.00m²

계약	일	정보	가격↓	타입	거래동	층
24.07	06	매매	9억 7,000	60		4층
	06	매매	9억 5,500	60		12층
24.05	25	매매	9억 3,000	60	8동	14층
24.02	17	등기 매매	9억 2,000	60	8동	13층
23.12	19	매매	9억 4,500	60	8동	13층
23.02	13	등기 매매	8억 3,000	60	8동	7층
22.09	07	매매	9억 7,000	60	8동	1층
22.05	28	최고가 매매	12억 2,500	60	8동	1층
21.12	04	매매	12억	60	8동	11층
21.05	24	매매	10억 8,000	60	8동	12층
	15	매매	10억	60	8동	9층
	08	매매	10억 5,500	60	8동	6층
21.03	16	매매	10억 1,000	60	8동	11층
20.11	21	매매	9억 7,000	60	8동	13층
20.09	26	매매	9억 1,000	60	8동	7층

자료 출처: 아실(https://asil.kr)

10

강남구 수서동

까치마을아파트
(ft. 8~12억 대)

일원역 인접한 초소형 대단지 아파트, 가성비 최고
수서역 개발 수혜주, 쿼터블 역세권 혜택 듬뿍

강남구 수서동에 위치한 까치마을아파트는 지하철 일원역(3호선)과 인접한 아파트로, 1993년에 준공되었다. 1,404세대 대단지로, 14평형, 17평형, 21평형과 같이 전부 소형 평형대로 구성되어 1인 가구와 신혼부부에게 적합하다. 단지 앞에 있는 일원역에서 한 정거장만 가면 쿼터블 역세권인 수서역(3호선, 수인분당선, SRT, GTX)이 있어서 SRT를 이용할 수 있다. 그래서 지방 접근성이 좋고 최근에는 GTX까지 개통해 교통이 더욱 편리해졌다. 단지 근처에는 삼성서울병원이 있고 광수산, 광평공원, 대모산, 구룡산 국수봉 자락 등 자연환경이 우수해 공기가 좋고 조용하다.

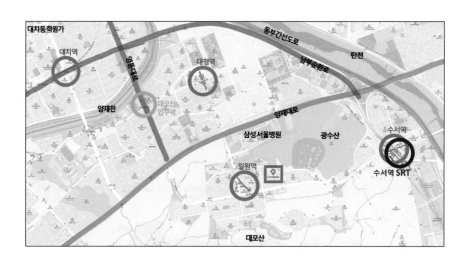

까치마을아파트 핵심 정보

단지명	까치마을		입주 연월	1993년 9월
면적(m²)	[49.01/34.44], [56.36/39.60], [70.45/49.50]			
주소	지번 주소	서울시 강남구 수서동 746		
	도로명 주소	서울시 강남구 광평로19길 10		
총 세대수	1,404세대		총 동수	7개 동
최고 층수	15층		최저 층수	15층
난방 방식	지역난방		난방 연료	열병합
총 주차대수	1,410대(세대당 1대)		건설업체	진흥기업
관리사무소	02-459-0778			

49.01/34.44m² 매매가

(단위: 만 원)

하위 평균가	일반 평균가	상위 평균가
83,000	86,500	89,000

56.36/39.60m² 매매가

(단위: 만 원)

하위 평균가	일반 평균가	상위 평균가
91,000	96,500	99,500

70.45/49.50m² 매매가

(단위: 만 원)

하위 평균가	일반 평균가	상위 평균가
118,500	124,500	130,000

자료 출처: 네이버 부동산(2024. 8, 9 기준)

까치마을아파트 실거래가

(단위: 만 원)

49.01/34.44m²

계약	일	정보	가격 ↓	타입	거래동	층
24.07	13	매매	8억 6,000	34	1004동	6층
	12	매매	8억 6,800	34	1005동	6층
	04	매매	8억 6,000	34	1002동	15층
24.06	18	매매	8억 6,000	34	1005동	4층
24.04	06	등기	매매 8억 5,000	34	1004동	11층
24.03	23	등기	매매 8억 3,000	34	1005동	2층
	23	등기	매매 8억 1,500	34	1004동	12층
24.02	17	매매	8억 4,500	34	1004동	8층
	14	등기	매매 8억 5,000	34	1005동	5층
23.10	07	등기	매매 8억 8,400	34	1005동	10층
23.09	18	등기	매매 8억 9,000	34	1004동	12층
	14		매매 9억	34	1004동	11층
23.08	27	등기	매매 8억 5,500	34	1002동	2층

56.36/39.60m²

계약	일	정보	가격 ↓	타입	거래동	층
24.07	14	매매	9억 2,500	39	1006동	2층
	13	매매	9억 5,000	39	1007동	13층
	06	등기	직거래 매매 6억 8,000	39	1003동	7층
	04	매매	9억 7,000	39	1006동	15층
	04		매매 9억 8,000	39	1006동	13층
	02		매매 9억 4,000	39	1007동	8층
24.06	28	등기	매매 9억 7,000	39	1003동	6층
	26		매매 9억 4,500	39	1007동	8층
	12		매매 10억	39	1002동	10층
	07	등기	매매 9억 4,000	39	1006동	13층
	03	등기	매매 9억 6,500	39	1003동	6층
24.05	03	등기	매매 9억 4,500	39	1003동	4층
24.03	19	등기	매매 9억 3,000	39	1003동	3층

70.45/49.50m²

계약	일	정보	가격 ↓	타입	거래동	층
24.07	11	매매	12억 5,000	49	1001동	3층
	02	매매	12억 5,000	49	1006동	6층
24.06	15	매매	13억	49	1006동	10층
	08	매매	12억 8,000	49	1007동	12층
24.05	27	등기	매매 12억 3,500	49	1001동	5층
	25		매매 12억 1,000	49	1001동	8층
	13	등기	매매 12억 3,500	49	1006동	5층
	08	등기	매매 12억 2,000	49	1007동	7층
24.03	22	등기	매매 11억 9,400	49	1005동	5층
24.02	29	등기	매매 12억 5,000	49	1006동	5층
24.01	29	등기	매매 11억 9,500	49	1007동	15층
	21	등기	매매 12억	49	1007동	15층
	10	등기	매매 11억 9,500	49	1006동	14층

자료 출처: 아실(https://asil.kr)

11

송파구 잠실동

리센츠아파트
(ft. 9~11억 대)

잠실새내역 바로 앞, 교통 편리
자연 친화적인 잠실 인프라 효과 톡톡

리센츠는 잠실주공2단지아파트를 재건축해서 2008년에 준공된 5,563세대의 대단지 아파트이다. 지하철 잠실새내역(2호선) 바로 앞에 위치하며 단지 내 상가가 주변 단지인 트리지움, 엘스의 상가와 함께 모두 지하로 연결되어 있다. 2호선을 타면 삼성역(2호선)까지는 2정거장, 강남역(2호선, 신분당선)까지는 5정거장 거리이고 종합운동장역(2호선)을 이용하면 9호선 급행을 탈 수 있다.

단지 안에는 잠신초등학교, 잠신중학교, 잠신고등학교와 함께 서울특별시 강동송파교육지원청이 있고 근처에는 롯데쇼핑몰, 롯데백화점, 롯데타워, 롯데월드, 새마을 재래시장 등 인프라가 잘 갖추어져 있다. 잠실 한강공원과 붙어있고 한강, 탄천, 아시아공원 등 자연 친화적인 인프라와 종합운동장 체육시설, 단지 내 부리근린공원까지 편리하게 이용할 수 있다. 88올림픽대로, 강변북로, 올림픽로, 송파대로, 영동대로, 테헤란로 등 주변에 큰 도로가 많아 자차 출퇴근도 편리하다.

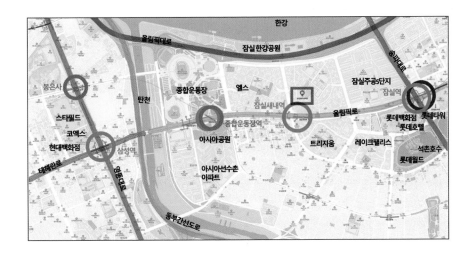

리센츠아파트 핵심 정보

단지명	리센츠	입주 연월	2008년 7월
면적(m²)	[42.28/27.68], [82.32/59.99], [109.2/84.99]		
주소	지번 주소	서울시 송파구 잠실동 22	
	도로명 주소	서울시 송파구 올림픽로 135	
총 세대수	5,563세대	총 동수	65개 동
최고 층수	33층	최저 층수	21층
난방 방식	지역난방	난방 연료	열병합
총 주차대수	7,876대(세대당 1.41대)	건설업체	대우건설, 삼성물산 건설 부문, 대림산업, 우방
관리사무소	02-419-0035		

42.28/27.68Am² 매매가　　　　(단위: 만 원)

하위 평균가	일반 평균가	상위 평균가
92,500	96,500	99,500

42.60/27.68Bm² 매매가　　　　(단위: 만 원)

하위 평균가	일반 평균가	상위 평균가
101,000	109,500	113,000

42.52/27.68Cm² 매매가　　　　　　　　(단위: 만 원)

하위 평균가	일반 평균가	상위 평균가
106,000	114,500	121,000

자료 출처: 네이버 부동산(2024. 8. 9 기준)

리센츠아파트 실거래가　　　　(단위: 만 원)

42.28/27.68Am²			42.60/27.68Bm²		42.52/27.68Cm²

계약	일	정보	가격 ↓	타입	거래동	층
24.06	28		매매 11억	27	245동	21층
	24		매매 10억 2,000	27	244동	3층
	23		매매 9억 7,000	27	244동	24층
	22		매매 11억	27	244동	19층
	14		매매 9억 7,500	27	246동	30층
	13		매매 10억 5,000	27	245동	7층
	05	등기	매매 9억 5,000	27	245동	4층
24.05	29		매매 12억	27	244동	8층
	21		매매 10억 7,000	27	244동	25층
	21		매매 11억 2,000	27	245동	11층
	20	등기	직거래 매매 6억 7,000	27	245동	26층
	17		매매 10억 7,000	27	243동	21층
	04	등기	매매 10억 4,500	27	246동	22층
24.04	29		매매 9억 6,000	27	244동	24층
	18	등기	매매 10억 2,500	27	244동	5층
	15	등기	매매 11억 7,300	27	246동	26층

※ 아실, 국토부 실거래가에서 A, B, C 타입이 13평형으로 통합되어 나옴(전용면적이 같기 때문인 것으로 보임)

자료 출처: 아실(https://asil.kr)

12

대치2단지아파트
(ft. 9~14억 대)

강남 주요 업무지구 인근, 평지에 위치
구축이지만 교통 편리 + 공세권으로 선호도 Up!

대치2단지아파트는 338쪽에서 설명하는 대청아파트와 붙어있고 지하철 대청역(3호선)과 대모산입구역(수인분당선) 사이에 위치해 있다. 삼성역(2호선)도 직선거리 2km로, 버스 정거장 6개 거리다. 인근의 삼성역은 지금 쿼터블 역세권 공사 중이고(2호선, GTX A, GTX C, 위례신사선) 삼성역에 이미 코엑스, 스타필드 쇼핑몰, 현대백화점 무역센터점이 있어 편리하다. 단지가 바로 양재천을 접하고 있어서 양재천길에서 자전거 타고 산책 및 운동하기 좋다. 단지 인근에는 양재천 근린공원, 탄천마루공원, 대진공원, 일원에코파크까지 있어 자연친화적인 환경이며 대치동 학원가와의 접근성도 뛰어나다. 아파트 주변이 대부분 평지이고, 도로도 넓으며, 깨끗하다. 특히 아파트 근처에 영동대로, 남부 순환로, 테헤란로, 양재대로, 동부간선도로 등 많은 대로가 있어서 자차로 출퇴근할 때 매우 편리하다.

대치2단지는 초소형 평형으로 구성된 꼬마 아파트여서 강남 쪽에 직장이 있는 1인 가구나 신혼부부에게 추천한다. 번화가와 멀리 떨어져 있고 주변은 조용한 공원으로 둘러쌓여 있다. 구축 아파트여서 밤늦게 들어오면 주차가 불편할 수 있다. 하지만 강남 주요 업무지구 인근에 있고, 평지이며, 출퇴근 교통이 편리하고 공원이 가까워서 이 정도 가격대의 대단지 아파트는 찾기가 쉽지 않다.

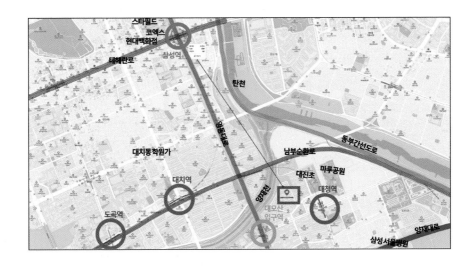

대치2단지아파트 핵심 정보

단지명	대치2단지		입주 연월	1992년 10월
면적(m²)	[46.73/33.18], [56.40/39.53], [69.96/49.86]			
주소	지번 주소	서울시 강남구 개포동 12		
	도로명 주소	서울시 강남구 개포로109길 9		
총 세대수	1,758세대		총 동수	11개 동
최고 층수	15층		최저 층수	15층
난방 방식	지역난방		난방 연료	열병합
총 주차대수	1,758대(세대당 1대)		건설업체	진덕산업, 성원건설
관리사무소	02-451-4533			

46.73/33.18m² 매매가   (단위: 만 원)

하위 평균가	일반 평균가	상위 평균가
95,000	100,333	107,500

56.40/39.53m² 매매가   (단위: 만 원)

하위 평균가	일반 평균가	상위 평균가
117,333	126,000	131,333

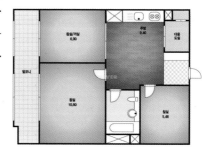

69.96/49.86m² 매매가

(단위: 만 원)

하위 평균가	일반 평균가	상위 평균가
139,000	145,000	150,000

자료 출처: 네이버 부동산(2024. 8. 9 기준)

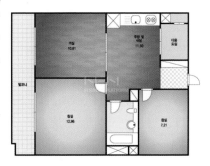

대치2단지아파트 실거래가

(단위: 만 원)

46.73/33.18m²

계약	일	정보	가격↓	타입	거래동	층
24.07	13	매매	9억 8,000	33	214동	1층
	06	매매	10억 7,500	33	215동	7층
24.06	26	등기 매매	9억 4,000	33	214동	6층
	18	매매	10억	33	209동	4층
	10	등기 매매	10억 500	33	209동	12층
	03	매매	9억 8,000	33	214동	10층
	01	매매	9억 9,000	33	215동	9층
24.02	29	매매	9억 9,000	33	209동	3층
	24	등기 매매	9억 6,500	33	214동	4층
	24	취소 매매	9억 6,500	33	214동	4층
24.01	30	등기 매매	9억 7,000	33	214동	4층
23.12	14	등기 매매	9억 5,000	33	209동	5층
	06	등기 매매	10억 3,000	33	215동	13층
23.09	24	등기 매매	10억 4,000	33	214동	12층
23.08	26	등기 매매	10억 1,000	33	215동	15층

56.40/39.53m²

계약	일	정보	가격↓	타입	거래동	층
24.06	27	매매	12억 5,000	39	216동	13층
	06	등기 매매	11억 6,000	39	210동	15층
24.05	28	매매	11억 6,500	39	210동	3층
	18	등기 매매	11억 4,500	39	211동	3층
	15	매매	11억 5,000	39	211동	15층
	15	매매	11억 2,000	39	211동	6층
	04	등기 매매	11억 6,000	39	212동	12층
	02	등기 매매	11억 1,000	39	212동	3층
24.04	06	등기 매매	11억 6,000	39	212동	4층
	04	등기 매매	11억 5,000	39	211동	3층
24.03	29	등기 매매	11억	39	210동	3층
	27	등기 매매	9억 5,000	39	-동	9층
	05	등기 매매	11억 5,000	39	212동	13층
24.02	17	매매	10억 3,000	39	210동	1층
24.01	27	등기 매매	11억 4,500	39	216동	12층
	17	매매	11억 6,000	39	211동	8층

69.96/49.86m²

계약	일	정보	가격↓	타입	거래동	층
24.07	04	매매	15억	49	219동	10층
24.06	21	매매	14억 9,000	49	219동	15층
	07	매매	14억	49	219동	8층
24.05	16	등기 매매	13억 6,500	49	219동	5층
	04	등기 매매	13억 8,250	49	219동	9층
24.04	24	매매	13억 3,000	49	213동	5층
24.03	23	등기 매매	13억 6,000	49	218동	4층
	23	취소 매매	13억 6,000	49	218동	4층
	19	등기 매매	13억 2,000	49	219동	1층
	14	등기 매매	13억 3,620	49	217동	13층
24.02	27	등기 매매	13억 1,500	49	213동	4층
	24	등기 매매	13억 4,000	49	219동	10층
	07	등기 매매	13억 5,000	49	217동	4층
	02	등기 매매	13억 7,000	49	218동	11층
	02	등기 매매	13억 5,000	49	218동	5층
23.12	20	등기 매매	12억 6,000	49	217동	2층

자료 출처: 아실(https://asil.kr)

13

대청아파트
(ft. 10~15억 대)

대치2단지 옆에 위치, 인프라 함께 누려
양재천, 대치동 학원가와 접근성 우수

대청아파트는 대치2단지아파트와 붙어있고 지하철 대청역(3호선)과 대모산
입구역(수인분당선) 사이에 위치해 있다. 삼성역(2호선) 개발 수혜를 기다리고 있
고 양재천과 같이 자연 친화적인 환경으로 둘러싸여 있다. 대치동 학원가도 편
리하게 이용할 수 있어서 교육적 환경이 우수하다.

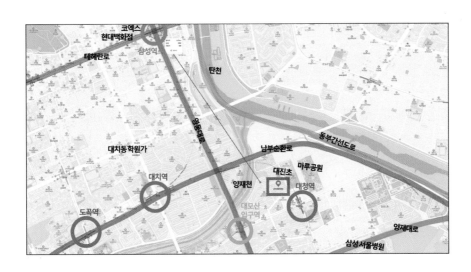

대청아파트 핵심 정보

단지명	대청		입주 연월	1992년 10월
면적(m²)	[56.50/39.53], [70.83/51.12], [81.67/60.00]			
주소	지번 주소	서울시 강남구 개포동 12		
	도로명 주소	서울시 강남구 개포로109길 21		
총 세대수	822세대		총 동수	6개 동
최고 층수	15층		최저 층수	13층
난방 방식	지역난방		난방 연료	열병합
총 주차대수	700대(세대당 0.85대)		건설업체	삼익건설
관리사무소	02-451-4535			

56.50/39.53m² 매매가 (단위: 만 원)

하위 평균가	일반 평균가	상위 평균가
117,333	126,000	131,333

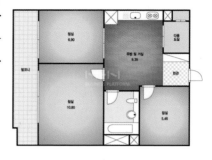

70.83/51.12m² 매매가 (단위: 만 원)

하위 평균가	일반 평균가	상위 평균가
139,000	145,000	150,000

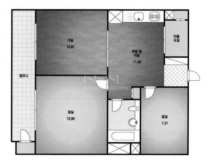

81.67/60.00m² 매매가 (단위: 만 원)

하위 평균가	일반 평균가	상위 평균가
156,667	165,000	170,000

자료 출처: 네이버 부동산(2024. 8. 9 기준)

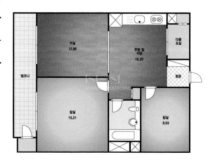

대청아파트 실거래가

(단위: 만 원)

56.50/39.53m²

계약	일	정보	가격↓	타입	거래동	층
24.07	20	매매	13억 2,500	39	301동	11층
24.06	17	매매	12억	39	301동	7층
	13	매매	11억 5,000	39	301동	3층
24.05	18	등기	11억 2,500	39	301동	2층
24.03	30	등기	11억 5,000	39	301동	13층
	10	등기	11억 5,000	39	302동	10층
	10	등기	11억 5,000	39	301동	9층
24.02	19	등기	11억 5,000	39	302동	6층
23.11	07	등기	11억 3,000	39	302동	12층
23.09	21	등기	10억 9,750	39	302동	1층
	16	등기	12억	39	301동	5층
23.08	31	등기	12억	39	301동	7층
	17	등기	12억 3,000	39	-동	11층
23.07	20	등기	11억 6,000	39	302동	7층
23.06	29	등기	11억 1,000	39	301동	2층
	23	등기	11억 5,000	39	301동	14층

70.83/51.12m²

계약	일	정보	가격↓	타입	거래동	층
24.07	09	매매	14억 8,000	51	304동	11층
	08	매매	14억	51	304동	3층
	05	매매	14억 7,500	51	304동	13층
24.06	22	매매	14억 5,000	51	304동	10층
	19	매매	14억	51	303동	7층
	19	매매	13억 8,000	51	303동	13층
	17	매매	13억 8,000	51	303동	6층
24.05	30	등기	13억 3,000	51	304동	3층
	22	매매	13억 5,000	51	303동	8층
	10	등기	13억 9,700	51	303동	14층
24.03	23	등기	12억 9,500	51	303동	3층
24.01	11	등기	13억	51	303동	12층
23.08	31	취소	직거래 매매 10억 6,000	51	303동	4층
	12	등기	13억 5,000	51	304동	4층
23.07	14	등기	13억 2,000	51	303동	11층
23.06	17	등기	13억 5,000	51	304동	12층

81.67/60.00m²

계약	일	정보	가격↓	타입	거래동	층
24.06	27	매매	17억	60		9층
	16	매매	17억 3,000	60		9층
24.04	05	등기	16억 4,000	60	305동	8층
24.03	01	등기	16억	60	305동	4층
23.12	31	등기	16억 2,500	60	306동	8층
23.08	12	등기	14억 8,000	60	306동	1층
23.06	28	등기	10억 3,000	60	305동	11층
	10	등기	15억 4,000	60	306동	10층
23.04	26	등기	14억	60	305동	2층
	01	등기	14억	60	306동	15층
23.03	22	등기	14억 2,000	60	305동	8층
23.02	25	등기	14억	60	306동	3층
	17	등기	14억	60	306동	7층
23.01	14	등기	13억 3,000	60	305동	14층
22.11	14		13억 4,000	60	305동	7층
22.10	18		12억 2,000	60	306동	10층

자료 출처: 아실(https://asil.kr)

내 아파트의 지분은 몇 평일까? – 씨:리얼 사용법

아무리 초소형 꼬마 아파트여도 '이왕이면 다홍치마'라고 아파트가 깔고 있는 땅의 크기가 크면 좋다. 323쪽에서 소개한 송파구 오금동 상아2차아파트는 리모델링이 추진되고 있으므로 비슷한 아파트를 비교할 때 이왕이면 지분이 큰 아파트를 골라야 한다. LH한국토지주택공사가 운영중인 씨:리얼 사이트에서 아파트마다 지분이 몇 평인지 알아볼 수 있다.

❶ 씨:리얼 사이트(https://seereal.lh.or.kr)에 접속한 후 화면의 위쪽에 아파트 주소를 입력하고 Enter 를 누른다. 여기서는 상아아파트 주소인 '서울시 송파구 오금로 407'을 검색해보자.

❷ 찾아보고 싶은 동의 '종합정보'를 선택한다.

❸ 결과 화면의 아래쪽에서 동, 호수를 선택하면 해당 아파트의 지분이 나온다. 여기서는 22.69m²로, 이것을 평으로 환산하면 6.86평이다. 즉 이 아파트를 사면 송파구의 6.86 평의 땅을 사는 셈이다.

쏘쿨 Pick!
서울시
소형, 중형 아파트
Top 8
(ft. 3인 이상 가구,
방 2~3개, 23평 이상)

01

강동구 성내동

성내삼성아파트
(ft. 8억 대)

강동구청역 인접 대단지 아파트
잠실, 한강공원, 서울아산병원 접근성 우수

강동구 성내동에 위치한 성내삼성아파트는 지하철 강동구청역(8호선)과 인접해 있고 잠실나루역(이전 역명 성내역, 2호선)과 천호역(5호선) 접근성이 좋은 편이다. 평지에 대단지 1,220세대이고 24평형, 33평형, 43평형으로 구성되어 있다. 광나루 한강공원 접근성도 괜찮은 편이고 후문 앞에 있는 재래시장을 거쳐 주꾸미골목을 지나면 바로 천호역으로 이어진다. 5호선을 이용하는 직장인들은 이마트, 재래시장, 천호역 현대백화점에서 퇴근길에 장을 많이 본다. 올림픽대교와 천호대교 등 한강 다리와 강변북로, 올림픽대로, 올림픽로, 강동대로, 천호대로, 양재대로 등 대로가 많아서 자차로 출퇴근하기가 편하다.

아파트 근처에 아시아 최대 병원인 서울아산병원이 있어서 직원들도 단지에 많이 거주한다. 서울아산병원에는 '24시간 소아과응급실'도 운영 중이어서 아기가 있는 부모들은 무척 든든하다고 한다.

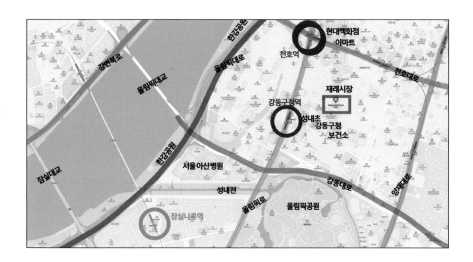

성내삼성아파트 핵심 정보

단지명	성내삼성		입주 연월	1999년 9월
면적(m²)	[85.31/59.88], [110.64/84.99], [142.85/114.93]			
주소	지번 주소	서울시 강동구 성내동 590		
	도로명 주소	서울시 강동구 풍성로 127		
총 세대수	1,220세대		총 동수	10개 동
최고 층수	28층		최저 층수	9층
난방 방식	중앙난방		난방 연료	도시가스
총 주차대수	1,262대(세대당 1.03대)		건설업체	삼성물산
관리사무소	02-486-5721			

85.31/59.88m² 매매가　　　　(단위: 만 원)

하위 평균가	일반 평균가	상위 평균가
83,000	87,500	90,250

자료 출처: 네이버 부동산(2024. 8. 9 기준)

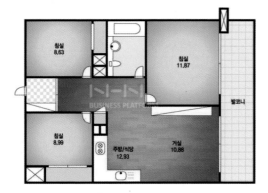

성내삼성아파트 실거래가　　　(단위: 만 원)

85.31/59.88m²

계약	일	정보	가격 ↓	타입	거래동	층
24.08	01	매매	8억 9,000	59	103동	3층
24.07	27	매매	9억	59	103동	8층
	27	매매	8억 5,000	59	102동	2층
	19	매매	9억	59	101동	17층
	13	매매	9억 1,500	59	103동	18층
	13	취소	9억 1,500	59	103동	18층
	08	매매	9억 800	59	101동	7층
	04	매매	8억 6,500	59	103동	6층
24.06	29	매매	8억 7,900	59	103동	7층
	28	매매	8억 9,850	59	103동	6층
	22	매매	8억 9,500	59	101동	17층
	22	매매	9억	59	104동	12층
	22	매매	8억 8,000	59	101동	13층

자료 출처: 아실(https://asil.kr)

02

강동구 성내동

성안마을청구아파트
(ft. 8~11억 대)

강동구청역 역세권 + 초품아
2, 5, 8호선 접근성 우수해 직장인에게 강력 추천

　강동구 성내동에 위치한 성안마을청구아파트는 지하철 강동구청역(8호선)이 직선거리 270m에 있는 역세권 단지로, 잠실역(2호선)은 직선거리 2.6km, 천호역(5호선)은 직선거리 670m로 접근성이 좋은 편이다. 인근에 있는 성내삼성아파트와 같은 인프라와 편의시설을 누리면서 단지 앞에 있는 강동구청역뿐만 아니라 보건소와 관공서, 올림픽공원, 성내전통시장, 천호역 현대백화점, 서울아산병원 등이 있어 생활하기 편하다. 지하철 2호선, 5호선, 8호선을 이용하는 직장인에게 적극 추천하는 가성비 좋은 단지 중 한 곳이다.

성안마을청구아파트는 349세대로, 인근에 있는 대단지 성내삼성아파트와 가격이 함께 움직인다. 인근에 있는 올림픽공원과 올림픽공원수영장에서 건강하게 운동하고 여가생활을 즐길 수 있으며, 성내천과 한강공원 자전거길도 잘 되어 있어 자전거를 타는 주민들이 많다. 또한 아파트 바로 앞에 성내초등학교(초품아)가 있어서 어린 자녀를 둔 엄마들의 선호도가 높다. 강동구청 잔디광장은 평소 주민들이 휴식 공간으로 이용하고 다양한 문화행사도 많이 열리고 있다. 강동구청은 전국에서 가장 아름다운 친환경 문화청사로, '2020 아시아 도시경관상'을 수상했다. 이 밖에도 강동어린이회관 강동구 육아종합지원센터에는 키즈카페, 장난감도서관, 하늘정원 등 다양한 시설이 있다.

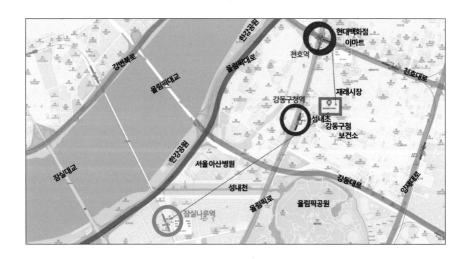

'2020 아시아 도시경관상'을 수상한 강동구청(자료 출처: 강동구청 홈페이지)

성안마을청구아파트 핵심 정보

단지명	성안마을청구		입주 연월	2002년 7월
면적(m²)	[52.83/37.80], [83.76/59.93], [108.10/84.96]			
주소	지번 주소	서울시 강동구 성내동 295		
	도로명 주소	서울시 강동구 풍성로 114-1		
총 세대수	349세대		총 동수	2개 동
최고 층수	23층		최저 층수	8층
난방 방식	개별난방		난방 연료	도시가스
총 주차대수	343대(세대당 0.98대)		건설업체	청구
관리사무소	02-470-2694			

83.76/59.93m² 매매가   (단위: 만 원)

하위 평균가	일반 평균가	상위 평균가
78,500	82,500	84,500

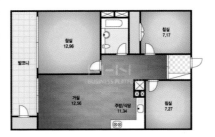

108.10/84.96m² 매매가 (단위: 만 원)

하위 평균가	일반 평균가	상위 평균가
93,500	98,500	103,500

자료 출처: 네이버 부동산(2024. 8. 9 기준)

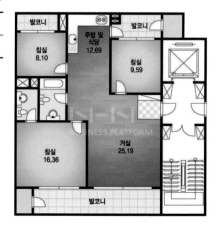

성안마을청구아파트 실거래가 (단위: 만 원)

83.76/59.93m²

계약	일	정보	가격↓	타입	거래동	층
24.07	10	매매	8억 3,000	59	102동	15층
24.06	26		매매 8억 2,850	59	101동	12층
	26	취소	매매 8억 2,850	59	101동	12층
24.05	22		매매 8억 4,500	59	101동	8층
	04		매매 8억	59	101동	5층
23.09	02	등기	매매 8억 1,800	59	102동	13층
23.07	28	등기	직거래 매매 6억 2,000	59	102동	7층
	20	등기	매매 8억	59	101동	5층
23.06	30	등기	매매 8억	59	101동	13층
	24	등기	매매 8억	59	102동	8층
23.02	08	등기	매매 6억 9,500	59	102동	2층
22.01	22		매매 9억 5,000	59	102동	12층
21.10	23	취소	매매 9억 5,500	59	102동	15층

108.10/84.96m²

계약	일	정보	가격↓	타입	거래동	층
23.03	25	등기	매매 8억	84	101동	2층
21.11	03		최고가 매매 11억 8,000	84	102동	3층
21.06	28		매매 10억	84	101동	6층
21.02	27		매매 10억 4,500	84	101동	22층
20.12	15		매매 11억 3,000	84	101동	17층
20.11	24		매매 10억	84	102동	3층
	02		매매 10억 3,500	84	102동	17층
20.09	07		매매 9억 5,500	84	102동	7층
20.07	22		매매 9억 5,300	84	101동	14층
	18		매매 9억 4,000	84	102동	8층
20.05	28		매매 7억 4,000	84	102동	1층
20.03	11		매매 9억 4,500	84	102동	17층
20.02	08		매매 8억 2,000	84	102동	5층

자료 출처: 아실(https://asil.kr)

03

송파구 송파동

현대아파트
(ft. 9~12억 대)

송파역과 석촌역 사이에 위치해 가성비 최고
···
방이동 학원가 접근성도 우수
···

송파구 송파동에 위치한 현대아파트는 '송파'라는 중상급지에서 드문 24평형대 아파트이다. 세대수는 243세대로 적지만, 주변 대단지 아파트와 같은 인프라를 누리고 인근에 지하철 송파역(8호선)과 석촌역(9호선)이 있어서 교통이 편리하다. 석촌역은 직선거리 870m이고, 잠실역(2호선)은 직선거리 1.8km에 있어서 운동 삼아 걸어서 출퇴근할 수 있다. 주변에는 롯데타워, 올림픽공원, 석촌호수, 가락시장 등 서울 랜드마크 시설이 가득하고 송리단길 맛집과 예쁜 카페가 많아 데이트를 즐기기에 좋다. 양재대로, 송파대로, 수도권 제1순환고속도로 송파IC 등이 있어서 자차 출퇴근 환경도 매우 우수하다. 현대아파트는 중급지 송파동에서 가장 가성비가 좋은 단지로, 중대초등학교, 가락중학교, 가락고등학교, 잠실여자고등학교 등 수많은 학교가 주변에 있고 방이역(5호선)에 있는 방이동 학원가와 접근성도 좋다.

현대아파트 핵심 정보

단지명	현대		입주 연월	1997년 5월
면적(m²)	[86.30/59.91], [109.41/84.96]			
주소	지번 주소	서울시 송파구 송파동 163-14		
	도로명 주소	서울시 송파구 오금로32길 42		
총 세대수	243세대		총 동수	2개 동
최고 층수	11층		최저 층수	22층
난방 방식	개별난방		난방 연료	도시가스
총 주차대수	245대(세대당 1대)		건설업체	현대건설
관리사무소	02-3431-6153			

86.30/59.91m² 매매가 (단위: 만원)

하위 평균가	일반 평균가	상위 평균가
93,000	96,000	100,000

109.41/84.96m² 매매가 (단위: 만원)

하위 평균가	일반 평균가	상위 평균가
114,000	117,500	122,500

자료 출처: 네이버 부동산(2024. 8. 9 기준)

현대아파트 실거래가 (단위: 만원)

86.30/59.91m²

계약	일	정보	가격 ↓	타입	거래동	층
24.05	27	매매	9억 8,000	59	102동	9층
	24	매매	9억 5,500	59	102동	5층
24.04	15	매매	9억 8,000	59	102동	11층
24.02	07	등기 매매	9억	59	102동	22층
	03	등기 매매	9억 3,000	59	102동	7층
24.01	27	등기 매매	9억 4,000	59	102동	16층
23.12	25	등기 매매	9억 1,000	59	102동	12층
23.11	14	등기 매매	9억 4,000	59	102동	15층
23.09	17	등기 매매	8억 7,500	59	102동	1층
	04	등기 매매	9억 9,000	59	102동	19층
23.07	02	등기 매매	9억 6,000	59	102동	20층
23.06	10	등기 매매	10억 1,900	59	102동	21층
23.05	31	매매	9억 3,000	59	102동	8층
	25	등기 매매	9억 4,800	59	102동	12층
23.04	22	등기 매매	9억 4,500	59	102동	12층
23.02	07	등기 매매	10억	59	102동	17층

109.41/84.96m²

계약	일	정보	가격 ↓	타입	거래동	층
24.04	29	매매	11억 5,000	84	101동	9층
	29	매매	11억 5,000	84	101동	14층
23.07	22	등기	매매 12억 5,000	84	101동	13층
22.05	14	매매	13억 2,000	84	101동	16층
22.02	26	매매	13억 9,000	84	101동	19층
22.01	22	취소	매매 13억 5,000	84	101동	16층
21.09	06	최고가	매매 14억	84	101동	8층
21.01	16	매매	12억 4,000	84	101동	12층
20.09	29	매매	9억 1,000	84	101동	8층
20.06	15	매매	8억 8,500	84	101동	6층
20.02	08	매매	9억 5,000	84	101동	20층
19.12	09	매매	8억 6,000	84	101동	6층
19.11	10	매매	9억	84	101동	13층
	07	매매	8억 5,000	84	101동	5층
	02	매매	8억 7,000	84	101동	13층
19.10	30	매매	8억 6,300	84	101동	18층

자료 출처: 아실(https://asil.kr)

04

송파구 방이동

코오롱아파트
(ft. 12~13억 대)

방이역 초역세권, 올림픽공원과 잠실 인프라권
초품아 + 학원가 이용 편리

송파구 방이동에 위치한 코오롱아파트는 지하철 방이역(5호선) 초역세권 (50m) 단지로, 올림픽공원역(9호선)과 오금역(3호선)을 도보로 이용할 수 있다. 그리고 양재대로, 송파대로, 올림픽로, 88올림픽대로, 강변북로, 올림픽대교 등 대로 진입이 쉬워서 자차 출퇴근이 편리하다. 인프라가 매우 탄탄해서 올림픽공원에서 산책하고 축구교실, 수영장, 테니스장, 도서관, 미술관 등을 이용할 수 있다.

초중고(방산초, 방산중, 방산고)와 학원가가 아파트 단지와 붙어 있어서 학령기 아이가 있는 가족은 학교(초품아)와 학원가를 편리하게 이용할 수 있다. 학원가

특성상 먹거리, 은행, 병원 등 인프라가 잘 갖춰져 있고 밤늦게까지 아이들이 많이 다니므로 상가 불빛이 밝아 밤에도 동네 분위기가 밝다. 또한 올림픽공원과 석촌호수 인근이어서 산책하거나 무료로 즐길 만한 연중 이벤트 행사(석촌호수 벚꽃축제, 올림픽공원 백제문화제, 장미축제, 잠실 한강공원 수영장, 성내천 물놀이장 등)가 끊임없이 이어지고 있다. 단지 인근에 있는 잠실역(2호선, 직선거리 2.4km)은 서울에서도 가장 많은 인프라(롯데월드, 롯데몰, 롯데백화점, 잠실 한강공원 등)를 갖추고 있어서 주민들의 만족도가 매우 높다. 특히 주변 30평형 단지들은 구축이고 욕실이 1개여서 불편하지만, 코오롱아파트는 1990년식이라 욕실이 2개다.

가락시장에는 새벽마다 전국에서 신선한 농수산물이 올라오므로 신선식품을 마음껏 즐길 수 있다. 또한 다농마트와 드림마트 등 24시간 운영되는 마트와 농협하나로마트, 유기농마트 등이 있다. 잠실과 문정동 문화센터를 모두 이용할 수 있지만, 도보로 갈 수 있는 오금역 '송파구 육아종합지원센터'에

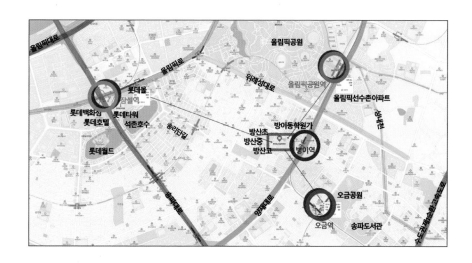

서는 공연, 문화센터, 키즈카페, 장난감 대여, 옥상정원 놀이터 등 다양한 육아 시설을 지원하고 있어서 주민들의 사랑을 듬뿍 받고 있다.

코오롱아파트 핵심 정보

단지명	코오롱		입주 연월	1991년 10월
면적(m²)	[80.81/62.39], [108.31/84.95]			
주소	지번 주소	서울시 송파구 방이동 212-8		
	도로명 주소	서울시 송파구 오금로31길 28		
총 세대수	758세대		총 동수	6개 동
최고 층수	15층		최저 층수	8층
난방 방식	지역난방		난방 연료	열병합
총 주차대수	758대(세대당 1대)		건설업체	코오롱건설
관리사무소	02-415-5810			

108.31/84.95m² 매매가 (단위: 만 원)

하위 평균가	일반 평균가	상위 평균가
120,000	130,000	134,000

자료 출처: 네이버 부동산(2024. 8. 9 기준)

코오롱아파트 실거래가 (단위: 만 원)

108.31/84.95m²

계약	일	정보	가격↓	타입	거래동	층
24.07	17	매매	13억 5,000	84	106동	2층
	13	매매	13억 3,000	84	106동	7층
24.06	24	매매	12억 9,000	84	101동	14층
	22	매매	13억 5,000	84	101동	14층
24.05	04	매매	13억 1,000	84	101동	11층
	04	등기	12억 5,000	84	101동	6층
24.04	30	매매	13억 2,700	84	103동	5층
	22	등기	12억 5,000	84	106동	14층
	18	매매	12억 8,000	84	105동	4층
	08	등기	12억 3,000	84	101동	9층
24.03	25	등기	12억 5,000	84	101동	13층
	02	등기	11억 5,000	84	103동	2층
24.02	27	등기	12억 5,000	84	103동	8층
23.12	26	매매	11억	84	106동	3층
	23	등기	11억 3,000	84	104동	2층
23.11	11	등기	13억 3,000	84	101동	7층

자료 출처: 아실(https://asil.kr)

05

강남구 일원동

푸른마을아파트
(ft. 14~19억 대)

일원역 초역세권, 대치동 학원가 인근, 수서역세권 개발 기대
삼성서울병원 직원들 다수 거주, 자연환경 우수

강남구 일원동에 위치한 푸른마을아파트는 지하철 일원역(3호선) 초역세권 (170m)이고 한 정거장만 더 가면 쿼터블 역세권인 수서역(3호선, 수인분당선, SRT, GTX)이 있다. 수서역에서 SRT를 이용하면 지방 접근성도 우수하고 향후 GTX 가 삼성역(2호선)을 지나 서울역(1호선, 4호선, 공항철도, 경의중앙선)까지 간다면 교 통이 더욱 좋아질 것이다. 수서역 환승센터에 신세계백화점도 착공 예정인데, 2029년 완공되면 인근 주변 상권의 중심이 될 전망이고 단지 인근에 삼성서울 병원이 있어서 직원들이 많이 거주하고 있다.

24평형, 31평형으로 이루어진 930세대의 대단지 아파트이고 버스 노선은 10개로, 정문 바로 앞에서 탑승할 수 있어서 버스 교통이 좋은 편이다. 단지 주변은 대부분 아파트 단지와 근린공원으로 이루어져 있다. 단지 앞에 있는 대모산 산책길과 등산로는 서울둘레길 9코스(대모산, 구룡산 코스) 구간이고 대모산 야생화공원과 데크길이 조성되어 가족 단위로 가볍게 산책하는 동네 주민들이 많다(대모산 정상까지 왕복 1시간 30분 소요). 대모산뿐만 아니라 광수산, 광평공원, 구룡산, 국수봉 숲이 매우 가까워서 자연환경이 좋고 조용하다. 단지가 양재대로, 남부순환도로, 동부간선도로 등 대로 인근에 위치해서 자차 출퇴근 환경도 좋고 학원 인프라가 전국 최고인 대치동 학원가도 가깝다. 일원역에는 병원과 도서관, 마트 등 생활 편의시설이 많고 수서청소년수련관과 태화복지관에서는 수영, 요리, 미술, 체육, 피아노 등 다양한 문화 예체능 활동을 할 수 있다. 특히 아파트 주변에 유해한 환경 없는 것이 가장 큰 장점이다.

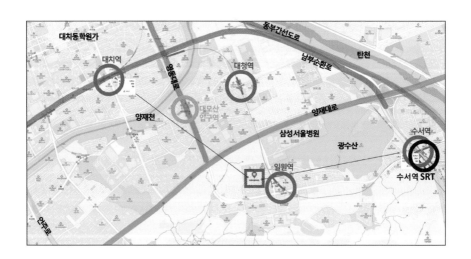

푸른마을아파트 핵심 정보

단지명	푸른마을		입주 연월	1994년 1월
면적(m²)	[82.14/59.76], [103.49/84.93]			
주소	지번 주소	서울시 강남구 일원동 719		
	도로명 주소	서울시 강남구 일원로14길 25		
총 세대수	930세대		총 동수	11개 동
최고 층수	15층		최저 층수	13층
난방 방식	지역난방		난방 연료	열병합
총 주차대수	930대(세대당 1대)		건설업체	삼성건설, 삼호
관리사무소	02-2226-2572			

82.14/59.76m² 매매가   (단위: 만 원)

하위 평균가	일반 평균가	상위 평균가
142,500	152,500	155,000

103.49/84.93m² 매매가   (단위: 만 원)

하위 평균가	일반 평균가	상위 평균가
172,500	182,500	190,000

자료 출처: 네이버 부동산(2024. 8. 9 기준)

푸른마을아파트 실거래가

(단위: 만 원)

82.14/59.76m²

계약	일	정보	가격 ↓	타입	거래동	층
24.06	29		매매 14억 7,000	59		2층
	10		매매 15억 4,000	59		9층
	10	취소	매매 15억 4,000	59		9층
24.05	08		매매 14억 5,000	59		13층
	03	등기	매매 14억 6,500	59	101동	15층
24.04	23		매매 14억 5,000	59		4층
	15	등기	매매 14억 3,000	59	107동	11층
	11	등기	매매 14억 3,000	59	108동	5층
	08		매매 14억 4,000	59		6층
	06	등기	매매 14억 2,000	59	108동	13층
	03	등기	매매 15억	59	101동	9층
24.03	30	등기	매매 15억 1,000	59	101동	11층
	03	등기	매매 14억 6,000	59	107동	5층
24.02	26	등기	매매 14억 2,000	59	107동	11층
	12	등기	매매 14억 2,000	59	101동	11층
24.01	31	등기	매매 13억 7,500	59	107동	6층

103.49/84.93m²

계약	일	정보	가격 ↓	타입	거래동	층
24.07	20		매매 19억	84	110동	9층
	20		매매 20억	84	102동	13층
	19		매매 19억 8,500	84	106동	10층
	15		매매 19억	84	105동	5층
	10		매매 17억 3,000	84	109동	1층
24.06	26		매매 19억	84	111동	9층
	23		매매 18억	84	110동	8층
24.05	25		매매 18억 3,000	84	106동	5층
	21	등기	매매 18억	84	111동	11층
24.04	24	등기	매매 17억 7,000	84	109동	15층
	10	등기	매매 18억 3,000	84	104동	5층
24.03	29	등기	매매 18억 1,000	84	104동	9층
23.11	27	등기	매매 16억 5,000	84	105동	7층
23.10	17	등기	매매 17억 1,500	84	102동	3층
23.09	26	등기	매매 17억 6,000	84	109동	5층
23.08	26	등기	매매 17억	84	104동	4층

자료 출처: 아실(https://asil.kr)

06

서초구 반포동

반포미도2차아파트
(ft. 15~20억 대)

고속터미널역 역세권, 병세권, 슬세권 아파트

서초구 반포동에 위치한 반포미도2차아파트는 도보 4분 거리에 지하철 고속터미널역(3호선, 7호선, 9호선)이 있는 트리플 역세권이어서 서울 어디든지 방사형으로 빠르게 이동할 수 있다. 고속터미널에는 쇼핑몰과 신세계백화점이 있어서 쇼핑과 장보기, 외식 등이 굉장히 편하다. 단지 주변에는 국내 메이저 대형 병원인 가톨릭대학교 서울성모병원이 있고 서래마을에는 프랑스풍의 예쁜 카페와 빵집이 많다. 그리고 국립중앙도서관, 서울중앙법원, 대법원, 대검찰청 등이 있어서 법조계 관련자와 가톨릭대학교 서울성모병원 직원들이 많이 거주하고 있다.

단지 앞에 있는 반포 학원가는 아이들 학원 보내기 좋은 곳으로 유명하다. 반포미도2차는 서리풀공원, 몽마르뜨공원과 인접해 있어 강남 안에서 숲세권을 누릴 수 있는 얼마 안 되는 대단지 아파트 중 한 곳이다. 특히 서리풀공원은 단지 뒤로 산책로가 연결되어 산책하기 좋다. 88올림픽대로, 강변북로, 반포대교, 반포대로, 사평대로, 서초중앙로 등 대로가 많아 자차를 편리하게 이용할 수 있고 고속터미널이 가까워서 전국으로 이동할 수 있다. 고급 호텔(JW 메리어트 호텔, 5성급)과 고급 레스토랑, 유기농 식료품점 등이 수없이 많아 퀄리티 높은 음식을 맛볼 수 있다. 강남 안에서도 입지가 많이 차이 나는데, 반포미도2차아파트처럼 전철, 버스, 도로, 학원가, 공원, 체육시설, 산책로, 숲세권, 문화시설, 쇼핑몰까지 다 갖춘 단지는 매우 드물다. 게다가 최근에는 고속터미널역 방향 쪽 육교에 엘리베이터가 설치되어 지하철역 접근성이 더욱 편해졌다.

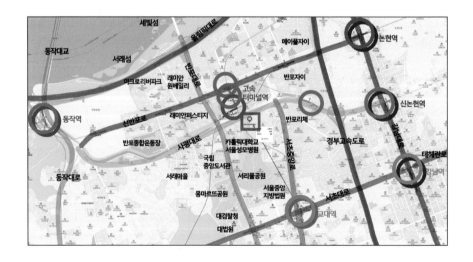

반포미도2차아파트 핵심 정보

단지명	반포미도2차		입주 연월	1989년 5월
면적(m²)	[76.99/59.07], [92.94/71.49]			
주소	지번 주소	서울시 서초구 반포동 60-5		
	도로명 주소	서울시 서초구 사평대로 240		
총 세대수	435세대		총 동수	3개 동
최고 층수	15층		최저 층수	15층
난방 방식	지역난방		난방 연료	열병합
총 주차대수	435대(세대당 1대)		건설업체	한보주택건설
관리사무소	02-535-7604			

76.99/59.07m² 매매가
(단위: 만 원)

하위 평균가	일반 평균가	상위 평균가
155,000	165,000	170,000

92.94/71.49m² 매매가
(단위: 만 원)

하위 평균가	일반 평균가	상위 평균가
190,000	195,000	200,000

자료 출처 : 네이버 부동산(2024. 8. 9 기준)

반포미도2차아파트 실거래가 (단위: 만 원)

76.99/59.07m²

계약	일	정보	가격↓	타입	거래동	층
24.06	27		최고가 매매 17억	59		12층
23.03	16	등기	매매 15억 2,000	59	502동	13층
23.01	30	등기	매매 15억 2,000	59	502동	13층
	16	등기	매매 15억	59	502동	4층
20.03	26		매매 14억 8,500	59	502동	10층
19.07	06		매매 12억	59	502동	6층
18.08	27		매매 12억	59	502동	11층
18.06	06		매매 11억 2,500	59	502동	8층
18.05	10		매매 10억 9,000	59	502동	6층
18.01	18		매매 11억 3,000	59	502동	3층
17.10	21		매매 8억 8,000	59	502동	3층
	17		매매 9억	59	502동	11층
16.12	21		매매 7억 2,000	59	502동	12층
16.11	28		매매 7억 6,800	59	502동	11층
16.09	18		매매 7억 6,900	59	502동	8층
16.08	04		매매 6억 8,000	59	502동	4층
16.05	15		매매 6억 8,000	59	502동	6층

92.94/71.49m²

계약	일	정보	가격↓	타입	거래동	층
24.07	21		매매 21억	71		1층
	20		매매 21억	71		15층
24.06	28		매매 20억	71		3층
	28		매매 19억 2,500	71		3층
24.05	30	등기	매매 19억	71	503동	3층
	29		매매 19억 5,000	71		13층
	11		매매 19억 8,000	71		10층
24.04	27		매매 19억 2,000	71		1층
24.03	24	등기	매매 19억 1,000	71	502동	9층
	17	등기	매매 18억 2,000	71	503동	1층
	11	등기	매매 19억 5,500	71	503동	8층
	09	등기	매매 19억 9,000	71	503동	15층
	02	등기	매매 18억 6,500	71	503동	9층
24.02	17	등기	매매 18억 7,500	71	502동	6층
23.11	08	등기	매매 19억	71	503동	12층
23.10	13	등기	매매 19억 5,000	71	501동	9층
23.09	21	등기	매매 19억 5,000	71	501동	8층

자료 출처: 아실(https://asil.kr)

07

동부센트레빌아파트
(ft. 16~20억 대)

선릉역 초역세권, 도성초, 진선여중, 진성여고 도보권
테헤란로, 삼성역 인프라 누리는 가성비 아파트

강남구 역삼동에 위치한 동부센트레빌아파트는 지하철 선릉역(2호선, 수인분당선) 초역세권 아파트이다. 강남역 사무실 밀집 지역인 테헤란로 인근이고 삼성역(2호선) 코엑스가 가까워서 대규모 쇼핑몰을 이용할 수 있다. 그리고 별마당도서관, 영화관, 스타필드, 현대백화점, 코엑스의 다양한 전시 및 행사 등 각종 인프라를 집 앞에서 누릴 수 있다. 도성초등학교 배정 단지로, 진선여중과 진선여고가 도보권이어서 여학군이 강점이고 안전하고 편리하게 통학할 수 있다. 23평형, 33평형, 206세대로, 주변에 대단지 아파트가 많아 인프라를 함께 누릴 수 있다.

단지 바로 앞에 있는 선정릉(조선 제9대 왕 성종과 그의 계비인 정현왕후 윤 씨, 성종의 둘째 아들인 제11대 왕 중종의 왕릉)은 유네스코 세계유산으로, 울창한 나무가 많아 숲세권을 이루고 있다. 입장료(1,000원)가 있지만, 어린이와 노인은 무료이고 강남구 주민들은 50% 할인된다. 대나무숲이 우거진 봉은사 뒤쪽에 있는 '봉은사 명상길'도 숲속 산책길로 좋다. 동부센트레빌은 테헤란로 직장인에게는 도보 출퇴근 15분 이내 단지로, 집에 와서 점심식사를 해도 된다. 또한 직주근접으로 출퇴근이 편하고 학군과 환경 인프라까지 모두 갖춘, 강남구에서 가성비가 좋은 아파트 중 하나이다.

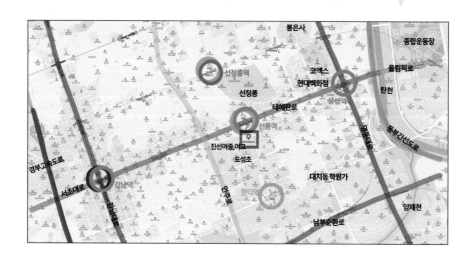

동부센트레빌아파트 핵심 정보

단지명	동부센트레빌		입주 연월	1998년 4월
면적(m²)	[77.83/59.82], [78.03/59.97], [110.66/84.97]			
주소	**지번 주소**	서울시 강남구 역삼동 716		
	도로명 주소	서울시 강남구 선릉로 423		
총 세대수	206세대		총 동수	1개 동
최고 층수	21층		최저 층수	19층
난방 방식	중앙난방		난방 연료	도시가스
총 주차대수	208대(세대당 1대)		건설업체	동부건설
관리사무소	02-563-3440			

78.03/59.97m² 매매가   (단위: 만 원)

하위 평균가	일반 평균가	상위 평균가
169,500	175,000	178,000

110.66/84.97m² 매매가 　　　　　(단위: 만 원)

하위 평균가	일반 평균가	상위 평균가
197,000	200,000	205,000

자료 출처: 네이버 부동산(2024. 8. 9 기준)

동부센트레빌아파트 실거래가 　　　　　(단위: 만 원)

78.03/59.97m²

계약	일	정보	가격↓	타입	거래동	층
24.06	28		매매 16억 9,000	59A		10층
24.05	26		매매 16억 9,500	59B		6층
24.03	09	등기	매매 16억 8,000	59B	(1개)동	8층
23.11	06	등기	매매 16억 4,500	59B	(1개)동	6층
23.07	04	등기	매매 16억	59B	(1개)동	3층
23.04	29	등기	매매 15억 9,000	59B	(1개)동	17층
	26	등기	매매 15억 3,000	59B	(1개)동	7층
21.12	04	최고가 매매 19억 7,000		59B	(1개)동	18층
21.08	07		매매 18억 5,000	59B	(1개)동	8층
21.06	07		매매 18억 5,000	59B	(1개)동	9층
21.01	20		매매 17억 2,000	59B	(1개)동	17층
20.11	19		매매 14억 9,500	59A	(1개)동	4층
20.10	23		매매 15억 8,000	59A	(1개)동	8층
20.01	06		매매 14억 8,800	59A	(1개)동	21층
19.11	04		매매 14억 3,000	59B	(1개)동	10층
19.10	13		매매 13억 6,000	59A	(1개)동	19층

110.66/84.97m²

계약	일	정보	가격↓	타입	거래동	층
24.07	06		매매 20억 4,000	84		1층
24.06	01		매매 20억 3,000	84		3층
24.05	03		매매 20억	84		17층
24.03	09	등기	매매 19억 1,000	84	(1개)동	2층
24.02	05	등기	매매 18억 1,500	84	(1개)동	19층
23.08	14	등기	직거래 매매 14억	84	(1개)동	12층
23.02	11	취소	매매 17억 8,000	84		18층
	11	등기	매매 17억 8,000	84	(1개)동	18층
21.07	31	최고가 매매 22억		84	(1개)동	10층
21.06	02		매매 21억 4,000	84	(1개)동	19층
20.07	03		매매 17억 1,000	84	(1개)동	1층
19.11	10		매매 17억 2,000	84	(1개)동	4층
	02		매매 16억 5,000	84	(1개)동	13층
19.10	16		매매 16억 1,000	84	(1개)동	19층
19.09	30		매매 16억 5,400	84	(1개)동	14층

자료 출처: 아실(https://asil.kr)

08

반포한신타워
(ft. 17~21억 대)

고속터미널역, 신사역 이용 가능
대규모 신축 아파트 주변 인프라 공유

　서초구 잠원동에 위치한 반포한신타워는 25평형, 28평형, 29평형, 32평형, 35평형, 36평형, 39평형, 47평형으로 이루어진 250세대 아파트로, 교통과 편의시설이 매우 우수하다. 지하철 고속터미널역(3호선, 9호선, 7호선) 트리플 역세권이고 인근에 있는 신사역(신분당선, 3호선)까지 이용할 수 있다. 도보 5분 거리에는 반포 한강공원, 서래섬, 서리풀공원이 있고 반포천 옆 피천득산책로, 허밍웨이길 산책로와 서초구민체육센터, 심산기념문화센터, 반포종합운동장까지 다 갖춘 곳이다. 단지 바로 앞에는 대형 마트인 킴스클럽, 뉴코아아울렛뿐만 아니라 반원초등학교(초품아)가 있다. 인근에 경원중학교가 있고 2026년

3월에는 단지 옆에 있는 잠원스포츠파크 부지에 청담고등학교가 이전할 예정이다.

고속터미널역 앞 버스 노선도 25개나 되어 서울 곳곳 어디든지 편리하게 이동할 수 있어서 버스와 전철로는 서울시 핵심 중심지다. 그리고 88올림픽대로, 강변북로, 경부고속도로, 강남대로, 사평대로, 잠원로, 반포대로, 반포대교, 잠수교 등 수많은 대로와 인접해 있어 사통팔달 교통의 요지다. 인근에 있는 국립중앙도서관에는 국내 모든 도서를 갖추고 있고 영상까지 감상할 수 있다. 대형 병원인 가톨릭대학교 서울성모병원뿐만 아니라 소규모 병원이 많아 선택의 폭이 매우 넓다. 이 밖에도 신세계백화점 강남점, 쇼핑몰(파미에스테이션), 강남 고속터미널 지하상가는 서울에서 가장 활발한 상권으로 꼽힌다. 반포한신타워 주변이 대규모 신축 아파트 단지(원베일리, 메이플자이, 반포르엘, 반포센트럴자이, 아크로리버뷰신반포, 아크로리버파크)여서 강남에서도 부자들이 많이 모여 사는 한강변 신축 단지로도 유명하다.

반포한신타워 핵심 정보

단지명	반포한신타워		입주 연월	1996년 8월
면적(m²)	[83.77/59.40], [84.91/59.81], [94.19/66.02], [97.14/68.09], [106.91/84.93], [106/74.30], [115.87/92.04], [121.76/96.72], [131.05/104.10], [158.42/131.04], [159.44/131.88], [159.58/131.99]			
주소	지번 주소	서울시 서초구 잠원동 71-11		
	도로명 주소	서울시 서초구 잠원로3길 8		
총 세대수	250세대		총 동수	2개 동
최고 층수	18층		최저 층수	8층
난방 방식	중앙난방		난방 연료	열병합
총 주차대수	250대(세대당 1대)		건설업체	한신공영
관리사무소	02-537-7119			

84.91/59.81m² 매매가

(단위: 만 원)

하위 평균가	일반 평균가	상위 평균가
151,000	160,000	170,000

97.14/68.09m² 매매가

(단위: 만 원)

하위 평균가	일반 평균가	상위 평균가
162,500	170,000	177,500

자료 출처: 네이버 부동산(2024. 8. 9 기준)

반포한신타워 실거래가

(단위: 만 원)

84.91/59.81m²

계약	일	정보	가격 ↓	타입	거래동	층
24.07	15		매매 17억 2,500	59	101동	7층
	15		매매 17억	59	101동	5층
23.12	20	등기	매매 15억 3,500	59	102동	8층
23.11	16	등기	매매 15억 4,000	59	102동	11층
23.08	09	등기	매매 16억 3,000	59	102동	7층
23.06	17	등기	매매 15억 8,000	59	102동	6층
23.02	14	등기	매매 14억 4,300	59	101동	4층
23.01	20	등기	매매 14억 3,000	59	101동	16층
21.06	23		매매 17억 5,000	59	101동	6층
	03		최고가 매매 17억 8,500	59	101동	12층
21.01	09		매매 16억 8,000	59	101동	5층
20.11	28		매매 15억 4,000	59	101동	16층
20.01	31		매매 13억 5,200	59	101동	8층

97.14/68.09m²

계약	일	정보	가격 ↓	타입	거래동	층
23.03	03	등기	최고가 매매 16억 5,000	68	101동	2층
18.04	06		매매 12억 3,000	68	101동	2층
14.11	21		매매 6억 4,400	68	101동	2층
13.09	30		매매 6억 2,800	68	101동	3층
13.01	28		매매 5억 8,000	68	101동	2층
11.02	12		매매 6억 4,800	68	101동	2층

자료 출처: 아실(https://asil.kr)

어떻게 직접 살아보지 않고 그 동네를 말할까?

나는 서울 영등포구에서 태어나고 자랐다. 그곳에서 20년 가까이 살다가 1994년에 서울에서 경기도 고양시 신축 아파트로 온 가족이 이사했다. 이후 부동산 공부를 하겠다고 여기저기 이사를 다녔다. 고양시 안에서도 여러 번 이사했고, 안양시 만안구 3년, 인천시 부평구 3년, 군포시 산본 몇 개월, 성남시 분당 몇 개월, 노원구 1년, 송파구 9년, 금천구 몇 년, 대전시 1년 6개월까지 수십 번 이사를 했다. 아무런 준비 없이 연고도 없는 곳으로 일부러 이사를 다니면서 위험을 감수했다. '내가 모르는 세상이 있지 않을까?'라는 생각으로 말이다. 혼자여서 그나마 이사가 좀 수월했다.

부동산 공부를 하면서 모르는 동네를 처음 갔을 때뿐만 아니라 여러 번 현장 조사를 가도 동네 디테일을 전혀 파악하지 못하는 것이 가장 답답했다. 기껏해야 아파트 시세, 전철역과의 거리, 초중고등학교와의 거리, 마트, 백화점, 공원, 편의시설 유무 등등 표면적인 것만 깨작거리면서 알게 된다는 것이다. 내 소중한 피 같은 돈을 주고 집을 사서 실거주하거나 투자해야 하는데, 물건의 가치를 전혀 모르겠으니 너무 혼란스러웠다. 몇만 원짜리 물건도 이것저것 온갖 사이트를 뒤지고 후기를 보고 비교해서 사는데, 수억 원씩 소중한 돈을 주고 사는 집에 대해 잘 알고 싶다는 단순한 마음에서, 그리고 부동산을 공부하기 위해 이사를 다녔다. 나처럼 모르는 동네에 이사 가서 몇 년씩 직접 살면서 부동산을 공부하는 사람을 지금까지 본 적이 없다.

부동산 전문가도 실제 지역 주민의 삶은 잘 모르더라
임장 몇 번으로 파악 끝? 자만심일 뿐!

내가 초보일 때부터 지금까지 24년간 부동산 투자를 하면서 느낀 점은 유명한 부동산 전문가라는 사람들이 '실제 지역 주민들의 삶'은 잘 모른다는 것이다. 자칭 '전문가'라는 사람들이 데이터, 호재, 그래프를 가지고 의외로 자기가 모르는 것에 대해 설명하면서 아는 척하고 있었다. 특히 10년 전 경기도 허허벌판에 있는 건설사 미분양 아파트를 입에 침이 마르도록 '동북아의 허브가 될 입지!'라고 홍보하던 유명한 부동산 전문가들을 나는 요즘도 유튜브에서 자주 보고 있다. 몇 년 전 "공급이 없으니 지방 ○○아파트도 폭등할 것이다."라고 주장하다가, 막상 부동산이 하락하니 말을 바꾸는 자칭 전문가들이 지금도 유튜브에 넘쳐난다.

실제로 이사 가서 살아보면 외지인의 시선으로 바라볼 때와는 완전히 다른 것을 알 수 있다. 현장 조사(임장) 때는 '이 정도는 괜찮지 않을까?' 했던 것들이 전혀 괜찮지 않았다. 출퇴근길에 꽉 막힌 경기도에서 서울 방향 도로와 전철(지옥철) 안의 혼잡도는 그 동네에 살아보기 전까지는 절대로 알 수 없다. 꽉 막힌 도로와 전철을 보면서 출근길에 발을 동동 구르며 느꼈던 허탈감이 생각난다. 이러한 허탈감은 1994년 경기도 고양시 허허벌판 신축 아파트로 이사 간 후 처음 경험했다. 대학교에 등교하기 위해 버스정류장에서 1시간이 지나도 안 오는 버스를 기다리면서 식은땀을 흘렸다. 이제 나는 22년 만에 서울로 다시 돌아왔지만(1994년 서울에서 경기도로 이사한 후 2016년 다시 서울로 입성), 서울에서 경기도로 나간 나의 가족과 일가친척, 친구들 중에서 나처럼 서울로 다시 돌아온 사람은 아직까지 단 한 명도 없다.

출퇴근 시간을 길바닥에 흩뿌린 청춘의 울분!
지금 당신의 모습이 과거의 나와 같다면?

이 책은 22년간 경기도와 인천에서 서울로 오가면서 길바닥에 버려진 나의 청춘, 버려진 젊음, 버려진 에너지, 버려진 시간이 만들어낸 결과물이다. 아직도 나는 퇴근길 경기도행 시외버스(지금의 광역버스) 냄새를 기억한다. 꽉 찬 버스 안에서 피곤함에 절어 후들거리는 다리로 겨우 서서 덜컹거리는 버스 손잡이를 손이 뻘겋게 될 때까지 꽉 잡고 1시간 반씩 힘들게 이 악물고 버티던 대학생이 나였다. '무언가 잘못됐다!'고 생각하면서 이건 아니라고 혼자 속으로 울던, 돈 없고, 자본주의도 모르고, 부동산에 무지했던 사회 초년생 시절의 내 모습이 지금 생각해도 너무 안쓰럽다. 주변 하급지 어른들은 다 무지했고 세상이 어떻게 바뀌는지 관심도 없었다.

아직도 나는 그 22년간의 무지의 시간에 분노한다. 이 사회의 이면을 좀 더 빨리 알았다면 나의 젊음이 어땠을까? 퇴근길에 온몸이 비에 홀딱 젖으면서 30분에 1대씩 오는 경기도 시외버스를 서울 정류장에서 기다릴 때마다 느끼는 고통. 겨우 도착해도 기다리던 버스가 꽉 차서 결국 못 타고 다시 30분 뒤에 오는 버스를 1시간째 기다리는 절망감과 수많은 분노의 시간. 그 고통의 수레바퀴가 어디서부터 잘못된 것인지 전혀 알지 못하던 무식한 사람이 바로 나였다. 이렇게 22년이나 하급지에서 보내고 서울로 다시 돌아오니 너무나 편리한 교통과 인프라를 보고 내 자신에게 분노했다.

교통과 인프라의 결핍. 그 결핍이 오늘의 나를 있게 만들었다. 결핍의 원인과 해결책을 찾아 헤맨 수십 년의 시간. 지금도 지난 22년간의 지옥 같은 출퇴근길 아픔이 울컥울컥 마음속에서 올라온다. 서울에서 경기도로 밀려난 하층민의 삶. 결과의 평등이 아니라 기회의 평등이 주어져야 한다고 하지만, 경기도 외곽의 하급지 사람들에게는 저녁이 없는 삶과 함께 '저녁 시간의 자유'라는 기회조차 주어지지 않았다.

"다 그렇게 살아~."

너만 그렇게 힘든 출퇴근을 하는 게 아니라고 위로하던 경기도나 인천 외곽에 사는 친구들과 친인척들, '송충이는 솔잎을 먹어야 한다'면서 '서울 내집마련'은 쳐다보지도 말고 '강남 내집마련'은 무모한 짓이라고 손가락질하던 사람들, '하우스 푸어나 되지 말라'면서 비웃던 주위 사람들에게 보여주는 결과물이 바로 이 책이다. 이 책에는 나의 힘들었던 지난 세월과 나의 '내집마련 수업'을 듣고 근검절약해서 서울에 내집마련한 수많은 수강생의 이야기가 담겨있다.

직주근접은 배웠다고 아는 게 아니고
안다고 할 수 있는 게 아니라는 사실!

서울이 좋다고, 강남이 좋다고 말할 때마다 이렇게 말하는 사람들.

"하급지도 사람 사는 곳이다."

지난 22년간 경기도와 인천으로 이사 가서 겪은 하급지 삶이 아직까지도 내 인생에 영향을 주고 있다.

서울의 서쪽 영등포와 인천에 살 때는 퇴근길에 강남역에서 서쪽행 2호선 내선을 타야했다. 40년 가까이 서쪽 지역에 살던 나는 아직도 퇴근길에 2호선을 타면 무의식적으로 몸이 서쪽행 2호선 내선으로 향한다. 퇴근하는 사람들로 꽉 찬 퇴근길 2호선 서쪽행, 몇 번씩 집과 반대 방향인 서쪽행으로 가면서 '아차~!' 한다. 그래서 이제는 의식적으로 집중해서 동쪽행 2호선 외선을 탄다. 퇴근길에 (서쪽행 2호선 퇴근길보다 상대적으로) 한산한 동쪽행 2호선을 타면서 여유로운 마음에 안도의 한숨이 나온다. 휴~

저녁이 있는 삶을 욕망하고 도전하고 쟁취하자

이사 가서 새로운 곳에 살아보니 의외의 큰 수확이 있었다. 새로운 동네를 잘 알게 되는 것은 당연하고 기존에 살던 동네와 아주 잘 비교할 수 있다는 것이다. 언덕으로 이사 가면 '기존에 내가 살던 곳이 평지여서 좋았구나. 내가 평지의 편리함을 모르고 당연하다고 생각하고 살았네.' 하는 것들 말이다. 아주 낮은 언덕이라도 힘들면 다음부터는 평지 유무를 '내 집마련 입지 체크 리스트'에 넣고 입지 평가의 한 요소로 단순하게 생각하는 게 아니라 마음속에 깊게 남은 응어리를 떠올리면서 평가한다. 그러면 고단했던 다리가 망치로 머리를 때리며 말한다.

"언덕길 그 고통을 잊었냐? 밥통아~!"

저녁이 없는 삶, 내 삶의 저녁이 길바닥에 버려지는 삶. 서울 핵심지 좋은 입지에 사는 사람들은 짧은 출퇴근으로 행복한 저녁 시간을 보내는데 왜 나는 그럴 수 없는 것일까? 그런 넉넉한 저녁 시간을 보내는 사람들을 본 적조차 없어서 분노조차 안 하는 사람들, 아니 그런 삶 자체를 모르고 인정 안 하는 사람들. 매일 지옥의 출퇴근길이 가슴을 짓누르는 삶에서 벗어나고 싶다면 유리천장을 향해 도전해야 한다. 5시 퇴근 후 5시 30분 정도 집에 도착해서 아이와 놀아주고, 같이 저녁을 먹으며, 집 앞 한강에 나가 산책하고 들어와도 해가 떠 있는 저녁이 있는 삶. 반대로 퇴근하는데 길이 막혀서 늦게까지 야근하거나, 일부러 저녁 스케줄을 잡아 밖에 있다가 어두운 밤이 되어서야 집에 도착해서 퇴근길에 에너지를 다 소모하고 피곤함에 절어 쓰러져 잠자기 바쁜 삶을 비교해 보자.

외곽에서 서울로 출퇴근하는 월급쟁이들에게 해가 떠 있는 시간에 퇴근해서 집에 도착할 수 있다는 희망을 이야기해 주고 싶었다. 워킹맘들과 육아대디들에게 서울 핵심지, 강남 핵심지에 내집마련할 수 있다는 희망의 증거를 보여주고 싶었다. 당신도 할 수 있다고, 수

많은 선배가 해냈다고 말이다. 물론 쉽지는 않다. 많은 희생이 따라야 한다. 우선 해외여행을 가지 말아야 하고, 자동차도 팔아야 하며, 신용카드도 다 없애고 근검절약하는 삶을 살아야 한다. 하지만 불가능한 것은 아니다. 가능하다. 다만 이것이 정말로 중요하다는 인식부터 먼저 해야 한다. 그러면 내 가족이 행복하게 살 수 있는 교통, 환경, 학군이 갖추어져 있고 출퇴근하면서 생명의 위협을 느낄 만큼 에너지가 고갈되지 않는 삶을 살 수 있다.

인생은 가성비가 아니라 '가심비'다

자본주의 사회에서 부동산 지식은 생존에 필수이다. 부자를 증오하는 삶을 살아왔던 영등포 소년이 어느덧 5학년 할아버지가 되어 왜곡된 서울 부자, 강남 부자의 삶을 이야기해주는 것이다. 여유 있는 부자의 모습, 여유로운 출퇴근길, 행복한 삶, 운동하고 책 읽고 건강한 삶을 살아가는 서울 핵심지 부자들의 모습이 하급지에서는 잘 안 보인다. 나는 그것을 말해주고 싶었다. 전월세를 싸게 구해 이사한 가성비 좋은 하급지에서 당신의 아이는 학교에 다니고 교통, 환경, 학군, 인프라 모든 것에서 결핍된 생활을 할 것이다. 서울 핵심지에 사는 아이에 비해 많은 부분 부족한 삶을 살 것이다. 하지만 더 안타까운 것은 그것이 세상의 전부라고 생각한다는 사실이다. 내가 그랬듯이, 서울 하급지에 사는 아이들이 그렇듯이 말이다. 최선을 다해 좋은 대학교에 가려고 노력하고, 최선을 다해 좋은 회사에 가려고 노력하며, 최선을 다해 좋은 배우자를 찾으려고 노력하면서 왜 사는 곳은 최선을 다해 좋은 곳에 가려고 노력하지 않는가? 가성비가 좋다는 말을 하는 하급지 사람들을 보면 아직도 답답하다. 가성비? 아직도 모르겠는가? 인생 전체가 '가심비'라는 것을!

나는 지구력이 강하다. 학력고사 세대로, 라떼는 대입 시험에 체력을 점수로 측정하는 '체력장' 시험이 있었다. 나는 100m 단거리달리기는 하위권이었어도 1,000m 오래달리기는 한 반 65명 중 항상 3등 안에 들었다. 나는 24년간 단 하루도 내집마련에 대한 생각이 머릿속을 떠난 적이 없다. 지속성과 꾸준함이 바로 내가 유일하게 잘하는 장점이다.

이 책을 읽는 여러분도 꿈을 향해 지속적으로 관심을 가져서 영원히 상급지 삶을 누리기를 응원한다. 부모가 정해놓은 '고향'이라는 우상을 벗어던지고 상급지에서 가족과 함께 교통, 환경, 학군, 인프라까지 모두 누리면서 살기를 바란다. 경험해 보지 않고 섣불리 판단하는 '교만'에 빠져 서울 상급지인 강남을 "강남은 복잡해! 차 막혀서 사람 살 곳이 아니야!"라고 했던 부끄러운 과거를 가진 나도 내 자신을 용서하고 새로운 세상을 받아들였다. 이것은 단지 서울 상급지에 내집마련을 하는 단순한 문제가 아니라 당신과 당신 아이, 그리고 당신 가족의 삶의 태도를 처음부터 다시 생각해야 하는 문제다. 머릿속에 '어떻게 해야 진짜 인생을 사는 걸까?' 하는 생각이 꽉 차 있어야 한다. 그리고 삶의 전반적인 이야기를 깊게 고민해야 한다. 당신은 지금 살고 있는 그곳보다 더 좋은 환경에 살 수 있다. 단, 당신이 만들어 놓은 유리천장만 깨면 말이다.

방법을 몰라서 대한민국 모든 것의 중심 서울, 강남에 내집마련할 수 있다는 사실을 꿈조차 꾸지 않았을 것이다. 하지만 이제는 그 방법을 배웠으니 당신이 당신 가문의 끝이 아니라 시작이 되어야 한다. 당신은 당신 가문에 전설로 남을 것이다.

"우리 할머니(할아버지)가 말이야. 200년 전 강남 부흥기 30년 차 초창기였던 2024년에 강남에 입성하셨지. 어떻게 그렇게 선견지명이 있으셨나 몰라. 대단하셨지!"
(200년 후 가족 모임에서 7대 후손이)

서울을 욕망하라! 강남을 욕망하라!
인서울 인강남 보수적인 가치를 믿어라!

서울 무서워하지 말고 강남 무서워하지 말고
스스로 만든 유리천장을 부수고
과거의 자신을 용서하고

스스로의 한계를 벗어나 멋진 상급지에서 인생을 살아가기를!

가장 넓은 세상은 당신 마음 속에 있다.
기억하자!
아무것도 당신을 막을 수 없다.

– 쏘쿨

재테크 캠퍼스 내집마련 <명예의 전당>

서초구

기수	닉네임	내집마련
2	드림루	서초구
12	리치	서초구
24	로지	서초구
24	강남별	서초구
31	돌파이오	서초구
-	쏘쏘미	서초구
32	행복한 재린이	서초구
35	따뜻라떼	서초구
35	레이스	서초구
35	생각이운명	서초구
36	바르	서초구
36	알피네	서초구
36	츄우	서초구
36	건물주	서초구
37	명이	서초구
37	장키	서초구
37	리정	서초구
37	선수	서초구
37	세다미	서초구
38	바나나호빵	서초구
38	봉봉	서초구
39	원더	서초구
39	제이	서초구
39	법미79	서초구
40	럭키서울	서초구
40	민트	서초구
-	애플	서초구
41	김서초	서초구
41	해피	서초구
42	잇티	서초구
42	하와이	서초구
43	연하연	서초구
43	서초스텔라	서초구
43	타미	서초구
44	날다오뉼	서초구
44	킴포크	서초구
44	세아인	서초구
44	브리즈	서초구
45	미나리	서초구
45	미엘	서초구
45	블루할라	서초구
45	입쌀온호빵	서초구
45	오사미	서초구
49	골든빛	서초구
50	연주	서초구
51	한강노을	서초구

강남구

기수	닉네임	내집마련
2	나용	강남구
24	엘리	강남구
27	옹사과	강남구
27	젠온닉엄	강남구
31	럭키	강남구
-	집사기	강남구
35	반트	강남구
35	자몽	강남구
36	나우	강남구
36	리즈	강남구
36	베필	강남구
36	양재천	강남구
36	에바	강남구
36	은혜	강남구
36	임구	강남구
36	진진	강남구
36	캉캉	강남구
36	하이드	강남구
36	혀멍	강남구
36	화닐	강남구
37	빙그레	강남구
37	쏘피아	강남구
38	강바	강남구
38	광삐	강남구
38	백통아	강남구
38	신다	강남구
38	엔마리	강남구
38	처음처럼	강남구
38	에아오	강남구
38	화핏	강남구
39	나니	강남구
39	대모산	강남구
39	영	강남구
39	페이호	강남구
39	영무	강남구
39	제니	강남구
39	파벳	강남구
39	항순	강남구
40	도란	강남구
40	램마	강남구
40	제제	강남구
40	해피불천크루	강남구
40	용기뽕기	강남구
41	기나	강남구
41	베카	강남구
41	따리선	강남구
41	베버드	강남구
41	비타하일	강남구
42	강성세포	강남구
42	두지	강남구
42	미나쌀	강남구
42	스카이	강남구
42	이공이톡	강남구
42	하담사랑	강남구
42	한강달팽이	강남구
42	쪽쪽	강남구
42	봉바	강남구
42	미니빈	강남구
42	강빨러	강남구
43	따봉리마봉	강남구
43	레나	강남구
43	매봉	강남구
43	멜류	강남구
43	커피시킨고객	강남구
43	투광	강남구
43	한리	강남구
43	강남알	강남구
-	낭만닥터	강남구
44	메라	강남구
44	바모스	강남구
44	카페만다	강남구
44	호로롱	강남구
44	드링	강남구
45	서오름 부모님	강남구
45	커피홀아	강남구
46	강남	강남구
46	겨울별	강남구
46	싸이클	강남구
46	치로롱	강남구
47	공강님	강남구
47	밀크티	강남구
47	에이다	강남구
47	페파민트	강남구
47	한리버	강남구
47	우아봄	강남구
47	리치스위여	강남구
50	꿀떡	강남구
50	다워	강남구
50	쏘이	강남구
50	씨베	강남구
-	양재전 어머님	강남구
50	호보우	강남구
52	레인보우	강남구

송파구

기수	닉네임	내집마련
10	부럼	송파구
13	케이건	송파구
17	루나	송파구
18	제이캠	송파구
18	뚜뚱	송파구
-	드림캡쳐	송파구
20	다이아	송파구
20	부주사	송파구
21	장실생	송파구
22	강남파	송파구
24	노블	송파구
25	새벽	송파구
25	센츠	송파구
-	송라님	송파구
35	장실현	송파구
35	가든	송파구
35	미샬	송파구
35	비담	송파구
-	송파파	송파구
-	수수박	송파구
35	한결같이	송파구
35	흔련봄	송파구
36	박돌산	송파구
36	부끄리	송파구
36	손투리	송파구
36	영이	송파구
36	쪼쭈	송파구
36	찬오	송파구
36	카롤링	송파구
-	꾸야	송파구
37	아공	송파구
37	초코	송파구
38	랜드	송파구
38	레이첼	송파구
38	빌리	송파구
38	서사박	송파구
38	스프	송파구
38	재뜨	송파구
38	해니오	송파구
38	용메소	송파구
-	카푸치노	송파구
39	라이즈	송파구
39	메이크	송파구
39	부끄리	송파구
39	새봄	송파구
39	송곳	송파구
39	수윰	송파구
39	인디뷰	송파구
39	자리	송파구
39	태양계	송파구
39	해피대디	송파구
39	제드남편	송파구
39	루치아	송파구
39	죠죠	송파구
-	송파집사	송파구
40	루시루시	송파구
40	빛나는일상	송파구
40	투유	송파구
40	사알미	송파구
40	나나	송파구
40	나네리	송파구
40	라떼	송파구
40	소소리	송파구
40	압구정주민	송파구
-	예닝	송파구

송파구

기수	닉네임	내집마련
40	클로이	송파구
40	웅쓰	송파구
40	강자	송파구
40	빙곰이엄마	송파구
-	쏘굿	송파구
41	계란	송파구
41	과바	송파구
41	판도	송파구
41	비타영	송파구
41	상상	송파구
41	아라아	송파구
41	잔안	송파구
41	부공	송파구
41	강부자	송파구
41	오투	송파구
41	퐁퐁	송파구
41	유월공	송파구
41	아임	송파구
42	비묘유	송파구
42	안나네집	송파구
42	오페네	송파구
42	울선가자	송파구
42	크리스탈	송파구
42	몰라	송파구
42	래쓰비	송파구
-	러비	송파구
43	루기	송파구
43	이로운	송파구
43	금이유	송파구
43	일하는 아빠	송파구
43	단호박	송파구
43	명스	송파구
43	무지개	송파구
43	제이제이	송파구
43	리치뉴요커	송파구
-	케이트	송파구
44	우주파	송파구
44	쌔니	송파구
44	강남아들	송파구
44	강남련	송파구
44	바로	송파구
44	이룬다	송파구
44	쿤	송파구
-	규낭	송파구
45	메라골드	송파구
45	펠리	송파구
45	공린	송파구
45	남낭	송파구
45	하이무	송파구
45	퓐	송파구
-	폴리오	송파구
46	아이스크림	송파구
46	뚜마	송파구
46	루잉	송파구
46	미스타임	송파구
46	부송e	송파구
46	마크페어	송파구
46	베일리	송파구
46	쪼아	송파구
47	댕냥이네	송파구
48	강남25	송파구
48	로미	송파구
48	아리뷰	송파구
48	완재비	송파구
48	에바 어머님	송파구
49	노기노기	송파구
49	문도	송파구
49	빵이유모	송파구
49	블러링	송파구
49	케빈캄	송파구
49	이사웡	송파구
49	봉봉	송파구
49	가을마지	송파구
50	소트니	송파구
52	수비두밥	송파구

기타 지역

기수	닉네임	내집마련
2	눈이 오네요	강동구
2	예새아빠	관악구
2	행복씨	성남시 분당구
4	마런	강동구
17	루나	강동구
18	뚜동	강동구
19	지연	강동구
-	군순	성남시 분당구
22	수직상승	성남시 분당구
22	캄반	강동구
22	과거바꾸기	군포시
23	YG윅	양천구
23	러브푸	강동구
24	미스터강남	성남시 분당구
26	샌님	강동구
26	백곰부자	강동구
27	아크로	강동구
31	미세스강남	성남시 분당구
-	하우스리치	노원구
35	꿀	강동구
35	도곡먼	광진구
35	도호이	강동구
35	동물이	광진구
35	예쥬리	강동구
35	용용	강동구
35	월드윤	강동구
35	해피하소	강동구
35	희망	강동구
-	아임해피	종로구
36	도우녕	광진구
36	부자해리	마포구
36	박토리	마포구
36	박토리1	성동구
36	와땅이	양천구
36	울리	강동구
36	은함	강동구
37	꾸별	강동구
37	따봉	강동구
37	라온	강동구
37	루씨	양천구
37	수진맘	강동구
37	순북	강동구
37	이자	강동구
37	쎌라	성남시 분당구
37	이니	강동구
37	쩐이	강동구
-	개룡엄마	성남시 분당구
38	꽃필심	강동구
38	통그뼈	강동구
38	브리	동작구
38	빈늬-눈	동작구
38	에이미흥	강동구
38	위햄	성동구
38	캐시비	강동구
38	채해	강동구
38	대무리	강동구
39	강남둘리	강동구
39	그랑	중구
39	그레이	강동구
39	서구	강동구
39	오니	마포구
39	테벨	관악구
39	혼박	강동구
40	나님	강동구
40	도운맘	양천구
40	우부	성동구
40	캐독	강서구
40	빵강맘토쪼차	성남시 분당구
41	강앙맘	마포구
41	꼬슴	성동구
41	레이백	광진구
41	보보스	노원구
41	서핌	성남시 분당구
41	행병	강동구
41	홀룰루루	강동구
41	나홀리칸	성동구
42	김자룡	성동구
42	이지비유	양천구
43	빨라	노원구
43	엘빱	성동구
43	한과장	양천구
45	볼토스	마포구
46	명제니	강동구
46	마루	동작구
47	냅비	동작구
49	햇아네	성남시 분당구
50	운북	양천구
51	부자엄마공	강동구
51	청담사모님	강동구
52	효미	강동구

인강남 인서울 내집마련 <명예의 전당>　-2024년 7월 기준-